WETRANSFORM
KUNST UND DESIGN ZU DEN GRENZEN DES WACHSTUMS
NEUES MUSEUM – STAATLICHES MUSEUM FÜR KUNST UND DESIGN NÜRNBERG
VERLAG FÜR MODERNE KUNST

Art and Design on the Limits to Growth

Eva Kraus
Martina Fineder

In recent years, the social and ecological impact of the global environment has been taken up as a central theme in art and design. As a result, concerns over the squandering of natural resources and the related desire for more sustainable ways of life are increasingly being articulated in art and design practice. For a museum of art and design like Neues Museum, this makes it more urgent than ever to address such issues as reflected in visual and material culture: What forms does the discussion of Earth's material limits take? Which positive resource-related visions for the future are being formulated in fine and applied art? How are these visions being translated in concrete terms into new, more socially and ecologically sustainable product cultures? Where are the interfaces between art, design and everyday life? How have the aesthetic hallmarks of eco-critical currents in art and design changed over time?

In historical and thematic terms, these questions relate to a sensational publication. In 1972, the Club of Rome released a report entitled *The Limits to Growth* that managed to shake the belief in progress held by wealthy western societies. The concerns raised in the book about the survival of humanity on Planet Earth have long since gained mainstream attention – although in different ways. WEtransFORM makes a timely contribution to the visualization and materialization of these themes that are often discussed in highly theoretical terms, surveying the history of debates on the limits of growth and concerns over finite resources since the 1970s. Contemporary works enter into dialog with historical precursors, tracing these still-alarming topics over more than four decades, as well as introducing new perspectives into the discussion. At the centre stands a growing environmental awareness between fear and hope, as noted in the following by co-curator Martina Fineder in her discussion of the corresponding visual materials and objects.

The legendary exhibition MAN transFORMs curated by Hans Hollein at New York's Cooper-Hewitt – National Design Museum in 1976, provided the inspiration for WEtransFORM, not least in finding the title. Like its historical forerunner, this show wishes to shed light across genre borders on sensory and aesthetic experience with regard to the form of our everyday culture.

WEtransFORM brings together more than thirty internationally renowned artists and designers, combining their work with popular media on the subject. The show includes dystopian and utopian scenarios; poetic dialogs between human beings and nature meet with media reports of disasters; artistic meta-commentaries appear alongside practical tools and solutions for the "real world"; fictional narratives and speculative designs open up new possibilities for shaping life on Planet Earth, soon to reach a population of eight billion. With this unusual combination of artworks, design objects, publications and technical equipment, the exhibition offers new narratives and scope for interpretation in seven interrelated thematic sections. The names of the sections are inspired from the titles of pioneering publications past and present:

Kunst und Design zu den Grenzen des Wachstums

Eva Kraus
Martina Fineder

Kunst und Design haben in den letzten Jahren die sozialen und ökologischen Folgen globaler Natur(aus-)nutzung zu einem wichtigen Gegenstand ihrer Auseinandersetzung gemacht. So werden gesellschaftliche Anliegen, wie die Kritik am verschwenderischen Umgang mit natürlichen Rohstoffen und der damit einhergehende Wunsch nach einer nachhaltigeren Lebensweise, verstärkt in der künstlerischen und gestalterischen Praxis formuliert. Für ein Museum für Kunst und Design wie das Neue Museum in Nürnberg stellt sich damit mehr denn je die Aufgabe, diesbezüglich relevante Fragestellungen, ausgehend von der entsprechenden visuellen und materiellen Kultur, zu verhandeln: Wie manifestieren sich etwa die Prognosen von den materiellen Grenzen des Planeten Erde? Welche sinnstiftenden Zukunftsvisionen werden in Bezug auf Ressourcenfragen in der bildenden und angewandten Kunst entwickelt? Wie werden diese konkret in neue, sozial und ökologisch verträglichere Produktkulturen überführt? Wo liegen die Schnittstellen zwischen Kunst, Design und Alltag? Wie sehen die ästhetischen Signaturen umweltkritischer Design- und Kunstströmungen im Wandel der Zeit aus?

Zeitlich und thematisch verweist diese Auseinandersetzung auf eine aufsehenerregende Publikation: 1972 schaffte es der vom Club of Rome herausgegebene Bericht mit dem Titel *Die Grenzen des Wachstums*, den Fortschrittsglauben der westlichen Wohlstandsgesellschaften zu erschüttern. Die darin dargelegten Sorgen um das Überleben der Menschheit auf dem Planeten Erde sind mittlerweile in der gesellschaftlichen Mitte angekommen – wenn auch in veränderter Art und Weise. Die Ausstellung WEtransFORM leistet nun einen fälligen Beitrag zur Visualisierung und Materialisierung von diesen meist sehr theoretisch verhandelten Themen und bietet einen Streifzug durch die Geschichte von endlichkeitsgebundenen Wachstumsdebatten und Knappheitssorgen seit den 1970er Jahren. Dabei treten zeitgenössische Werke in Dialog mit historischen Wegbereitern, um die anhaltend alarmierenden Leitthemen seit mehr als vierzig Jahren nachzuzeichnen und gleichzeitig neue Perspektiven in die Diskussion einzubringen. Im Zentrum steht die Betrachtung eines steigenden Umweltbewusstseins zwischen Weltuntergang und Aufbegehren, wie es Co-Kuratorin Martina Fineder im Folgenden anhand eines Streifzugs durch entsprechende Bild- und Objektwelten erörtert.

Die legendäre Ausstellung MAN transFORMs von Hans Hollein am New Yorker Cooper-Hewitt – National Design Museum im Jahr 1976 gab Anlass für die Erarbeitung von WEtransFORM und war maßgebend bei der Findung des jetzigen Ausstellungstitels. Ähnlich wie ihr historischer Vorreiter will auch die aktuelle Ausstellung über Gattungsgrenzen hinweg die sinnlich-ästhetischen Erfahrungen in Bezug auf die Gestaltung unserer Alltagskultur beleuchtet wissen.

WEtransFORM versammelt dazu über dreißig international renommierte Positionen aus Kunst und Design und kombiniert diese mit populären Medien zum Thema. Gezeigt werden

Images of Globalization acts as an introduction to the exhibition and deals with the mapping of the world and the re-shaping of Earth's surface by humankind. *Tools for the Design Revolution* uses design objects, practical instructions for participation and artistic interventions to call for a radical rethink in the design, manufacture and use of consumer objects. *Designing for the Actual World* brings together objects, books, photographs and videos that react from the perspective of totally different lived realities to social and ecological problems in the world. *Walden* – named after Henry David Thoreau's famous book of self-discovery – presents critiques of civilization via the romantic search for personal encounters with "untouched" nature. *Feeding the World* links current developments like urban farming with Speculative Design for alternative food production and consumption. *Planet Trash* focusses attention on one of the most urgent problems of our throwaway society, as well as highlighting the functional and aesthetic qualities of rubbish. In *Plundering the Earth*, dystopian scenarios, hysterical book titles, documentary works and the results of critical performances are used to criticize the plundering of Planet Earth and call the ideologies of growth into question.

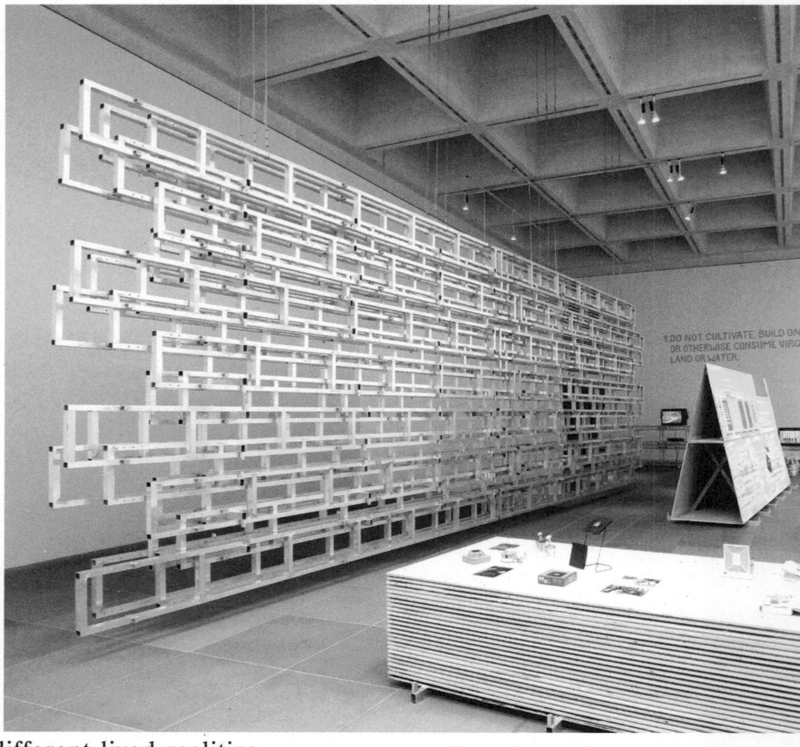

EXHIBITION DESIGN

The exhibition design by architecture collective raumlaborberlin is both a display and an artistic intervention, forming the atmospheric and organizational framework for the exhibits as both bearer of information and conceptual model: making something new out of existing materials and creating something aesthetically different in the process. The team of architects dismantled the existing exhibition walls at Neues Museum, the so-called Wolfsburger System, breaking it down into its individual parts and then reassembling the polished panels and aluminium supports into piles, conical walls and ladder-plinths as functional elements of sculptural beauty.

dystoptische und utopische Bilder; poetische Zwiegespräche zwischen Mensch und Natur treffen auf Katastrophenberichte aus den Zeitungen; künstlerische Metakommentare werden parallel zu praktischen Werkzeugen und Lösungen für die „reale Welt" präsentiert; fiktive Narrationen und spekulative Szenarien eröffnen mögliche neue Handlungsspielräume zur künftigen Gestaltung des Lebens auf dem Planeten Erde, auf dem bald acht Milliarden Menschen existieren werden. Mit einer ungewöhnlichen Kombination von Kunstwerken, Designobjekten, Publikationen und technischen Geräten bietet die Ausstellung neue Erzählstränge und Interpretationsräume in sieben ineinandergreifenden Themenbereichen an.

Die Namensgebung der Bereiche geht auf Titel historischer oder aktuell wegweisender Publikationen zurück: *Weltbilder der Globalisierung* fungiert als Einleitung in die Ausstellung und beschäftigt sich mit der Vermessung der Welt sowie dem Umbau der Erdoberfläche durch den Menschen. *Werkzeuge für die Designrevolution* fordert über Designobjekte, über praktische Anleitungen zum Mitgestalten und künstlerische Interventionen zum radikalen Umdenken in der Gestaltung, Herstellung und Verwendung von Gebrauchsobjekten auf. *Gestalten für die wirkliche Welt* ist eine Zusammenschau von Objekten, Büchern, Fotos und Videos, die aus der Perspektive völlig unterschiedlicher Lebensrealitäten auf soziale und ökologische Problemstellungen in der Welt reagiert. *Walden* – benannt nach Henry David Thoreaus berühmtem Selbstfindungsbuch – inszeniert über die romantische Suche nach individuellen Begegnungen mit einer möglichst vom Menschen unberührten Natur die damit einhergehende Zivilisationskritik. Der Bereich *Welt ernähren* verknüpft aktuelle Entwicklungen wie die des Urban Farming mit Spekulativem Design für eine alternative Nahrungsmittelproduktion und -aufnahme. *Müllplanet* stellt eines der drängendsten Probleme unserer Wegwerfgesellschaft ins Zentrum der Betrachtung und zugleich die funktionalen wie auch ästhetischen Qualitäten von Müll heraus. In *Die Erde wird geplündert* werden über dystopische Szenarien, hysterische Buchtitel sowie dokumentarische Arbeiten und Ergebnisse gesellschaftskritischer Performances der Raubbau am Planeten Erde kritisiert und somit Wachstumsideologien infrage gestellt.

AUSSTELLUNGSARCHITEKTUR
Die räumliche Inszenierung stammt von dem Architekturkollektiv raumlaborberlin, sie bildet den atmosphärischen und organisatorischen Rahmen für die Exponate, ist Display wie künstlerische Intervention, Informationsträger und Denkmodell zugleich: aus Vorhandenem Neues zu gestalten und damit ästhetisch Anderes zu kreieren. Das Architektenteam hat die vorhandenen Ausstellungswände des Neuen Museums, das sogenannte Wolfsburger System, in seine Einzelteile zerlegt und die abgeschliffenen Platten und Aluminiumträger anschließend in neuer Sortierung als Stapel, konische Wände und Leiter-Podeste zu funktionalen Raumelementen von skulpturaler Schönheit wieder aufgebaut.

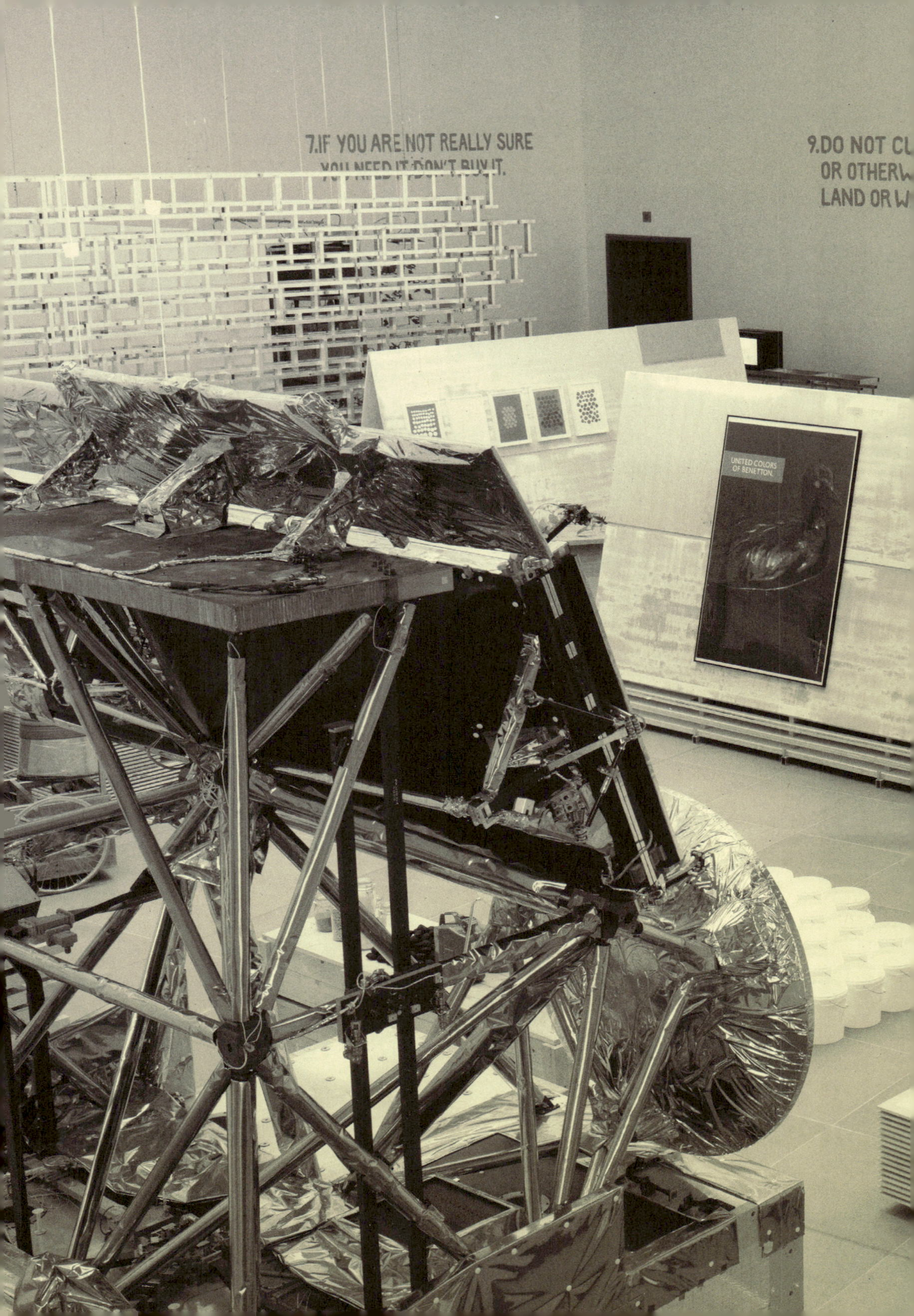

7.IF YOU ARE NOT REALLY SURE
YOU NEED IT DON'T BUY IT.
9.DO NOT CU
OR OTHERW
LAND OR W
UNITED COLORS
OF BENETTON.

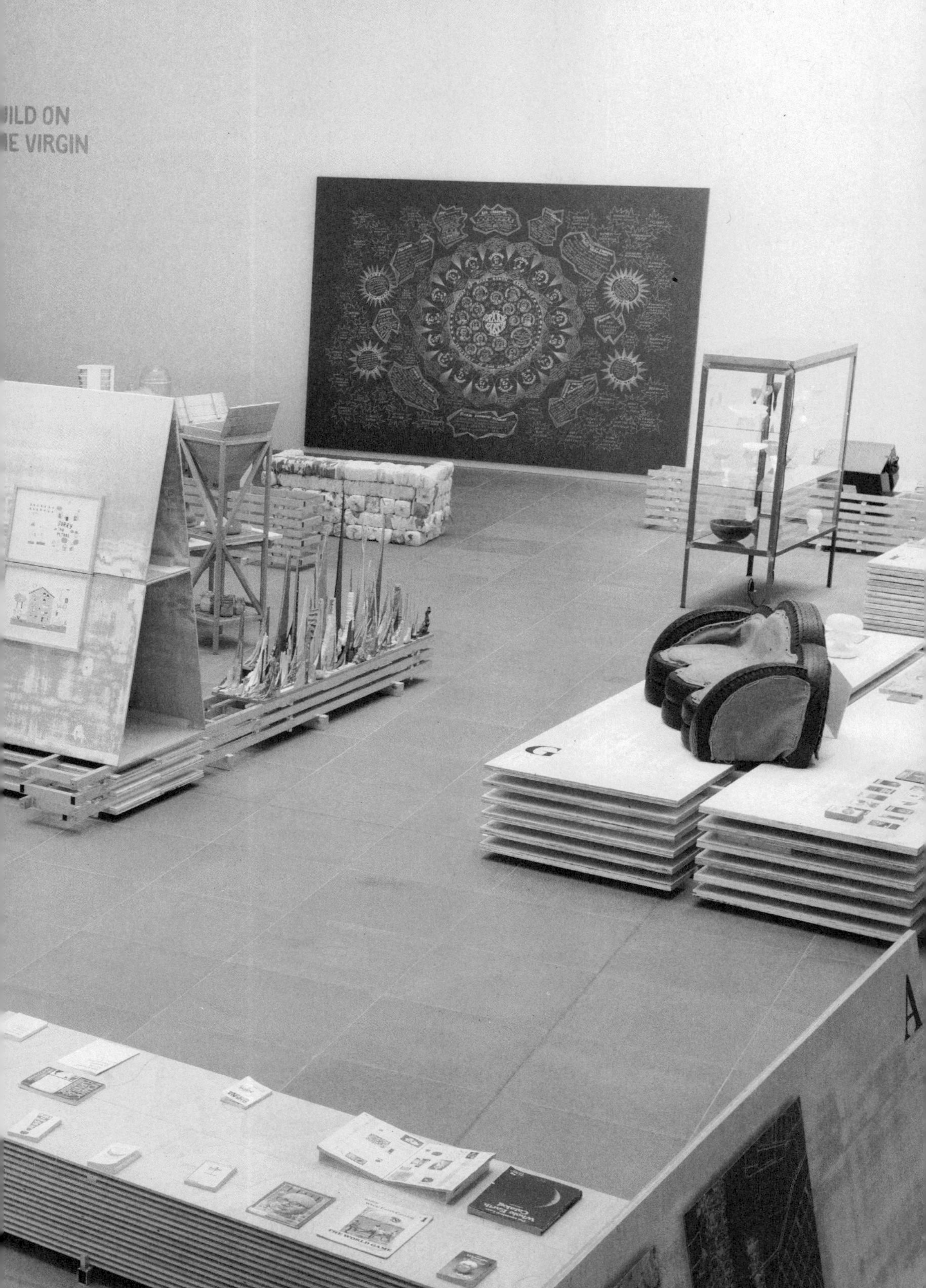
UILD ON
E VIRGIN
G
A

A SURVEY OF OLD AND NEW PICTURES
AND OBJECTS THAT MANIFEST
DEBATES ON GROWTH AND OTHER
RESOURCE-RELATED FEARS

Martina Fineder

"Without big changes, humanity was poised to grow dangerously beyond the physical limits of our planet,"[1] wrote Jørgen Randers in 2012, looking back at *The Limits to Growth,* the report to the Club of Rome he co-authored in 1972.[2] This statement sums up the main conclusions of

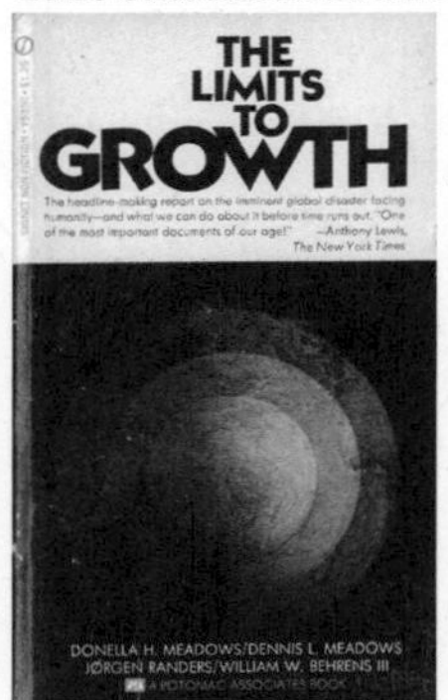

the study that caused an international stir at the time, while also defining Planet Earth as the still universally valid benchmark for debates on growth in the context of finite resources. The report warned urgently of an imminent shortage of resources and the conse-

quences of this for the survival of human life on Earth, based on computer-simulated projections of the combined future impact of population growth, intensive land use, the rise of consumerism, and limits to the availability of foodstuffs and fossil fuels. In addition, striking cover images made a lasting contribution to a new awareness of the crisis. One of the many German-language editions, for example, dramatized the situation of humankind by depicting the Earth as a ball of scrunched up plastic;

another showed the Earth as a vulnerable creature inside a broken eggshell.

A PLANET BECOMES AN ICON
However, designers and inventors have also continually worked with scientists to develop alternative scenarios associated with more hopeful images. Launched by Stewart Brand in California in 1968, the *Whole Earth Catalog* was an international success that became an important philosophical and practical guide to a self-determined life combining protection of the environment and a critique of consumerism. To give shape to this alternative lifestyle, the many issues of the *Whole Earth Catalog* contained all manner of recycling ideas, instructions for building solar collectors and composting toilets, through to temporary dwellings that could also be erected far from major popula-

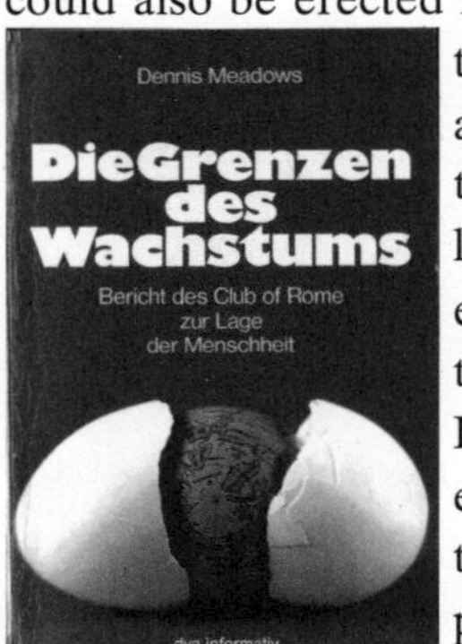

tion centers. In its title and in its cover designs, the large-format catalogs celebrated the then emerging perception of the planet as a "Whole Earth" – towards the end of the 1960s, when the now very familiar processed NASA pho-

tographs of a blue planet shining against the blackness of space became available, they helped form an awareness of Earth as an endangered entity, as portrayed on the above-mentioned cover designs for *The Limits to Growth.* Since this time, any image of the "Whole Earth" has always been both a warning against disaster and a hopeful call to action.[3]

In 2012, *2052. A Global Forecast for the Next Forty Years* was published with a plain cover design based on typography, with a small

Zwischen Dystopie und Utopie

EIN STREIFZUG DURCH ALTE UND NEUE BILD- UND OBJEKTWELTEN VON WACHSTUMSKRITISCHEN DEBATTEN UND ANDEREN RESSOURCENÄNGSTEN

Martina Fineder

„Wenn sich nicht grundsätzlich etwas änderte, war die Menschheit im Begriff, auf gefährliche Weise über die materiellen Grenzen unseres Planeten hinauszuwachsen",[1] schreibt Autor Jørgen Randers 2012 rückblickend auf den von ihm mitverfassten Bericht an den Club of Rome *The Limits to Growth* von 1972.[2] Mit diesen Worten sind einerseits die wichtigsten Schlussfolgerungen der damals international für Aufsehen sorgenden Studie umrissen, und andererseits wird der Planet Erde als die bis heute allgemein gültige Bezugsgröße für an Endlichkeitsszenarien gebundene Wachstumsdebatten definiert. Die Studie warnte eindringlich vor einer bevorstehenden Ressourcenverknappung und deren Folgen für das (Über-)Leben der Menschen auf der Erde, indem sie die Wechselwirkungen zwischen Bevölkerungswachstum, intensiver Landnutzung, steigendem Konsum und den Verfügbarkeitsgrenzen von Nahrungsmitteln sowie jenen von fossilen Rohstoffen mittels Computersimulation in die Zukunft projizierte. Zudem trug sie über eindringliche Bilder auf den Buchumschlägen nachhaltig zur Entwicklung eines neuen Krisenbewusstseins bei. So dramatisierte eine der zahlreichen deutschsprachigen Editionen mit dem Titel *Die Grenzen des Wachstums* die „Lage der Menschheit" durch die Abbildung der Erde in Form eines zertretenen Kunststoffballs; eine andere, indem sie die Erde als schutzbedürftiges kleines Lebewesen inmitten einer entzweigebrochenen Eierschale inszenierte.[3]

EIN PLANET WIRD ZUR IKONE

Stets aber haben GestalterInnen und ErfinderInnen gemeinsam mit WissenschaftlerInnen auch alternative Szenarien entwickelt und diese mit hoffnungsvolleren Bildern besetzt. International erfolgreich wurde Stewart Brand mit dem *Whole Earth Catalog*, der ab 1968 von Kalifornien aus zu einem wichtigen philosophischen und praktischen Leitfaden für ein selbstbestimmtes, konsumkritisches und umweltschonendes Leben avancierte. Zur Ausgestaltung dieses alternativen Lebensstils boten

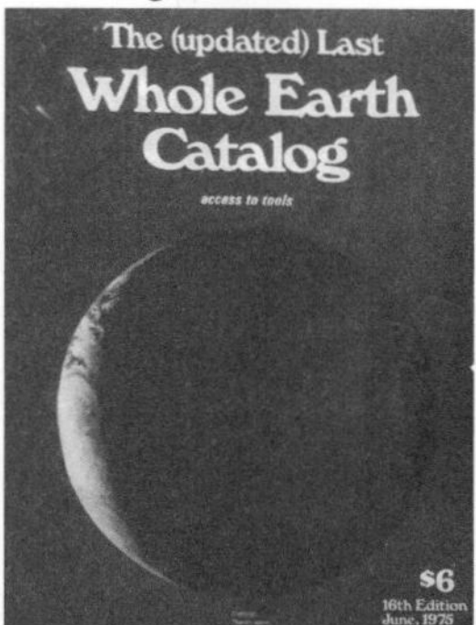

die zahlreichen Ausgaben des *Whole Earth Catalog* allerlei Recyclingideen, Anleitungen zum Selbstbau von Solaranlagen und Bioklos bis hin zu temporären Behausungen, die auch fernab von Ballungszentren aufgestellt werden konnten. Die großformatigen Kataloge zelebrierten sowohl durch ihre Titel als auch durch ihre Umschlaggestaltungen eine in diesen Jahren soeben erst neu gewonnene Wahrnehmung des Planeten Erde als „Whole Earth": Gegen Ende der 1960er Jahre, als die heute selbstverständlichen Bilder vom leuchtend blau-grünen Erdball im schwarzen Weltall durch nachträglich fotografisch bearbeitete NASA-Aufnahmen verfügbar wurden, konnte sich ein Bewusstsein für den Lebensraum Erde

blue and green planet replacing the zero in the name of the year. Forty years on, in the knowledge of the culturally constructed and historically amplified impact of dramatic images of the Earth, the new book could forego such drama – since it has long since entered collective memory. It should also be remembered that certain doom-laden scenarios failed to materialize,

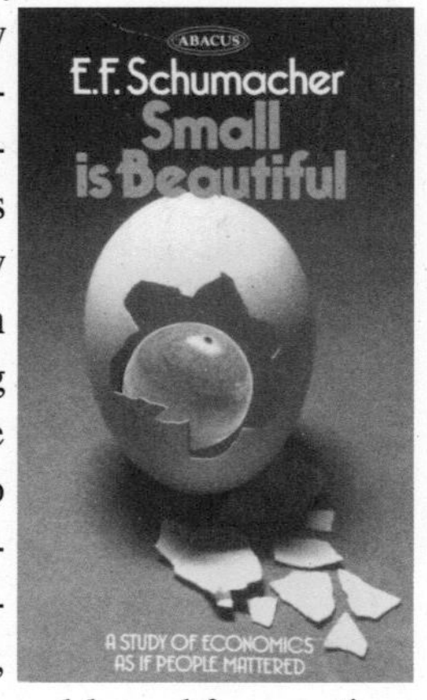

now replaced by more trend-based forecasting. At second glance, however, the cover's combination of numbers and globe seems to suggest that the snapshot of the Earth given here is only temporarily valid. The design seems to be asking: Who knows what will happen if the growth-based approach continues to go unchecked?

THE TRANSFORMATIVE
POTENTIAL OF
IMAGES OF DISASTER

The aim of the WEtransFORM exhibition is to open up this fraught field between critical predictions, ecological dystopias, and an intensive search for alternatives since the 1970s. When historical events and artistic visions are viewed together, it becomes clear how fears for the future are rendered potent in the form of corresponding images and objects. Framed by historical cultural materials (books, posters, objects), the show reviews over 40 years of criticism of growth and its various manifestations in art and design. In the field of design in particular, alongside frequent proposals for the production of things on a "human scale" (as propagated by the economist Ernst Friedrich Schumacher with his philosophy of "small is beautiful"[4]), WEtransFORM shows the close association of growth-based ideologies with human-made ecological disasters – such ideologies being linked with a ruthless striving for ever-greater profit. The environmental disasters frequently depicted in this context include industrial accidents that are firmly anchored in people's minds, above all as a result of massive media coverage. According to Frank Uekötter, such images show *Ecological Sites of Memory,* including many oil spills (e.g. from the tanker Exxon Valdez in 1989). For Uekötter, the creation of such specific sites of memory is typified by the "iconization of an oil spill" in the form of oil-coated seabirds.[5] Over the years, these birds have featured on art posters and paintings. But they have also been presented in the mainstream on controversial advertising posters. In the exhibition, the use of an "oiled bird" on a Benetton poster stands for a long list of images that aim to use sympathy with the plight of creatures threatened by the global trade in raw materials as a stark warning about the impact of global environmental pollution for humans themselves.

Such pictures and installations not only evoke memories of past disasters, but also stimulate discussion and provoke acts in the fields of art and design. Walking around the exhibition, it becomes especially clear how interaction between fears for the future with the attendant development of alarming visual worlds and a growing interest in issues related to the environment and resources are taken up in design-related fields.

Another of the exhibition's objectives is to understand which notions have been visualized and disseminated in which form, and, consequently, which conclusions have been drawn

als bedrohte Entität in der Form herausbilden, wie es die oben zitierten Ausgaben von *The Limits to Growth* inszenierten. Jede Abbildung der „Whole Earth" ist seither also Katastrophenwarnung und hoffnungsvolle Handlungsaufforderung zugleich.[4]

Im Jahr 2012 erscheint das Buch *2052. Der neue Bericht an den Club of Rome: Eine globale Prognose für die nächsten 40 Jahre* mit typografisch schlicht gestaltetem weißem Cover, auf dem ein kleiner blaugrün leuchtender Erdball die Null in der roten Jahreszahl ersetzt. Die Jubiläumsausgabe scheint nach vierzig Jahren im Wissen um die kulturell konstruierte und historisch gewachsene Wirkung dramatischer Bilder der Erde auf eine derartige Inszenierung verzichten zu können – ist diese doch längst Teil eines kollektiven Gedächtnisses. Natürlich ist auch zu berücksichtigen, dass die düsteren Szenarien sich zum Teil nicht bewahrheitet haben, sondern inhaltlich einer bei Weitem tendenzielleren Prognostik gewichen sind. Beim zweiten Blick auf das Cover allerdings scheint die Kombination aus Ziffern und Erdball deutlich machen zu wollen, dass hier lediglich eine aktuell gültige Aufnahme der Erde gezeigt wird. – Wer weiß, was passieren wird, wenn der Wachstumskurs weiterhin nicht korrigiert wird, scheint die Grafik sagen zu wollen.

DAS TRANSFORMATIVE POTENZIAL
VON KATASTROPHENBILDERN

Dieses Spannungsfeld zwischen wachstumskritischen Vorhersagen, ökologischen Dysto-

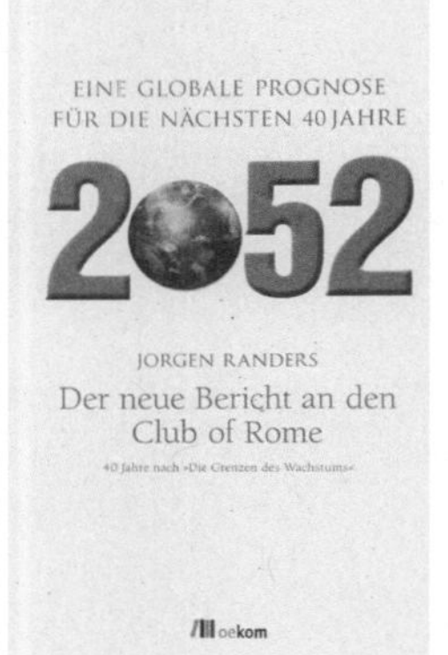

pien und der intensiven Suche nach Alternativen seit den 1970er Jahren zu öffnen, ist Ziel der Ausstellung WEtransFORM. In der Zusammenschau von geschichtlichen Ereignissen und künstlerischen Zukunftsvisionen wird deutlich, wie Zukunftsängste in Form von entsprechenden Bildern und Objekten wirkmächtig werden. Mithilfe einer kulturgeschichtlichen Rahmung in Form von Büchern, Plakaten und Objekten führt die Ausstellung durch mehr als vierzig Jahre Wachstumskritik und deren jeweils aktuelle Entsprechungen in Medien, Kunst und Design. Insbesondere im Designbereich zeigt WEtransFORM neben immer wieder neu formulierten Modellen zur Herstellung von Dingen im „menschliche[n] Maß" – wie es einst der Ökonom Ernst Friedrich Schumacher mit seiner Philosophie des „Small is Beautiful"[5] propagierte – die intensive Verknüpfung von Wachstumsideologien mit vom Menschen verursachten ökologischen Katastrophen, werden diese Wachstumsideologien doch mit einem rücksichtslosen Streben nach mehr Profit in Verbindung gedacht. Zu bildhaft häufig dargestellten Umweltkatastrophen in diesem Zusammenhang zählen insbesondere Industrieunfälle, die vor allem durch eine massive mediale Verbreitung fest in den Köpfen der Menschen verankert sind. Nach Frank Uekötter zeigen sich in diesen Bildern *Ökologische Erinnerungsorte*, wie etwa die zahlreichen Tankerhavarien (z. B. jene der Exxon Valdez im Jahr 1989). Typisch für die Schaffung solch spezifischer Erinnerungsorte ist Uekötter zufolge etwa die „Ikonisierung einer Ölpest" durch ölverschmierte Seevögel.[6] Diese Vögel wurden im Laufe der Jahre Gegenstand von Kunstplakaten und Gemälden. Sie wurden aber auch im Mainstream auf international aufsehenerregenden Werbe-

to date concerning the relationship between humans, technology, and nature. Ultimately, this raises the question of the resulting utopian visions. Since the mid-19th century at the latest, the three-way dynamic between humans, nature and technology has been viewed in the western world in terms of the conflict between an enthusiasm for technical progress (and thus humankind's culturally and historically evolved desire for mastery over nature) and fears of the destruction of the natural environment by this progress. This conflict is clearly visible, for example, in current photographs of zones under industrial-scale agriculture, like the Spanish fruit and vegetable plantations often problematized in the media that are so strikingly portrayed in pictures from the German Aerospace Center,[6] showing the human impact on Earth's surface seen from a great distance as geometrical patterns. In aesthetic terms, such images may be shocking, but to modern eyes they also correspond to something commonly referred to as "beautiful". Their visual power thus lies in their ability to trigger feelings of astonishment that are linked to both admiration and dread.

Here, this specific form of the "sublime" (a term originally used by the Romantics with reference to the experience of observing natural sights like mountain ranges or legendary forests) is evoked by photographs of the technical reshaping of the Earth's surface by human civilization.

Such reshaping includes the mountains of rubbish on land and the garbage patches in the oceans. In his installations, American artist Mark Dion, known as a collector and visual encyclopedist who reworks the world's growing rubbish problem into supposedly poetic images and three-dimensional still lifes, not only voices critical questions on pollution, but also strikingly puts our notions of nature and naturalness up for discussion. The installation *Concrete Jungle (The Mammals),* in which stuffed animals appear to be looking for food among household trash and other refuse, offers an image that is both eerie and funny. Should we not begin at last, as suggested in the 1970s by the influential cultural theorist Raymond Williams, to actively take notice of rubbish and other unpleasant by-products of our consumer society, rather than always wanting to hide them?[7]

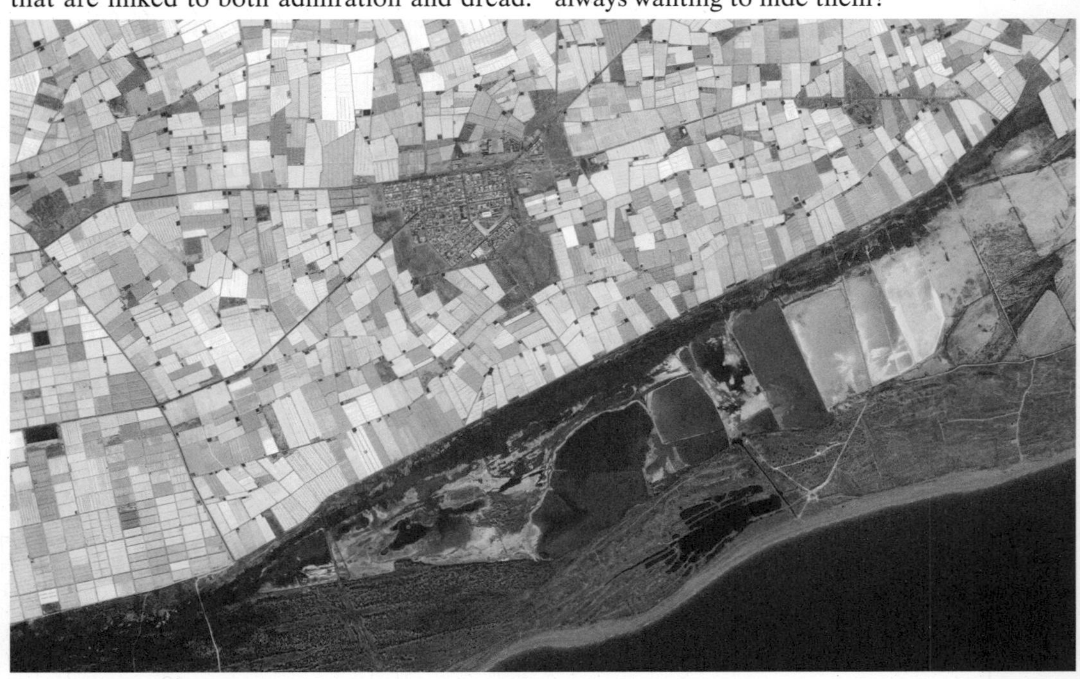

plakaten inszeniert. In der Ausstellung steht die Darstellung des „Ölvogels" auf einem Benettonplakat stellvertretend für eine lange Liste an

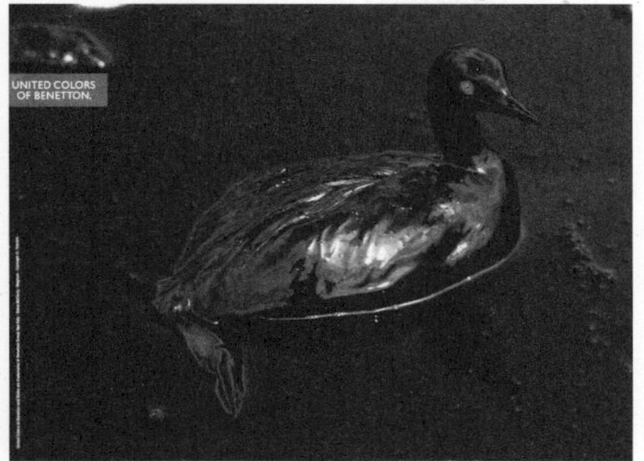

Bildern, die über das Mitleid mit Lebewesen, welche durch die globale Rohstoffindustrie bedroht sind, auch eindringlich vor den Folgen globaler Umweltverschmutzung für die Menschen selbst warnen wollen.

Derartige Bilder und Installationen evozieren nicht nur Erinnerungen an vergangene Katastrophen, sondern stimulieren gleichzeitig Diskussionen und provozieren Handlungen in den Feldern Kunst und Design. Der Rundgang durch die Ausstellung WEtransFORM verdeutlicht in besonderem Maße, wie die Wechselwirkung zwischen Zukunftsängsten, der Entwicklung alarmierender Bildwelten und einer wachsenden Beschäftigung mit Umwelt- und Ressourcenfragen in den Gestaltungsbereichen zum Tragen kommt.

Außerdem geht es auch darum, zu verstehen, welche Vorstellungen sich in welcher Form abgebildet und verbreitet haben und folglich, welche Schlüsse daraus für das Verhältnis zwischen Mensch, Natur und Technik bislang gezogen wurden. Letztlich stellte sich hier die Frage, welche Utopien für die Zukunft daraus abgeleitet werden können. Das dynamische Dreiecksverhältnis Mensch – Natur – Technik steht in der westlichen Welt spätestens seit Mitte des 19. Jahrhunderts im Spannungsfeld zwischen der Begeisterung für technischen Fortschritt – somit für den kulturell und historisch geprägten Wunsch des Menschen, die Natur zu beherrschen – und der Angst vor der Zerstörung des natürlichen Lebensraumes durch denselben. Diese Spannung wird etwa bei der Betrachtung von aktuellen Fotografien agrarwirtschaftlicher Zonen industriellen Ausmaßes deutlich, wie den häufig in den Medien problematisierten Obst- und Gemüseplantagen in Spanien, die in den Aufnahmen des DLR[7] eindrucksvoll zur Geltung kommen. Solche Bilder, die den Umbau der Erdoberfläche durch den Menschen aus großer Distanz in Form von geometrischen Figuren zeigen, sind auf ästhetischer Ebene einerseits erschreckend und andererseits von einer Anmutung, die entsprechend modernen Sehgewohnheiten umgangssprachlich auch durchaus als „schön" bezeichnet wird. Damit liegt ihre visuelle Kraft in dem Vermögen, Gefühle des Erstaunens auszulösen, die sowohl mit Bewunderung als auch mit Schrecken verbunden sind. Diese gewisse Form der „Erhabenheit", ein Begriff der ursprünglich in der Romantik in Bezug auf Naturbetrachtungen (etwa jenen von riesigen Bergmassiven oder sagenumwobenen Wäldern) formuliert wurde, wird hier angesichts der Aufnahmen vom technischen Umbau der Erdoberfläche durch den Menschen hervorgerufen.

Als Umbauten der Erdoberfläche können auch die riesigen Halden und Müllberge sowie die Müllkontinente in den Weltmeeren bezeichnet werden. Der US-amerikanische Künstler Mark Dion, bekannt als Sammler und visueller Enzyklopädist, der die weltweit

FICTIONAL SCENARIOS AS A FORM OF PROTECTION AND AS REACTIONS TO BARELY IMAGINABLE THREATS

One aim of fictional scenarios is to highlight the options for action. As a contemporary homage to simple, uncomplicated life that can be shaped with the simplest of tools, the exhibition includes the multipart installation *Autarchy* by Studio Formafantasma. With this piece, Andrea Trimarchi and Simone Farresin, two Italians based in the Netherlands, create a scenario in which a group of individuals places an embargo on itself: all of their furniture, equipment, and containers must be made from locally or regionally sources materials such as wood, flour, agricultural waste, or limestone. The project is based primarily on the reinterpretation of old knowledge about making items for practical use. Besides tables and grain mills made of wood, this also gave rise to high-quality containers crafted out of plant materials; to our industrially shaped optical and haptic sensibilities, their surfaces appear unusually raw and their colors are hard to describe. Whereas *Autarchy* critiques growth indirectly via a fictitious form of self-limitation, the interactive cinematic table installation *ephemerā* by mischer'traxler is driven by concern over the destruction of nature by the rapid spread of human civilization. Katharina Mischer and Thomas Traxler stage a beguiling encounter with images of rare plants and animals, some of which are threatened with extinction by humans. But the ferns, dragonflies and mushrooms only protrude from the table's surface as long as viewers keep a respectful distance – if they come too close, the elements become two-dimensional inlaid work. In many cases, visitors can be observed taking some time

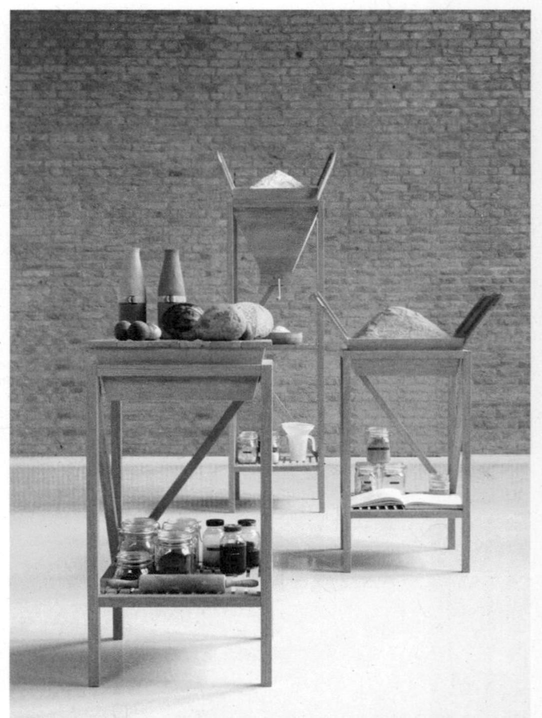

to understand what is going on – a scenario that simulates a reality that has been experienced (or that can at least be understood) by many people.

More difficult is the visualization and materialization of barely conceivable immaterial threats like the hole in the ozone layer or global warming (also known as climate change) that can only be represented in the form of computer graphics and animations. Among other things because they can only be conceived of and calculated in dimensions that transcend regional borders and the foreseeable future, the philosopher Timothy Morton refers to them as "hyperobjects".[8] These hyperobjects may also include atomic power or the tons of microplastics in the oceans. As phenomena that are hard to grasp, constantly varying in form, quantity, and position, besides a strong indictment of

wachsende Müllproblematik
zu vermeintlich poetischen
Bildern und regelrechten drei-
dimensionalen Stillleben ver-
arbeitet, bringt in seinen Installationen nicht nur kritische
Fragen zur Umweltverschmutzung zur Sprache, sondern
stellt auf eindrückliche Art und
Weise unsere Vorstellungen
von Natur und Natürlichkeit
zur Diskussion. Die Installation
*Concrete Jungle (The Mam-
mals),* in der ausgestopfte
Tiere wie auf der Nahrungs-
suche zwischen Haushalts- und Sperrmüll
auftauchen, bietet zugleich ein schauriges wie
witziges Bild. Sollten wir, wie es der einfluss-
reiche Kulturtheoretiker Raymond Williams in
den 1970er Jahren schon vorgeschlagen hat,
nicht endlich damit beginnen, Abfall und andere unangenehme Nebenprodukte unserer
Konsumgesellschaft aktiv wahrzunehmen, anstatt sie verbergen zu wollen?[8]

FIKTIVE SZENARIEN ZUM SCHUTZ
VON BEDROHTEM UND ALS
REAKTIONEN AUF SCHWER
VORSTELLBARE BEDROHUNGEN

Ein Ziel von fiktiven Szenarien ist es, Handlungs-
optionen aufzuzeigen. Als eine zeitgenössische
Hommage an das einfache, unkomplizierte Leben, das mit einfachsten Werkzeugen gestaltet
werden kann, steht in der Ausstellung die mehr-
teilige Installation *Autarchy* von Studio Formafantasma. Mit *Autarchy* entwerfen die beiden in
Holland ansässigen Italiener Andrea Trimarchi
und Simone Farresin ein Szenario, in dem eine
Gruppe von Personen über sich selbst ein Embargo verhängt. So dürfen Möbel, Geräte und

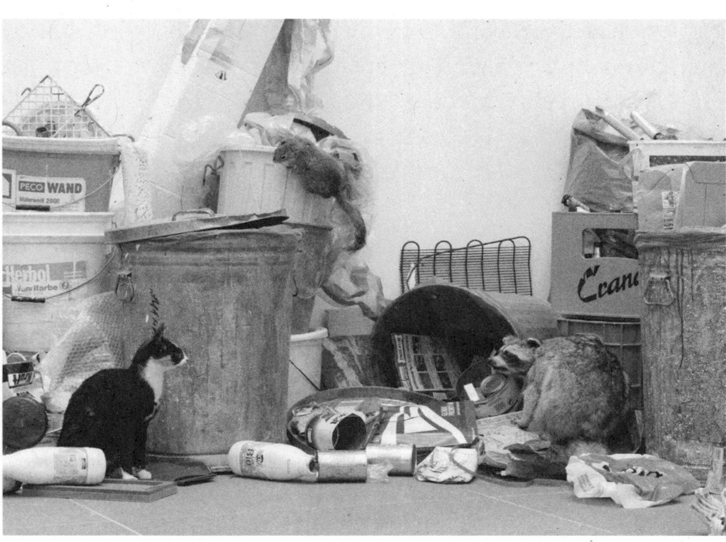

Gefäße nur aus lokal und regional vorkommen-
den Rohstoffen, wie Holz, Getreidemehl, land-
wirtschaftlichem Abfall oder Kalkstein, herge-
stellt werden. Das Projekt setzt dabei wesent-
lich auf die Neuinterpretation alten Wissens zur
Herstellung von Gebrauchsgegenständen. Neben Tischen und Getreidemühlen aus Holz sind
auf diese Weise handwerklich hochwertige Gefäße aus pflanzlichen Rohstoffen entstanden,
die für unsere industriell geprägten optischen
und haptischen Gewohnheiten ungewöhnlich
roh anmutende Oberflächen und schwer be-
schreibbare Farbtöne aufweisen. Während *Autarchy* indirekt Wachstumskritik durch eine fiktive Form der Selbstbeschränkung übt, wirkt
in der kinematischen, interaktiven Tischinstal-
lation *ephemerā* von mischer'traxler die Sorge
um die Natur, die durch die rasche Ausbrei-
tung menschlicher Zivilisation verdrängt wird.
Auf eine betörend schöne Art und Weise in-
szenieren Katharina Mischer und Thomas Traxler eine Begegnung mit den Abbildern seltener
Pflanzen und Tiere, die u. a. durch den Menschen vom Aussterben bedroht sind. Farne,

growth, they also invoke a new need for visual and material placeholders and responses. The speculative design movement, based on a rhetoric of crisis, is currently creating specific scenarios to address nebulous fears that are widespread in society, caused by unpredictable (new) large-scale technologies. One such response included in WEtransFORM is an object from the series *Designs for Anxious Personalities in Anxious Times* by Dunne & Raby and Michael Anastassiades: *Huggable Atomic Mushroom* is an attempt to render invisible threats literally graspable. And this explains the considerable sympathy with which the cuddly mushroom is received: these outsize demons that we ourselves have summoned, and that can no longer be banished, are reduced to a human scale.

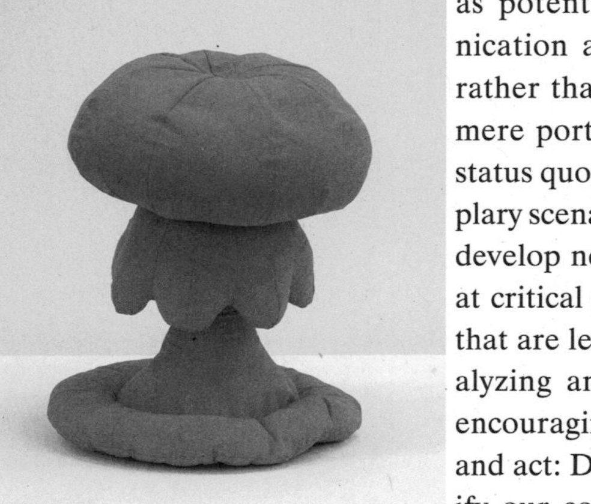
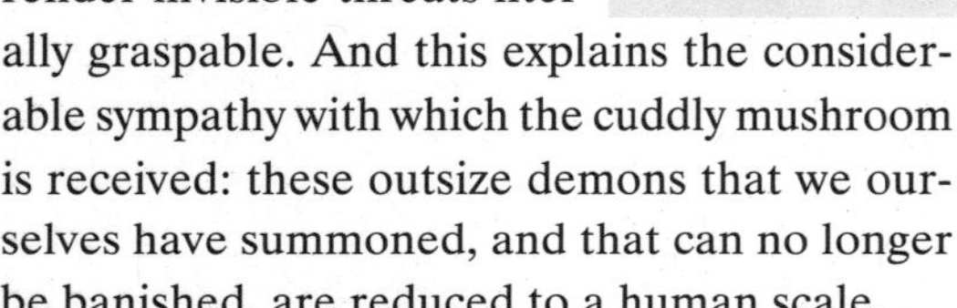

ON WATER BUCKETS AND OTHER
TOOLS FOR CHANGING COURSE

In order to address the range of themes, forecasts, fears, concerns and hopes that have shaped critical debate about growth over the past 40 years, the scope of the exhibition was reduced to a manageable size and instead of a distanced outside perspective on Earth as a habitat, it focuses on specific geopolitical zones and on examples and objects that are familiar from everyday life. The viewpoint adopted by the show builds on the ideas of visual culture theorist W.J.T. Mitchell, according to which "images are not just passive entities", instead exerting a key influence on the way we think, see and, therefore, act. In this model, pictures "refunction our memories and imaginations, bringing new criteria and new desires into the world."[9] This applies to two- and three-dimensional artworks, defining the pictures and objects shown in the exhibition as calls to action, as potent tools of communication and intervention,[10] rather than viewing them as mere portrayals of a certain status quo. In this way, exemplary scenarios can be used to develop new ways of looking at critical debates on growth that are less shocking or paralyzing and more suited to encouraging people to think and act: Do we need to modify our concept of "nature" and of what we consider to be "natural" resources? Conceived of in terms of cycles: Have we not all long since become producers of raw materials? Should our debates on resources not be conducted, as a matter of principle, in the form of debates on questions of distribution? And what does my plastic chair have to do with the material limits of Planet Earth?

In order to make a contribution to such discussions, designers today are increasingly defining their works as tools. This trend is a consequence of a development that began in the 1960s with radical architecture groups like *Global Tools* that called for alternatives to design and art scenes perceived as having been too heavily industrialized and commercialized. On this basis, designers today deliberately aim for a broadening of the discourse beyond their own disciplines in order, as the Institute of Design Research Vienna (IDRV) puts it, to offer "tools for the design revolution".[11] In concrete terms, this means that in the WEtransFORM

Libellen, Schmetterlinge und Pilze ragen hier allerdings nur so lange aus der Tischoberfläche heraus, wie die Besucher respektvoll Abstand halten: Kommen sie zu nah an den Tisch heran,

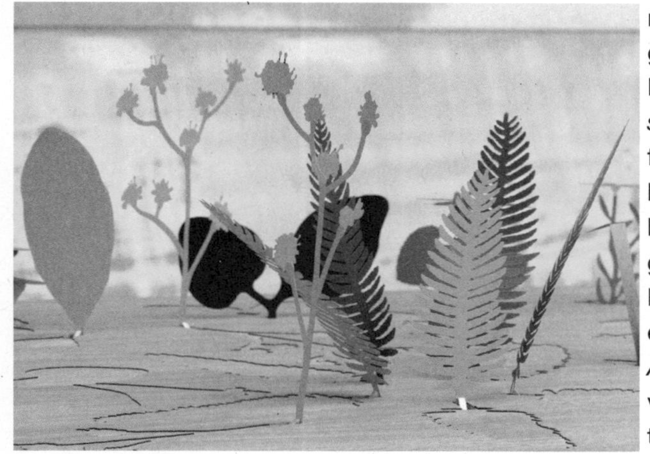

werden die Elemente zu Intarsien der Tischoberfläche. Oft, so lässt sich beobachten, dauert es einige Zeit, bis die BesucherInnen ihren Einfluss auf das selbstverständlich anmutende Geschehen erfasst haben – ein Szenario, das eine Realität zu simulieren vermag, welche von vielen schon erfahren wurde bzw. für viele zumindest nachvollziehbar ist.

Schwieriger ist die Visualisierung und Materialisierung von schwer vorstellbaren immateriellen Bedrohungen wie dem Ozonloch oder der globalen Erwärmung (auch als Klimawandel benannt), die nur in Form von Computergrafiken und -animationen darstellbar sind. Weil sie in ihren überregionalen, zeitlich unabschätzbaren Dimensionen nur noch „gedacht" und „berechnet" werden können, benennt sie der Philosoph Timothy Morton als „Hyperobjects".[9] Zu diesen Überobjekten können auch die Atomkraft oder die Tonnen an planktongroßen Plastikpartikeln in den Weltmeeren gezählt werden. Als schwer fassbare Phänomene, die in Form, Quantität und Position variieren, evozieren sie neben massiver Wachstumskritik ein neues Bedürfnis nach visuellen und materiellen Stellvertretern und Entgegnungen. Aktuell schafft die auf einer gewissen Krisenrhetorik aufbauende Designströmung des *Speculative Design* spezifische Szenarien, um schwer fassbare und gesellschaftlich weit verbreitete Ängste, die von unberechenbaren (neuen) Großtechnologien ausgehen, zu thematisieren. Als solche Entgegnungen zeigt WEtransFORM ein Objekt aus der Serie *Designs for Anxious Personalities in Anxious Times* von Dunne & Raby und Michael Anastassiades. Der *Huggable Atomic Mushroom* – ein Atompilz zum Kuscheln – gilt als ein Versuch, unsichtbare Bedrohungen im wahrsten Sinne des Wortes (be-)greifbar zu machen. In dieser Beschreibung scheint sich auch bereits die überaus hohe Sympathie zu erklären, die dem Kuschelpilz entgegengebracht wird: Er vermag es, den Umgang mit den selbst gerufenen übergroßen Geistern, die nicht mehr loszuwerden sind, auf ein menschliches Maß zu bringen.

VON WASSEREIMERN UND
ANDEREN WERKZEUGEN ZUR
KURSKORREKTUR

Um die Vielfalt an Themen, Prognosen, Ängsten, Sorgen und Hoffnungen, wie sie in den wachstumskritischen Debatten der letzten vierzig Jahre bestimmend waren, fassen zu können, wurde der Betrachtungsmaßstab in der Ausstellung auf eine anschauliche Größe reduziert und eine distanzierte Außenperspektive auf den Lebensraum Erde durch die Fokussierung auf konkrete geopolitische Zonen

exhibition, much-discussed but still abstract variables like the "ecological footprint" are not portrayed via numbers and diagrams, as they would be in a scientific exhibition, but rendered tangible in the form of large-scale installations, films, and pictures. In this way, the ubiquitous calls to economize resources can be dealt with in various (real life) scenarios. An installation by the IDRV, for example, strikingly illustrates the resource footprint of a standard stacking plastic chair with metal legs by spreading 550 liters of water in plastic buckets, an oil canister, a petrol can, several pieces of coal and other fossil fuels around the space along with transport crates. As when preparing to cook a meal, the "ingredients" for the chair are laid out, highlighting the consequences of a specific design decision.

Mindful of the resource-intensive production of disposable plastic bottles and their contribution to the growing global rubbish problem, Finnish artist Tea Mäkipää included the following in her *Ten Commandments for the 21st Century:* "Avoid all products with plastic packages." But the work goes beyond merely formulating commandments (something regularly done by environmental authorities and other organizations), instead offering an opportunity to accompany the artist as she adheres to rules like "Don't fly" on a journey lasting several months without planes (travelling by train, bus, boat, ship and on foot) from Weimar to the United Arab Emirates and back. The documentation of the journey through different countries and cultures underlines the impact of small and large deci-

sions, some everyday and others less routine, on one's personal ecological footprint. But it also offers unembellished images of the difficulties involved in adhering to such rules. Precisely this makes the work especially powerful.

Another tool for grasping phenomena that shape life on Earth and the planet itself is provided by the architecture collective raumlaborberlin in the form of the *Mappa Mundi*. The map represents the Earth as an island on which, as in a children's picture book, many par-

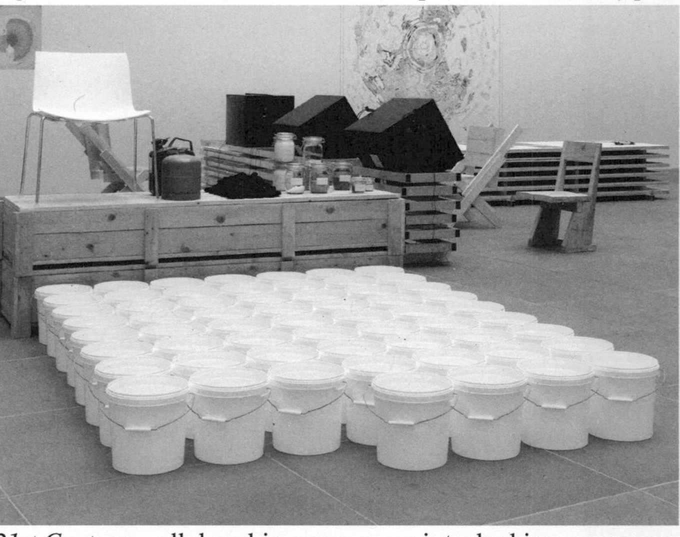

allel and in some cases interlocking sequences of events and processes take place. Large numbers of extremely detailed line drawings show the remaking of the Earth's surface by humans: tons of soil are shifted, rivers redirected, skyscrapers anchored to bedrock; tankers sail across the ocean and bridges are built; the average food consumption of the world's population is communicated; and utopian architecture grows up out of the ground. This ground is both a storehouse of history and a space for geopolitical, ecological, social, individual and economic action, a point of departure for visions and uto-

und lebensnahe Beispiele und Alltagsobjekte ergänzt. In der Betrachtung baut WEtransFORM auf der These des Bildwissenschaftlers William Mitchell auf, derzufolge „Bilder nicht einfach passive Wesen sind", sondern einen wesentlichen Einfluss auf die Art und Weise unseres Denkens, Sehens und damit auch Handelns haben. Demnach funktionieren Bilder „unsere Erinnerungen und Vorstellungen um, bringen neue Maßstäbe und neue Wünsche in die Welt".[10] Diese Überlegungen gelten für zwei- und dreidimensionale Kunstwerke und die in der Ausstellung gezeigten Bilder und Objekte als handlungsstiftende Akteure, als wirkmächtige Werkzeuge der Kommunikation und Aktion[11] und werden nicht als bloße Abbilder eines gewissen Status quo angesehen. Anhand von beispielhaften Szenarien lassen sich so neue Perspektiven auf wachstumskritische Debatten entwickeln, die weniger schockieren und lähmen, sondern vielmehr zum (Mit-)denken und Handeln anregen wollen: Müssen wir unsere Vorstellungen von „Natur" – und damit auch von dem, was wir als „natürliche" Ressourcen ansehen – adaptieren? In Kreisläufen gedacht: Sind wir nicht schon längst alle selbst RohstoffproduzentInnen? Sollten wir Debatten um Ressourcen nicht generell in Form von Debatten um Verteilungsfragen führen? Und was hat mein Kunststoffstuhl mit den materiellen Grenzen des Planeten Erde zu tun?

Um einen Beitrag zur Beantwortung von Fragen wie diesen leisten zu können, definieren GestalterInnen ihre Arbeiten heute zunehmend als Werkzeuge. Diese Tendenz ist als Folge einer Entwicklung zu sehen, die in den 1960er Jahren mit radikalen Architekturgruppierungen wie *Global Tools* eingeläutet wurde, welche Alternativen zu den industriell- und marktwirtschaftlich allzu vereinnahmten Design- und Kunstbranchen fördern wollten. Darauf aufbauend, zielen die GestalterInnen heute bewusst auf eine Erweiterung der Diskurse auch außerhalb ihrer Disziplinen, um, wie es das Institute of Design Research Vienna (IDRV) vorsieht, „Werkzeuge für die Designrevolution" anzubieten.[12] In der WEtransFORM-Ausstellung bedeutet das konkret, viel zitierte, aber trotzdem sehr abstrakt verbliebene Größen, wie etwa den ökologischen Fußabdruck von Personen und den Ressourcenverbrauch von Produkten, nicht anhand von Zahlen und Diagrammen abzubilden, wie es in einer Wissenschaftsausstellung üblich wäre, sondern in Form von raumgreifenden Installationen, Filmen und Bildern erfahrbar zu machen. So können auch allseits verbreitete Aufrufe zum Ressourcensparen anhand verschiedener (Lebens-)szenarien verhandelt werden. Eine Installation vom IDRV veranschaulicht etwa den Ressourcenverbrauch eines handelsüblichen Kunststoffstapelstuhls mit Metallbeinen durch eine beeindruckende Menge von 550 Litern Wasser in 60 Kunststoffeimern, einem Ölkanister, einem Benzinkanister, etlichen Kohlestücken und anderen fossilen Rohstoffen, die sich inklusive Transportkisten im Raum ausbreiteten. Vergleichbar mit den Vorbereitungen zum Kochen, werden hier die „Zutaten" für das Möbel ausgebreitet und so die Konsequenzen einer Designentscheidung deutlich gemacht. Im Wissen um die rohstoffintensive Herstellung von Einweg-Plastikflaschen sowie deren Anteil am global wachsenden Müllproblem hat die finnische Künstlerin Tea Mäkipää eines ihrer *10 Gebote für das 21. Jahrhundert* wie folgt formuliert: „Meide alle Produkte mit Plastikverpackungen." Die Arbeit verbleibt allerdings nicht bei der Formulierung von Geboten, wie

pias. In spite of their ambitious attempt to draw a picture with multiple perspectives, the designers admit that they can only offer a subjective image of the world that is both speculative and manipulative. It is no coincidence, then, that it is utterly impossible to take in all of the processes depicted at a single glance. All that is possible are detail views, whose pictures can later be endlessly recombined in memory. Uncertainty is the only certainty here. Accordingly, this *Mappa Mundi* also represents the worldwide dispute among experts over the actual shortage of resources, the consequences of climate change, and its impact on the global balance of power, including shifts in economic dominance.

CONTEXT AND (MATERIAL) CYCLES

It is worth examining the ways in which the impact of pictures and objects can be reinforced by combinations and arrangements within an exhibition space. Narrative coupling of objects via spatial proximity permits different connections to be made and coherent stories to be told, as the exhibits contextualize each other. In all seven sections of the exhibition (see page 4 ff) the objects were positioned using this approach. A detailed description is beyond the scope of this text, so the dense web of comments and references created by juxtaposing Suzanne Treister's *Rare Earth Diagram (green),* a *Fairphone,* and the corresponding *Urban Mining Manual* will serve as an example.

Using a spiritually charged visual gesture from 1970s New Age, Treister's emerald green mandala measuring 3 × 4 meters addresses the tough global competition for so-called rare earths – 17 metals that are difficult to obtain and whose mining and trade are essential in the manufacture of technical devices such as computers and mobile phones. With delicate white lines, Treister's mandala links the history of the discovery of chemical elements to current

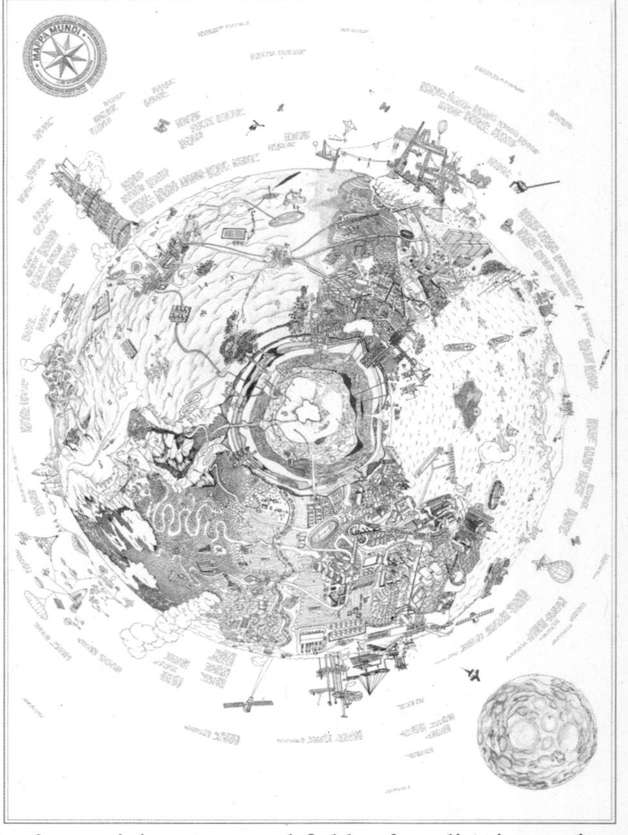

mining areas and fields of application, pointing out current conflict zones and historical dependencies, some dating back to colonial times. The hippie style of the work underlines its criticism of the technocratic, rationalistic model of growth in modern societies. This is then related to the *Fairphone* as an important tool for communication about and action against the

es durch Umweltämter und andere Organisationen immer wieder neu geschieht, sondern bietet die Möglichkeit, die Künstlerin bei der Einhaltung von Geboten wie „Fliege nicht" auf einer mehrmonatigen Reise ohne Flugzeug (und stattdessen per Bahn, Bus, Fahrrad, Boot, Schiff und zu Fuß) von Weimar bis in die Verei-

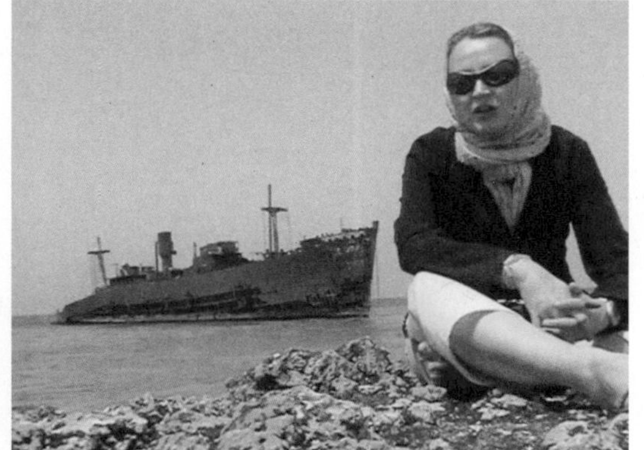

nigten Emirate und wieder zurück zu begleiten. Die Reisedokumentation verschiedener Länder und Kulturen macht die Auswirkungen großer und kleiner, täglicher und weniger gewöhnlicher Entscheidungen auf den persönlichen ökologischen Fußabdruck deutlich. Sie liefert aber auch ungeschönt Bilder von den Schwierigkeiten, die mit der Einhaltung solcher Regeln einhergehen. Gerade dadurch wird die Arbeit besonders wirkungsvoll.

Ein weiteres Werkzeug für die Erfassung von Phänomenen, die das Leben auf dem Planeten Erde sowie den Planeten selbst prägen, gibt uns das Architekturkollektiv raumlaborberlin mit der *Mappa Mundi* an die Hand. Die Karte stellt die Erde wie eine Insel dar, auf der, vergleichbar mit einem Wimmelbuch für Kinder, zahlreiche parallel ablaufende und teilweise ineinandergreifende Handlungen und Prozesse stattfinden. Über eine Vielzahl äußerst detailreicher Linienzeichnungen wird der Umbau der

Erdoberfläche durch den Menschen verhandelt: Hier werden Tonnen an Erdreich verschoben, Flüsse umgeleitet, Hochhäuser tief im Boden verankert, Tankschiffe fahren über den Ozean, Brücken werden gebaut, der durchschnittliche Lebensmittelkonsum der Erdbevölkerung wird kommuniziert und utopisch anmutende Architekturen werden aus dem Boden hochgezogen. Dieser Boden ist hier gleichzeitig Geschichtsspeicher wie geopolitische, ökologische, soziale, individuelle und ökonomische Handlungsfläche und Ausgangspunkt für Visionen und Utopien. Trotz des ambitionierten Versuches, inhaltlich ein multiperspektives Bild zu zeichnen, gestehen sich die GestalterInnen ein, nur ein subjektives Weltbild abgeben zu können, welches zugleich spekulativ und manipulativ ist. So ist es sicherlich kein Zufall, dass es schier unmöglich ist, die abgebildeten Prozesse und Vorgänge auf einen Blick zu erfassen. Möglich sind nur Detailaufnahmen, deren Bilder im Nachhinein immer wieder neu im Gedächtnis zusammengesetzt werden können. Gewiss scheint lediglich das Ungewisse. Demgemäß vertritt diese *Mappa Mundi* auch den weltweiten ExpertInnenstreit um die tatsächliche Knappheit von Ressourcen, die Folgen des Klimawandels und deren Auswirkungen auf globale Machtverhältnisse und Verschiebungen in wirtschaftlichen Vormachtstellungen.

KONTEXTE UND
(STOFF-)KREISLÄUFE

Betrachtenswert ist die Wirkmächtigkeit von Bildern und Objekten, wie sie durch Kombinationen, sprich Positionierungen, innerhalb eines Ausstellungssaales verstärkt werden kann. Die narrative Kopplung der Objekte durch räumliche Nähe erlaubt es, verschiedene Zusammenhänge herzustellen und zusammenhängende

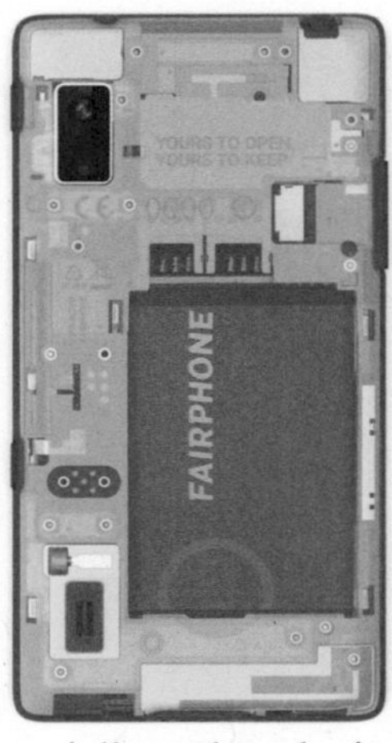 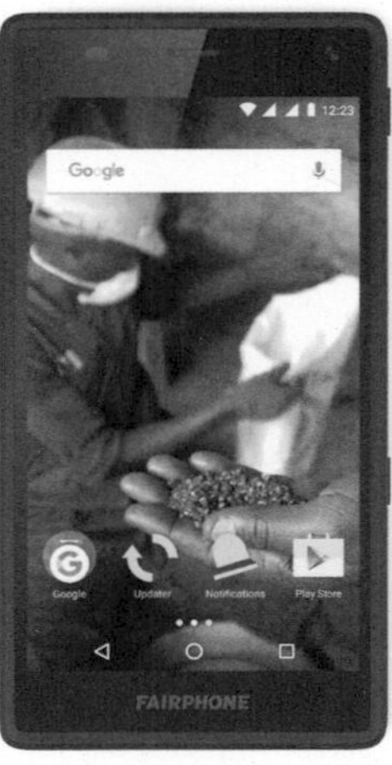

a complex network of designers, suppliers, producers, dealers, and buyers, the *Fairphone* is a perfect example of the demand for fairly produced, repairable devices whose production and sale should be as transparent and traceable as possible. In addition, at so-called urban mining workshops, more and more people are becoming involved in such action. Under the "urban mining" label, meaning essentially to reclaim valuable materials from discarded products in urban areas, the Dutch manufacturer provides a handbook for free download, but also expert-run workshops where people can recycle as a collective. A quick glance back at Treister's *Rare Earth Diagram* highlights the need to reclaim raw materials through device recycling in Europe's population centers, as the coveted rare earths are mainly found outside of Europe.

socially and ecologically problematic sourcing of raw materials for electronic devices. This mobile phone was created as part of an educational campaign against the working conditions of mine workers that are economically exploitative and hazardous to health. The initiators were convinced that the links between raw material sourcing, production, distribution and recycling could best be illustrated in the form of a commercially available product. As part of

With its distinctive combination of everyday objects, alarming media reports, and works of art, WEtransFORM opens up the historically evolved and culturally constructed polarity between ecological dystopias and positive

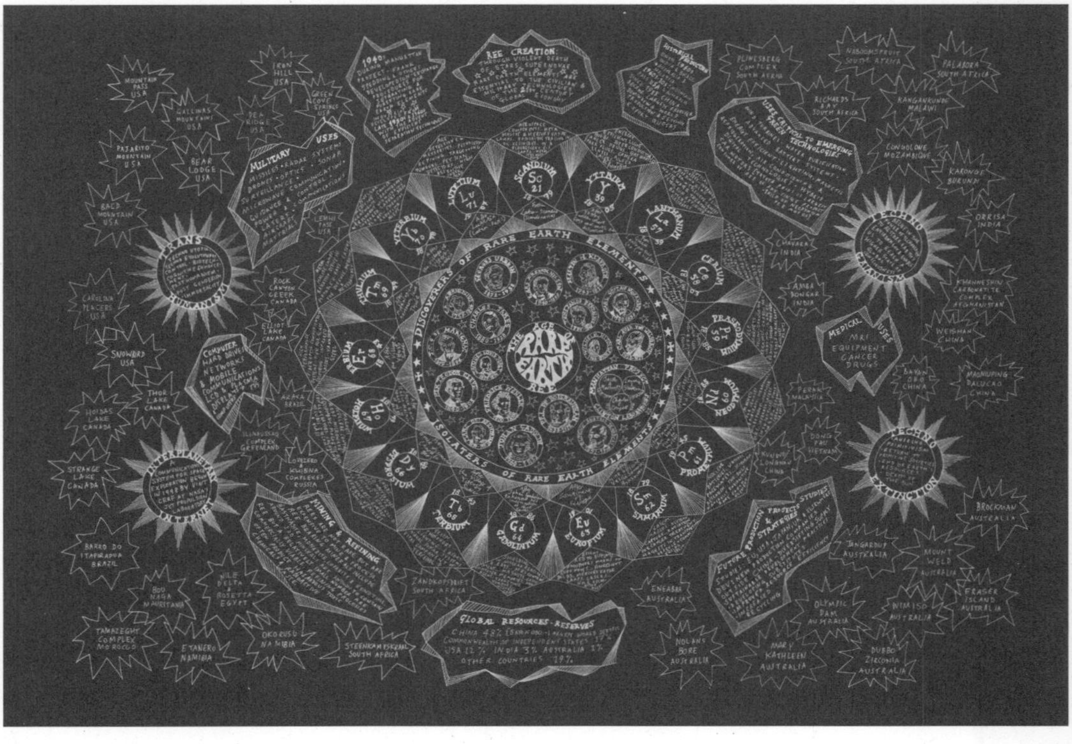

Geschichten zu erzählen. Die Exponate kontextualisieren sich gegenseitig. In allen sieben Ausstellungsbereichen (vgl. S. 7) wurden die Objekte nach diesem Prinzip positioniert. Da eine detaillierte Beschreibung weit über den Rahmen dieses Textes hinausgehen würde, wird hier beispielhaft das dichte Gefüge aus Kommentaren und Verweisen nachgezeichnet, wie es etwa durch die räumliche Nähe von Suzanne Treisters *Rare Earth Diagram (green),* einem *Fairphone* und dem dazugehörigen *Urban Mining-Manual* entsteht. Suzanne Treisters 3 × 4 Meter großes smaragdgrünes Mandala führt im spirituell aufgeladenen Bildgestus des New Age der 1970er Jahre in das global umkämpfte Reich der sogenannten Seltenen Erden.

Seltene Erden, das sind 17 schwer zu gewinnende Metalle, deren Abbau und Handel zur Herstellung von technischen Geräten wie Computern und Mobiltelefonen unerlässlich geworden sind. Treisters Mandala verbindet durch zarte weiße Linien die Entdeckungsgeschichte der chemischen Elemente mit aktuellen Abbaugebieten und Anwendungsbereichen und verweist auf gegenwärtige Konfliktzonen und historisch gewachsene Abhängigkeiten, wie sie zum Teil noch aus Kolonialzeiten herrühren. Der Hippie-Stil der Arbeit macht die Kritik am rationalistisch-technokratisch ausge-

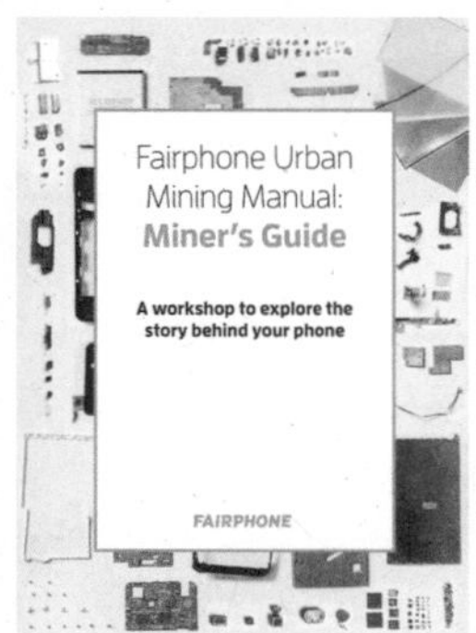

richteten Wachstumsmodell moderner Gesellschaften deutlich. Dazu in Bezug gesetzt wird das *Fairphone* als wichtiges Werkzeug zur Kommunikation von und Aktion gegen die sozial und ökologisch problematische Rohstoffge-

winnung für elektronische Geräte. Das Mobiltelefon entstand als Teil einer Aufklärungs-Kampagne gegen die ökonomisch ausbeuterischen und gesundheitsgefährdenden Arbeitsbedingungen von ArbeiterInnen in Metallminen. Die InitiatorInnen waren davon überzeugt, dass die Zusammenhänge von Rohstoffgewinnung, Produktion, Vertrieb und Recycling am besten durch ein im Handel erhältliches Produkt zu veranschaulichen sind. Als Teil eines komplexen Netzwerkes aus EntwerferInnen, LieferantInnen, ProduzentInnen, HändlerInnen und KonsumentInnen vertritt das *Fairphone* heute beispielhaft die Nachfrage nach fair produzierten und reparierbaren Geräten, deren Produktion und Vertrieb möglichst transparent nachzuverfolgen sein sollen. Im Rahmen von sogenannten *Urban-Mining-Workshops* werden zudem immer weitere AkteurInnen in die Handlungen mit einbezogen. Unter der Verwendung des Schlagwortes „Urban Mining", mit dem im Allgemeinen die (Rück-)Gewinnung wertvoller Materialien aus ausgedienten Produkten in städtischen Gebieten bezeichnet wird, bietet der holländische Hersteller ein Gratishandbuch zum Download im Internet, aber auch fachlich betreute Workshops, in denen im Kollektiv recycelt werden kann. Schon ein kurzer Blick zurück auf das *Rare Earth Diagram* von Suzanne Treister verdeutlicht die Notwendigkeit von Rohstoffrückgewinnung durch Geräterecycling in europäischen Ballungszentren, kommen doch die begehrten Seltenen Erden vorwiegend außerhalb Europas vor.

Durch diese besonderen Kombinationen von Alltagsobjekten mit alarmierenden Berichten aus den Medien und Kunstwerken öffnet WEtransFORM das historisch gewachsene und kulturell konstruierte Spannungsfeld

visions. As shown using portrayals of the "whole earth" and related images of disaster, utopias and dystopias cannot be seen independently of one another with regard to ecological debates on growth: Just as an image of the radiant blue-green globe can stand for both apocalyptic visions and a brighter future, objects like the *Reifensofa* by the Des-In group are situated between design and anti-design, between consumerism and critiques of consumerism. As an object made of recycled car tires and jute sacks, the sofa was created by young designers in the 1970s in direct response to the publication of

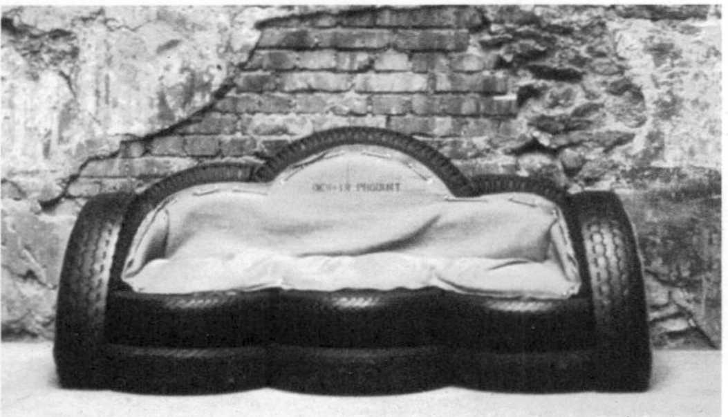

The Limits to Growth. It leads back to the beginning of this engagement with the visual and material culture of critical debate on growth and related fears with regard to resources. But the sofa also stands here for a design practice that has been developing constantly ever since, bringing forth important appeals not to remain stuck in disabling, apocalyptic visions, but to launch new movements and to explore alternative scenarios of production and consumption as ways of developing new models for society. This once more sums up the concerns of WEtransFORM: The design objects, artworks, scientific projects and publications assembled in the exhibition clearly manifest the numerous viewpoints in dealing with the critical debates on growth. Rather than pursuing a theoretical debate, the show covers approaches ranging from practical to ironic, utopian or dystopic, thus representing an important development of the discourse. By examining historical events, artistic critique and commentary, and design visions in a single context, on the basis of corresponding visual and object worlds, WEtransFORM creates a new basis for further discussions.

1) Jørgen Randers, "Preface" in: *2052. A Global Forecast for the Next Forty Years* (White River Green, VT, 2012), p. xiv. 2) Donella H. Meadows, Dennis L. Meadows, Jørgen Randers & William W. Behrens III, *The Limits to Growth: A Report for the Club of Rome's Project on the Predicament of Mankind* (New York, 1972). 3) See, for example, Sarah Franklin, Celia Lury, and Jackie Stacey, *Global Nature, Global Culture,* (London, 2000). 4) Ernst Friedrich Schumacher, *Small is Beautiful – A Study of Economics as if People Mattered* (London, 1973). 5) Frank Uekötter, *Ökologische Erinnerungsorte* (Göttingen, 2004), p. 7. 6) Deutsches Zentrum für Luft- und Raumfahrt (DLR) 7) Raymond Williams, *Problems in Materialism and Culture* (London, 1980). 8) Timothy Morton, *Hyperobjects* (Minneapolis, 2013), p. 3. 9) W.J.T. Mitchell, *"The Surplus Value of Images"* in *What Do Pictures Want? The Lives and Loves of Images* (Chicago, 2005), p. 92. 10) See also Alfred Gell, *Art and Agency* (Oxford, 1998). 11) IDRV – Institute of Design Research Vienna, Harald Gründl, Marco Kellhammer, Christina Nägele (eds.), *Tools for the Design Revolution* (Sulgen, 2014).

zwischen ökologischen Dystopien und positiven visionären Überlegungen. Denn wie anhand von Darstellungsbeispielen der „Whole Earth" und daran anknüpfenden Katastrophenbildern gezeigt wird, sind Utopien und Dystopien im Bezug auf ökologisch relevante Wachstumsdebatten kaum unabhängig voneinander zu sehen: Ebenso wie ein Bild des leuchtend blau-grünen Erdballs gleichzeitig für Endzeitvisionen als auch für positive Zukunftsbilder stehen kann, sind Objekte wie das *Reifensofa* der Des-In Gruppe zwischen Design und Anti-Design, Konsum und Konsumkritik zu verorten. Dieses Recyclingobjekt aus ausrangierten Autoreifen und Jutesäcken, das als direkte Reaktion junger DesignerInnen auf die Publikation *Die Grenzen des Wachstums* in den 1970er Jahren entstand, führt wieder an den Anfang dieser Auseinandersetzung mit der visuellen und materiellen Kultur von wachstumskritischen Debatten und den einhergehenden Ressourcenängsten zurück. Das Möbel steht hier auch stellvertretend für eine sich seitdem stetig fortentwickelnde Gestaltungspraxis, von der wesentliche Impulse ausgehen, nicht in lähmenden Endzeitvisionen zu verharren, sondern neue Bewegungen zu initiieren und alternative Konsum- und Produktionsszenarien zur Entwicklung neuer Gesellschaftsmodelle durchzuspielen.

Damit sind abschließend auch noch einmal die Anliegen von WEtransFORM gefasst: Die in der Ausstellung versammelten Designobjekte, Kunstwerke, wissenschaftlichen Beiträge und Publikationen zeigen deutlich die zahlreichen Perspektiven der Auseinandersetzug mit wachstumskritischen Debatten. Dass die Diskussion keine theoretische ist, sondern von ganz praktisch orientierten zu ironischen, utopischen oder dystopischen Ansätzen reicht, kann als wichtige Weiterentwicklung des Diskurses gewertet werden. Mit WEtransFORM ist damit aus der Zusammenschau von historischen Ereignissen, künstlerischer Kritik und Kommentaren sowie gestalterischen Zukunftsvisionen auf Basis von entsprechenden Bild- und Objektwelten eine neue Diskussionsgrundlage geschaffen worden.

1) Jørgen Randers, „Vorwort", in: *2052. Der neue Bericht an den Club of Rome: Eine globale Prognose für die nächsten 40 Jahre,* München, 2012, S. 14. 2) Donella H. Meadows, Dennis L. Meadows, Jørgen Randers & William W. Behrens III, *The Limits to Growth: A Report for THE CLUB OF ROME'S Project on the Predicament of Mankind,* New York, 1972. 3) Auf Deutsch erschienen als *Die Grenzen des Wachstums: Bericht des Club of Rome zur Lage der Menschheit,* übersetzt von Hans-Dieter Heck, Stuttgart, 1972. 4) Vgl. hierzu etwa Sarah Franklin, Celia Lury und Jackie Stacey, *Global Nature, Global Culture,* London, 2000. 5) Ernst Friedrich Schumacher, *Small is Beautiful – A Study of Economics as if People Mattered,* London, 1973. 6) Frank Uekötter, *Ökologische Erinnerungsorte,* Göttingen, 2004, S. 7. 7) Deutsches Zentrum für Luft- und Raumfahrt (DLR). 8) Raymond Williams, *Problems in Materialism and Culture,* London, 1980. 9) Timothy Morton, *Hyperobjects,* Minneapolis/London, 2013, S. 3. 10) William J. Thomas Mitchell, *Bildtheorie,* Frankfurt am Main, 2008, S. 292. 11) Vgl. dazu auch Alfred Gell, *Art and Agency,* Oxford, 1998. 12) IDRV – Institute of Design Research Vienna, Harald Gründl, Marco Kellhammer, Christina Nägele (Hg.), *Werkzeuge für die Designrevolution,* Sulgen, 2014.

1. Do not fly.

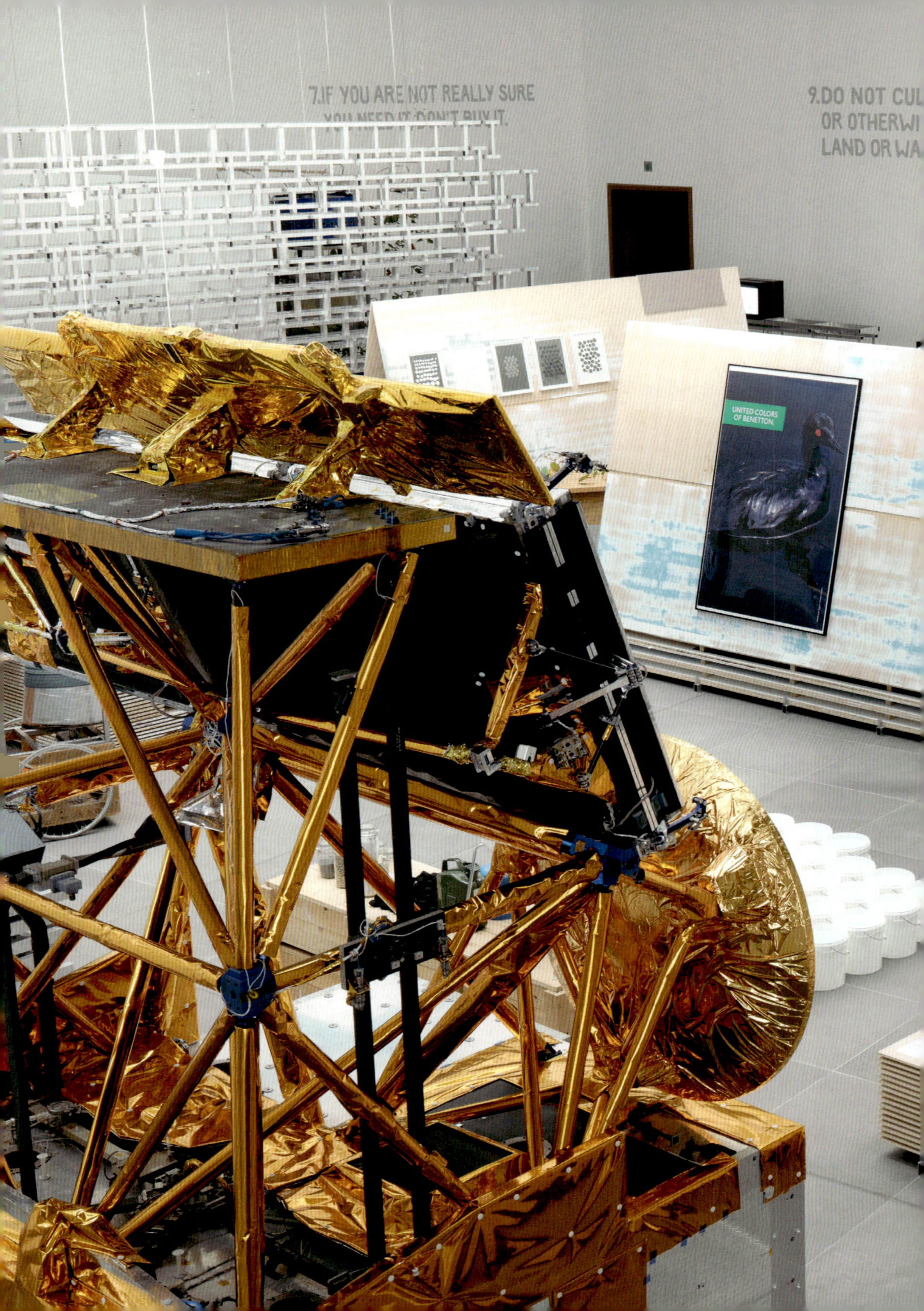

7.IF YOU ARE NOT REALLY SURE
YOU NEED IT DON'T BUY IT.
9.DO NOT CUL
OR OTHERWI
LAND OR WA
UNITED COLORS
OF BENETTON.

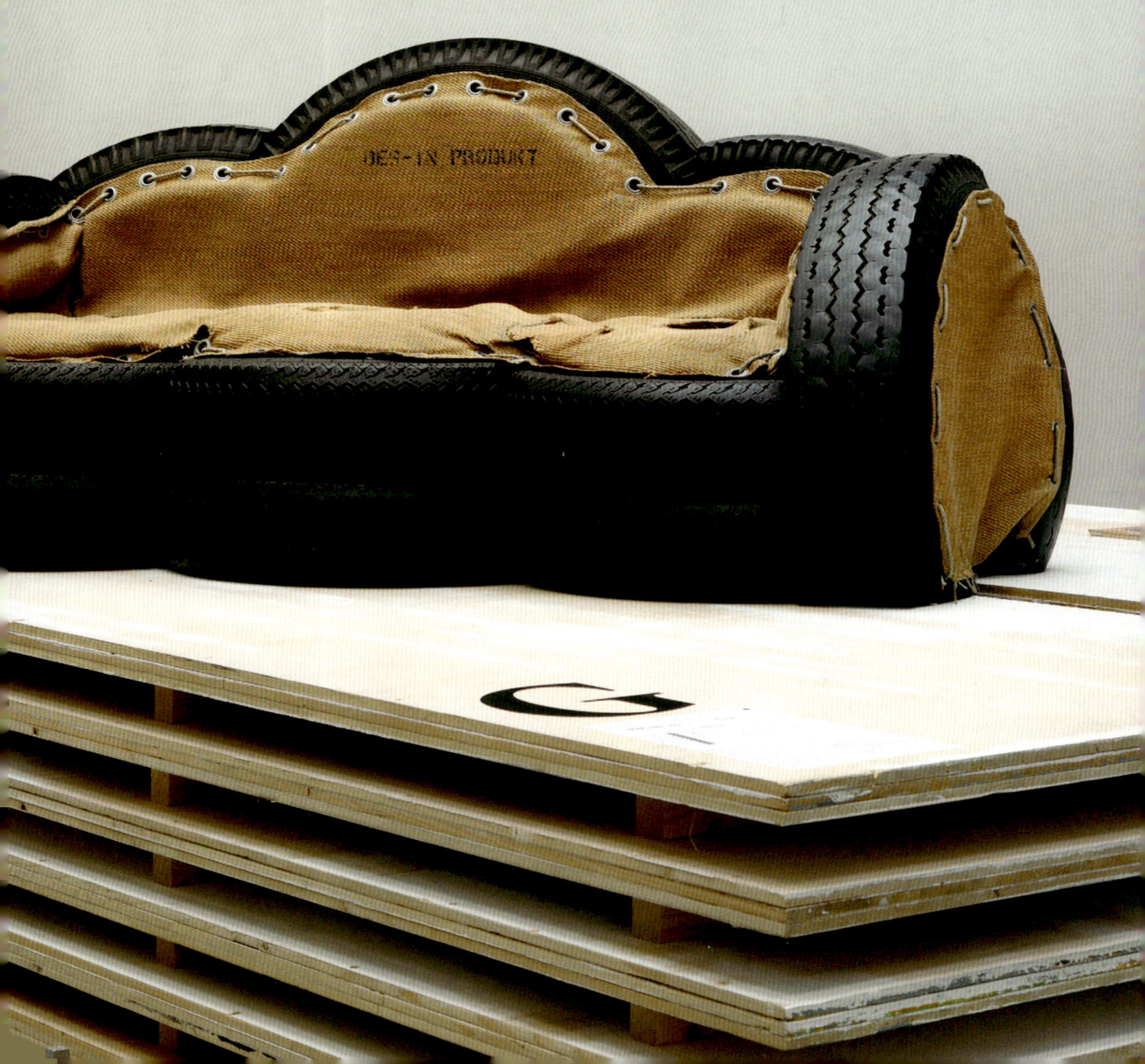

4.AVOID ANY PRODUCTS WITH PLASTIC PACKAGES.
DES-IN PRODUCT

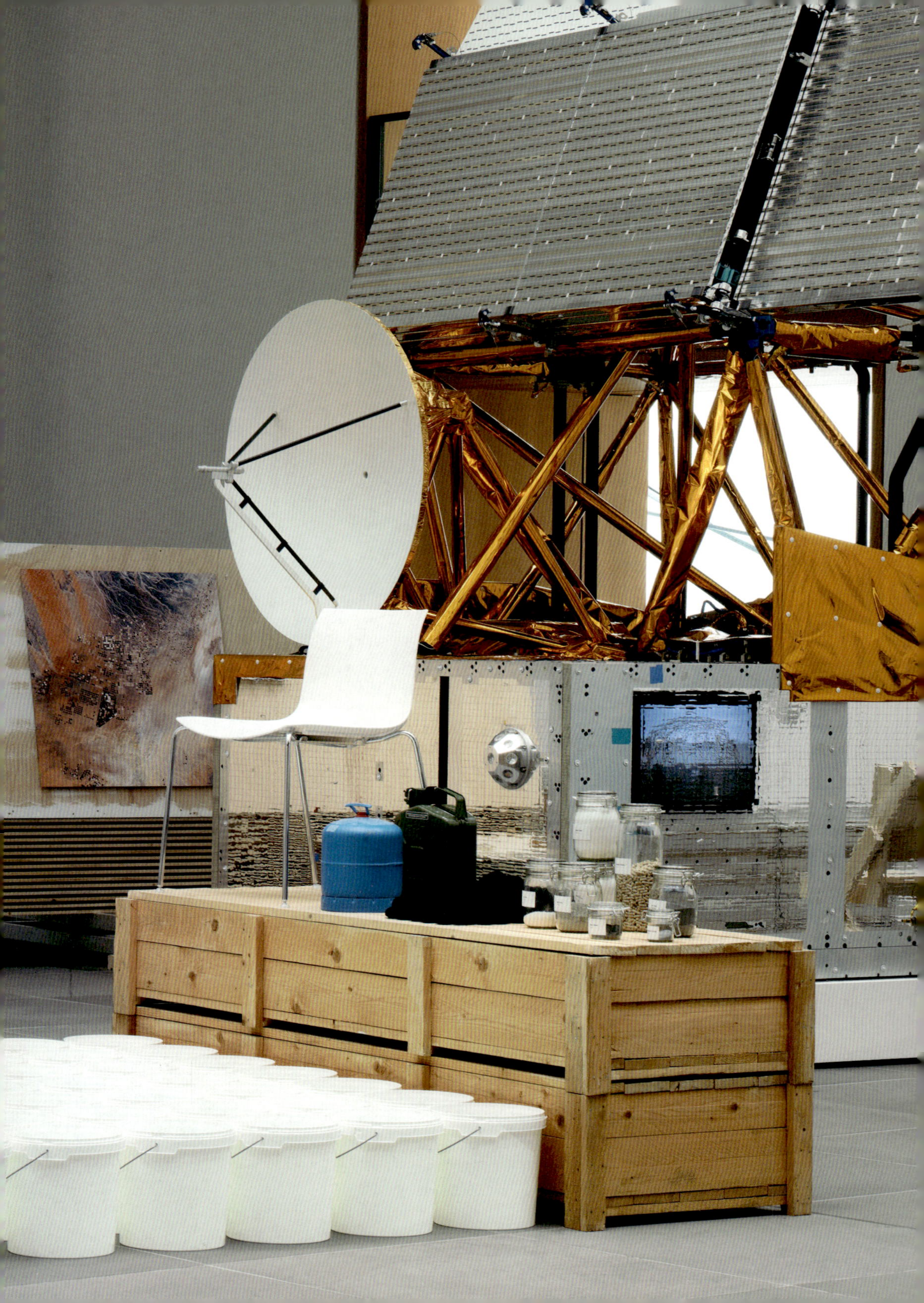

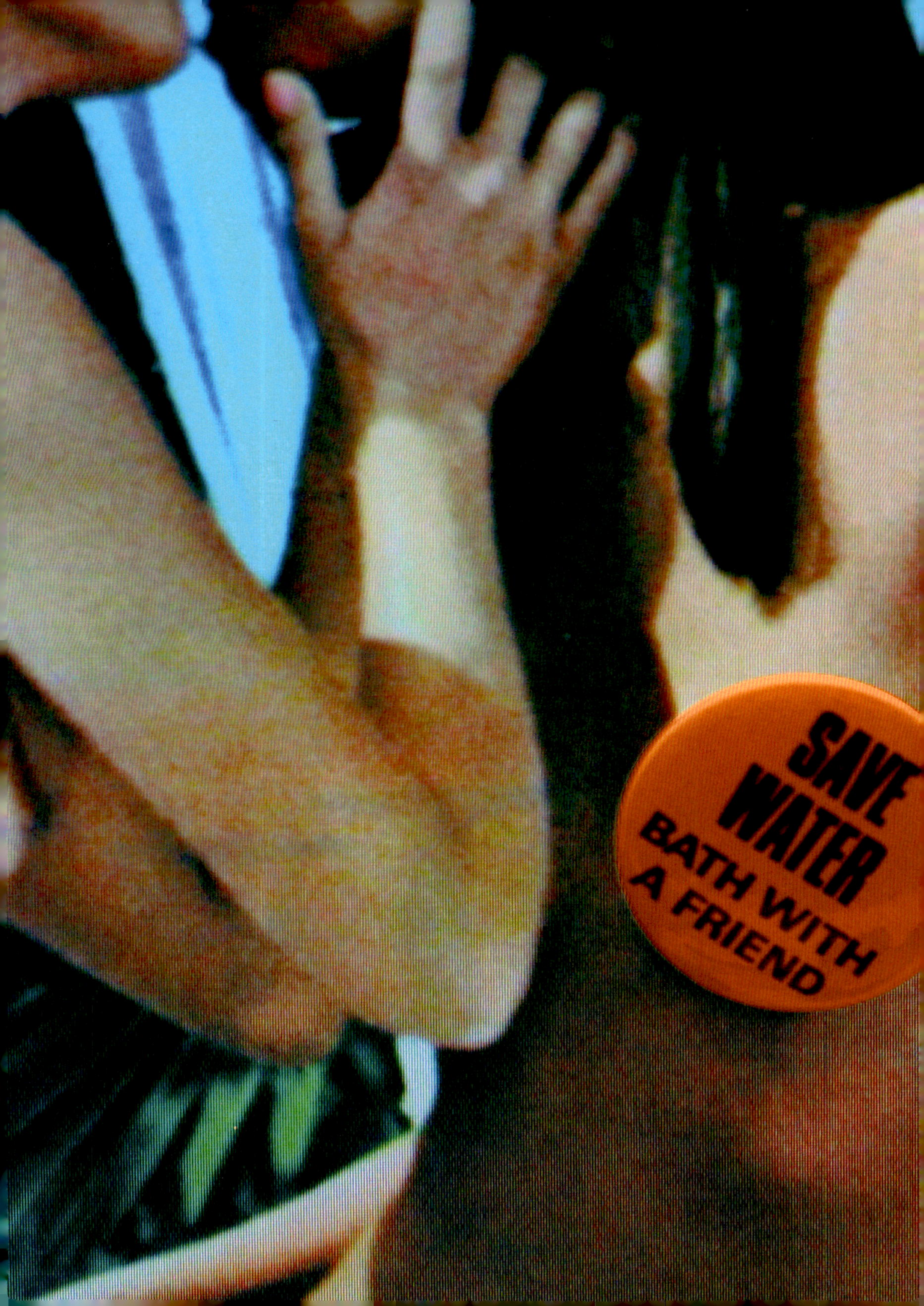

SAVE
WATER
BATH WITH
A FRIEND

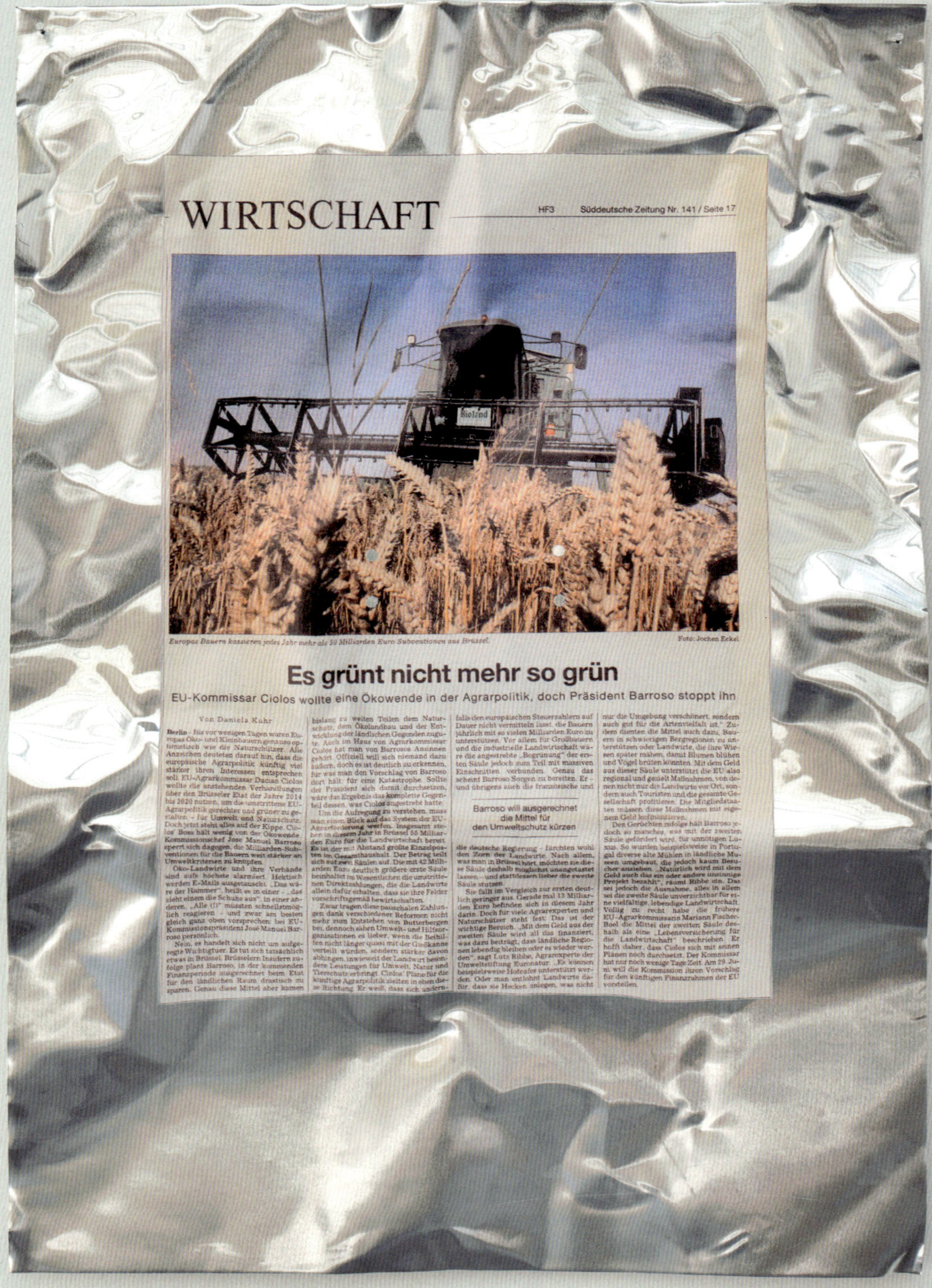

Europas Bauern kassieren jedes Jahr mehr als 50 Milliarden Euro Subventionen aus Brüssel.   Foto: Jochen Eckel

Es grünt nicht mehr so grün

EU-Kommissar Ciolos wollte eine Ökowende in der Agrarpolitik, doch Präsident Barroso stoppt ihn

Von Daniela Kuhr

Berlin – Bis vor wenigen Tagen waren Europas Öko- und Kleinbauern genauso optimistisch wie die Naturschützer. Alle Anzeichen deuteten darauf hin, dass die europäische Agrarpolitik künftig viel stärker ihren Interessen entsprechen soll. EU-Agrarkommissar Dacian Ciolos wollte die anstehenden Verhandlungen über den Brüsseler Etat der Jahre 2014 bis 2020 nutzen, um die umstrittene EU-Agrarpolitik gerechter und grüner zu gestalten – für Umwelt und Naturschutz. Doch jetzt steht alles auf der Kippe. Ciolos' Boss hält wenig von der Ökowende. Kommissionschef José Manuel Barroso sperrt sich dagegen, die Milliarden-Subventionen für die Bauern weit stärker an Umweltkriterien zu knüpfen.

Öko-Landwirte und ihre Verbände sind aufs höchste alarmiert. Hektisch werden E-Mails ausgetauscht. „Das wäre der Hammer", heißt es in einer – „das zieht einem die Schuhe aus", in einer anderen. „Alle (!)" müssten schnellstmöglich reagieren – und zwar am besten gleich ganz oben vorsprechen: bei EU-Kommissionspräsident José Manuel Barroso persönlich.

Nein, es handelt sich nicht um aufgeregte Wichtigtuer. Es tut sich tatsächlich etwas in Brüssel. Brüsselern Insidern zufolge plant Barroso, in der kommenden Finanzperiode ausgerechnet beim Etat für den ländlichen Raum drastisch zu sparen. Genau diese Mittel aber kamen bislang zu weiten Teilen dem Naturschutz, dem Ökolandbau und der Entwicklung der ländlichen Gegenden zugute. Auch im Haus von Agrarkommissar Ciolos hat man von Barrosos Ansinnen gehört. Offiziell will sich niemand dazu äußern, doch es ist deutlich zu erkennen, für was man den Vorschlag von Barroso dort hält: für eine Katastrophe. Sollte der Präsident sich damit durchsetzen, wäre das Ergebnis das komplette Gegenteil dessen, was Ciolos angestrebt hatte.

Um die Aufregung zu verstehen, muss man einen Blick auf das System der EU-Agrarforderung werfen. Insgesamt stehen in diesem Jahr in Brüssel 55 Milliarden Euro für die Landwirtschaft bereit. Es ist der mit Abstand größte Einzelposten im Gesamthaushalt. Der Betrag teilt sich auf zwei Säulen auf. Die mit 42 Milliarden Euro deutlich größere erste Säule beinhaltet im Wesentlichen die umstrittenen Direktzahlungen, die die Landwirte allein dafür erhalten, dass sie ihre Felder vorschriftsgemäß bewirtschaften.

Zwar tragen diese pauschalen Zahlungen dank verschiedener Reformen nicht mehr zum Entstehen von Butterbergen bei, dennoch sähen Umwelt- und Hilfsorganisationen es lieber, wenn die Beihilfen nicht länger quasi mit der Gießkanne verteilt würden, sondern stärker davon abhingen, inwieweit der Landwirt besondere Leistungen für Umwelt, Natur und Tierschutz erbringt. Ciolos' Pläne für die künftige Agrarpolitik zielten in eben diese Richtung. Er weiß, dass sich ebenfalls den europäischen Steuerzahlern auf Dauer nicht vermitteln lässt, die Bauern jährlich mit so vielen Milliarden Euro zu unterstützen. Vor allem für Großbauern und die industrielle Landwirtschaft wäre die angestrebte „Begrünung" der ersten Säule jedoch zum Teil mit massiven Einschnitten verbunden. Genau das scheint Barroso Sorgen zu bereiten. Er – und übrigens auch die französische und

Barroso will ausgerechnet die Mittel für den Umweltschutz kürzen

die deutsche Regierung – fürchten wohl den Zorn der Landwirte. Nach allem, was man in Brüssel hört, möchten sie diese Säule deshalb möglichst unangetastet lassen – und stattdessen lieber die zweite Säule stutzen.

Sie fällt im Vergleich zur ersten deutlich geringer aus. Gerade mal 13 Milliarden Euro befinden sich in diesem Jahr darin. Doch für viele Agrarexperten und Naturschützer steht fest: Das ist der wichtige Bereich. „Mit dem Geld aus der zweiten Säule wird all das finanziert, was dazu beiträgt, dass ländliche Regionen lebendig bleiben oder es wieder werden", sagt Lutz Ribbe, Agrarexperte der Umweltstiftung Euronatur. „Es können beispielsweise Hofcafes unterstützt werden. Oder man entlohnt Landwirte dafür, dass sie Hecken anlegen, was nicht nur die Umgebung verschönert, sondern auch gut für die Artenvielfalt ist." Zudem dienten die Mittel auch dazu, Bauern in schwierigen Bergregionen zu unterstützen oder Landwirte, die ihre Wiesen später mähen, damit Blumen blühen und Vögel brüten könnten. Mit dem Geld aus dieser Säule unterstützt die EU also regional und gezielt Maßnahmen, von denen nicht nur die Landwirte vor Ort, sondern auch Touristen und die gesamte Gesellschaft profitieren. Die Mitgliedstaaten müssen diese Maßnahmen mit eigenem Geld kofinanzieren.

Den Gerüchten zufolge hält Barroso jedoch so manches, was mit der zweiten Säule gefördert wird, für unnötigen Luxus. So wurden beispielsweise in Portugal diverse alte Mühlen in ländliche Museen umgebaut, die jedoch kaum Besucher anziehen. „Natürlich wird mit dem Geld auch das ein oder andere unsinnige Projekt bezahlt", räumt Ribbe ein. Das sei jedoch die Ausnahme, alles in allem sei die zweite Säule unverzichtbar für eine vielfältige, lebendige Landwirtschaft. Völlig zu recht habe die frühere EU-Agrarkommissarin Mariann Fischer-Boel die Mittel der zweiten Säule deshalb als eine „Lebensversicherung für die Landwirtschaft" beschrieben. Er hofft daher, dass Ciolos sich mit seinen Plänen noch durchsetzt. Der Kommissar hat nur noch wenige Tage Zeit. Am 29. Juni will die Kommission ihren Vorschlag für den künftigen Finanzrahmen der EU vorstellen.

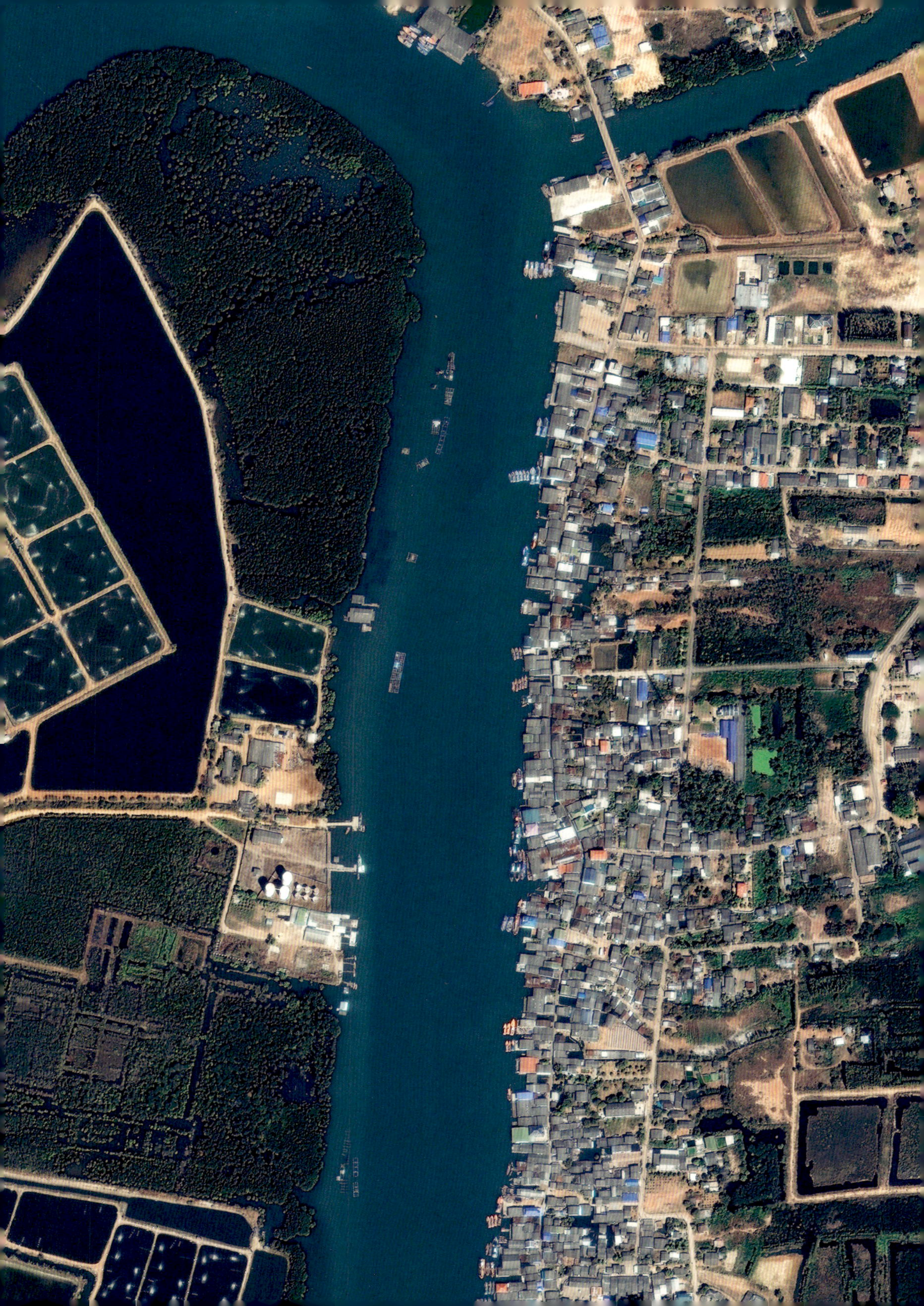

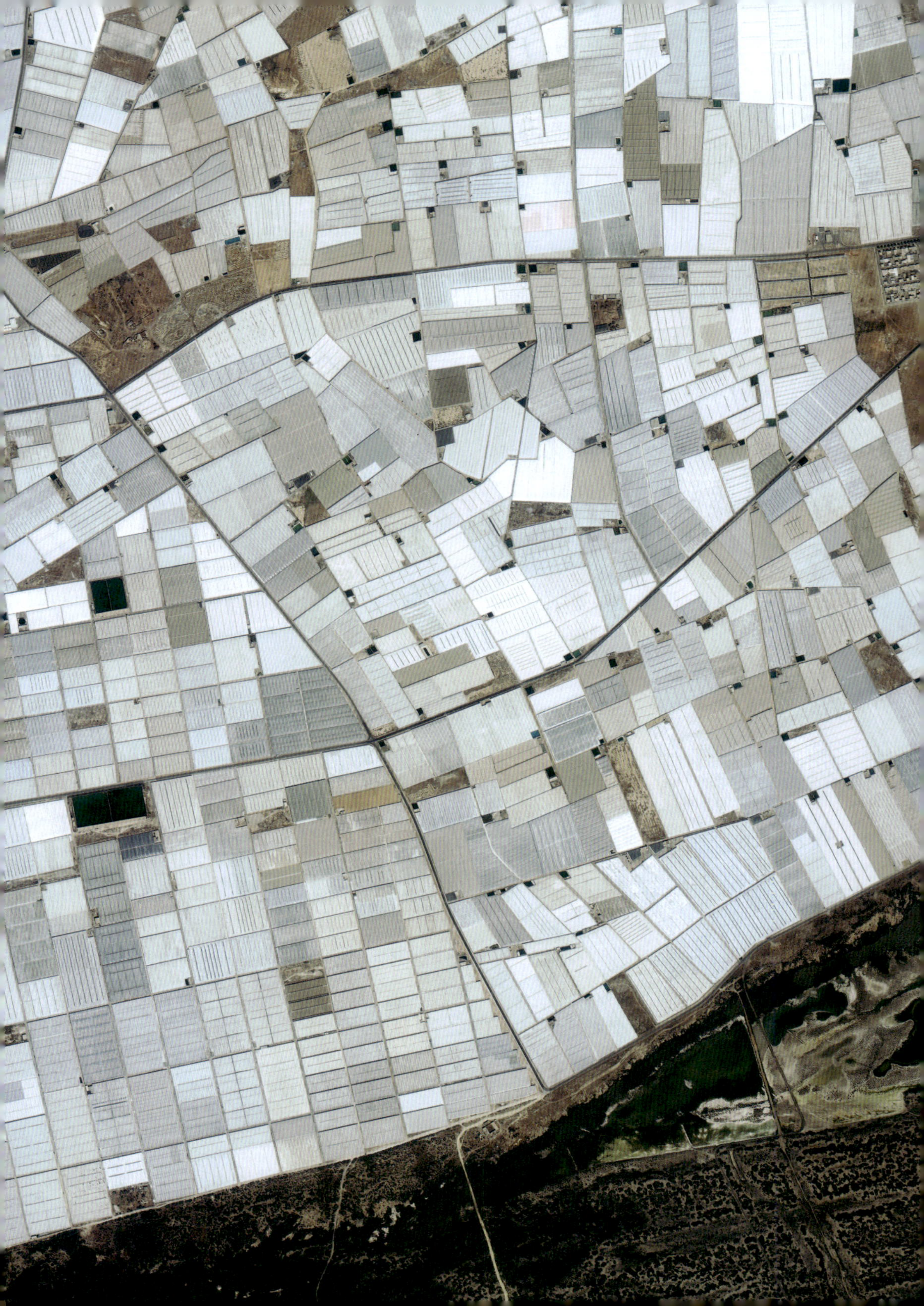

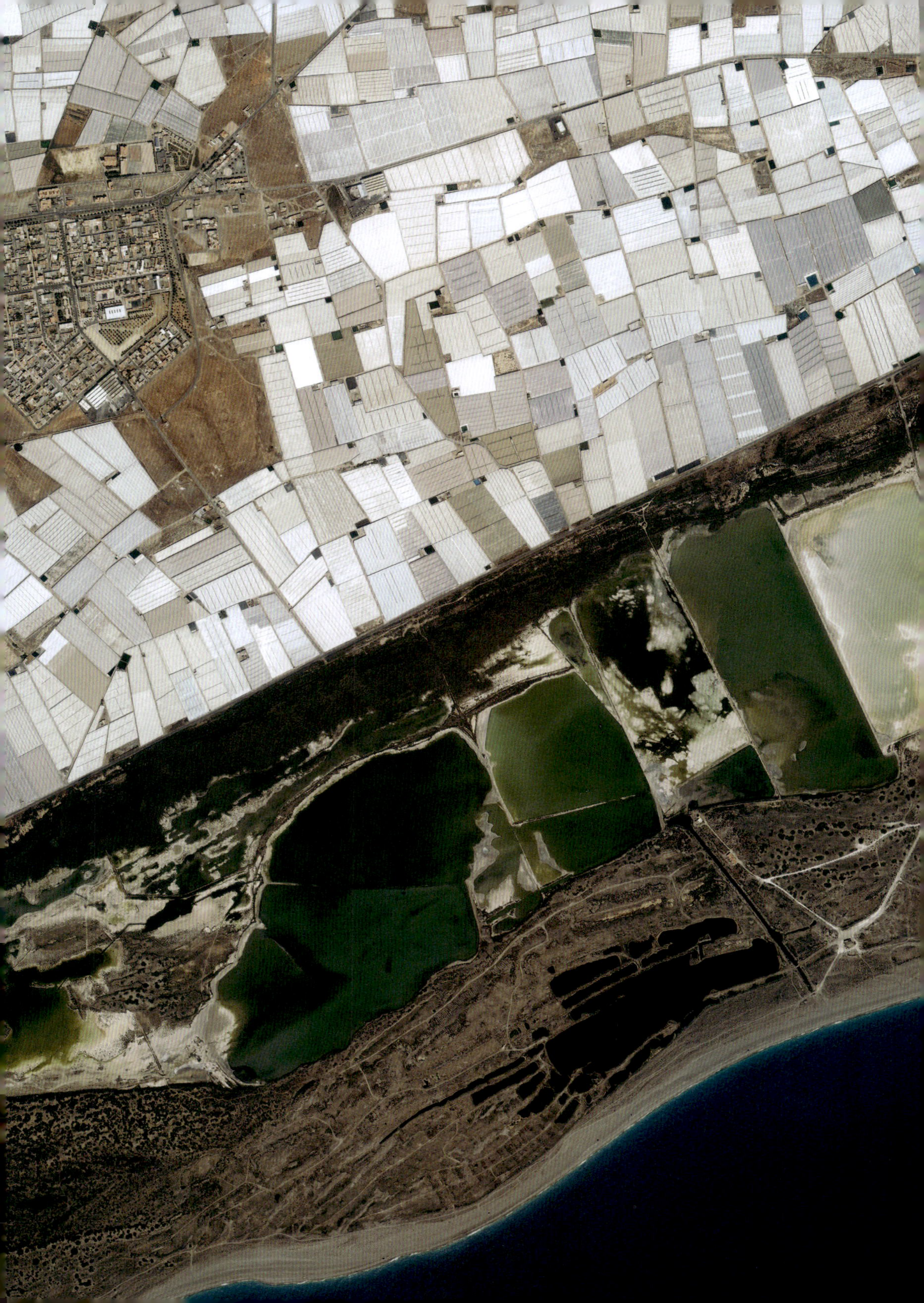

2. Recycle.

3. Use a bicycle or public transportation instead of a car.

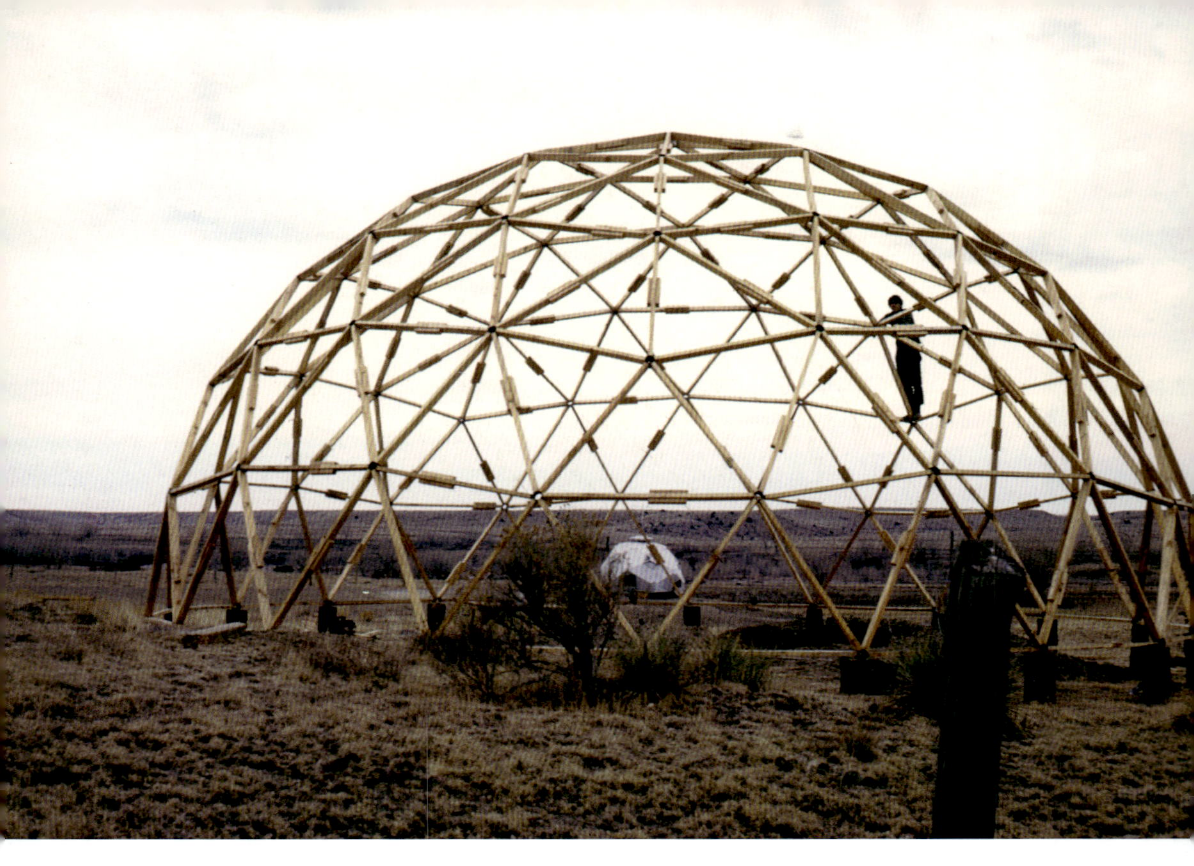

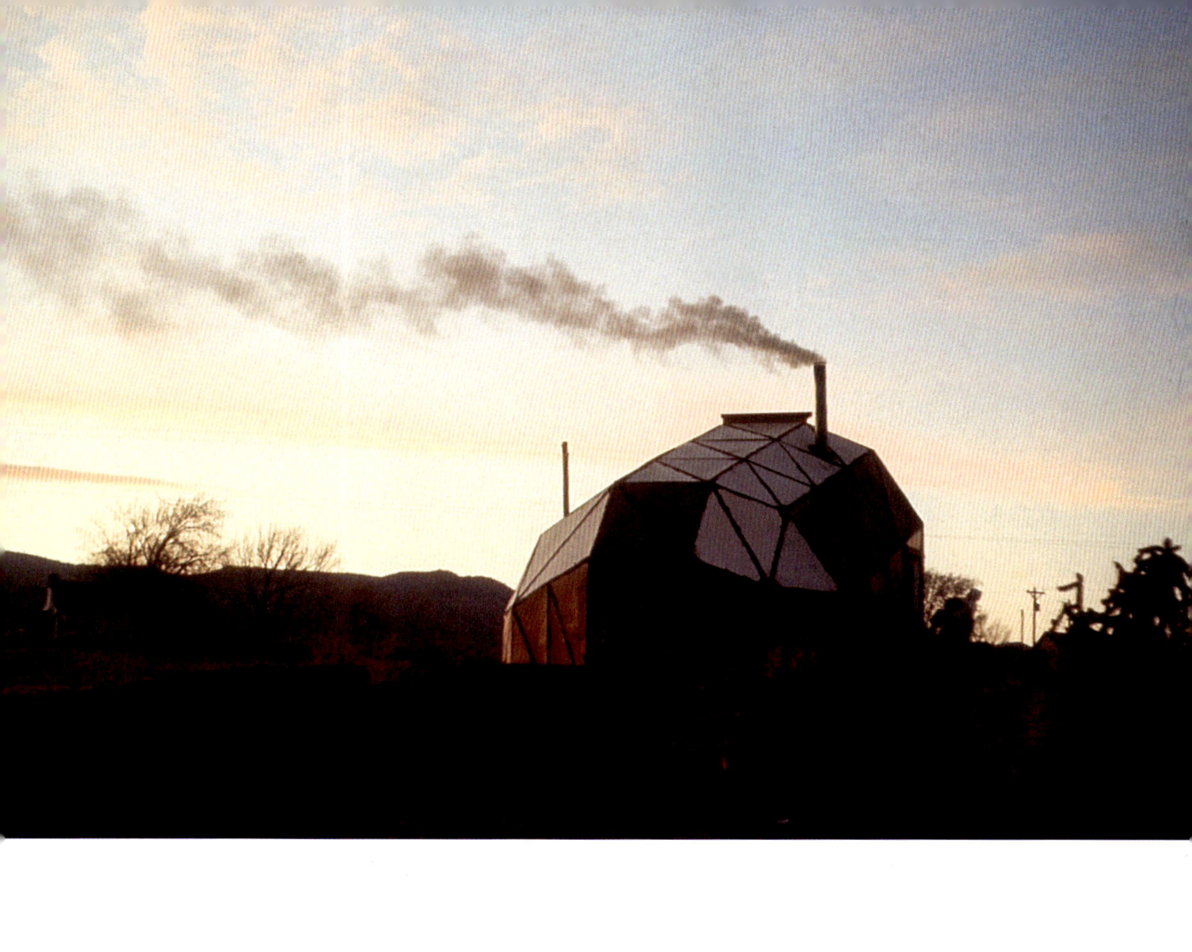

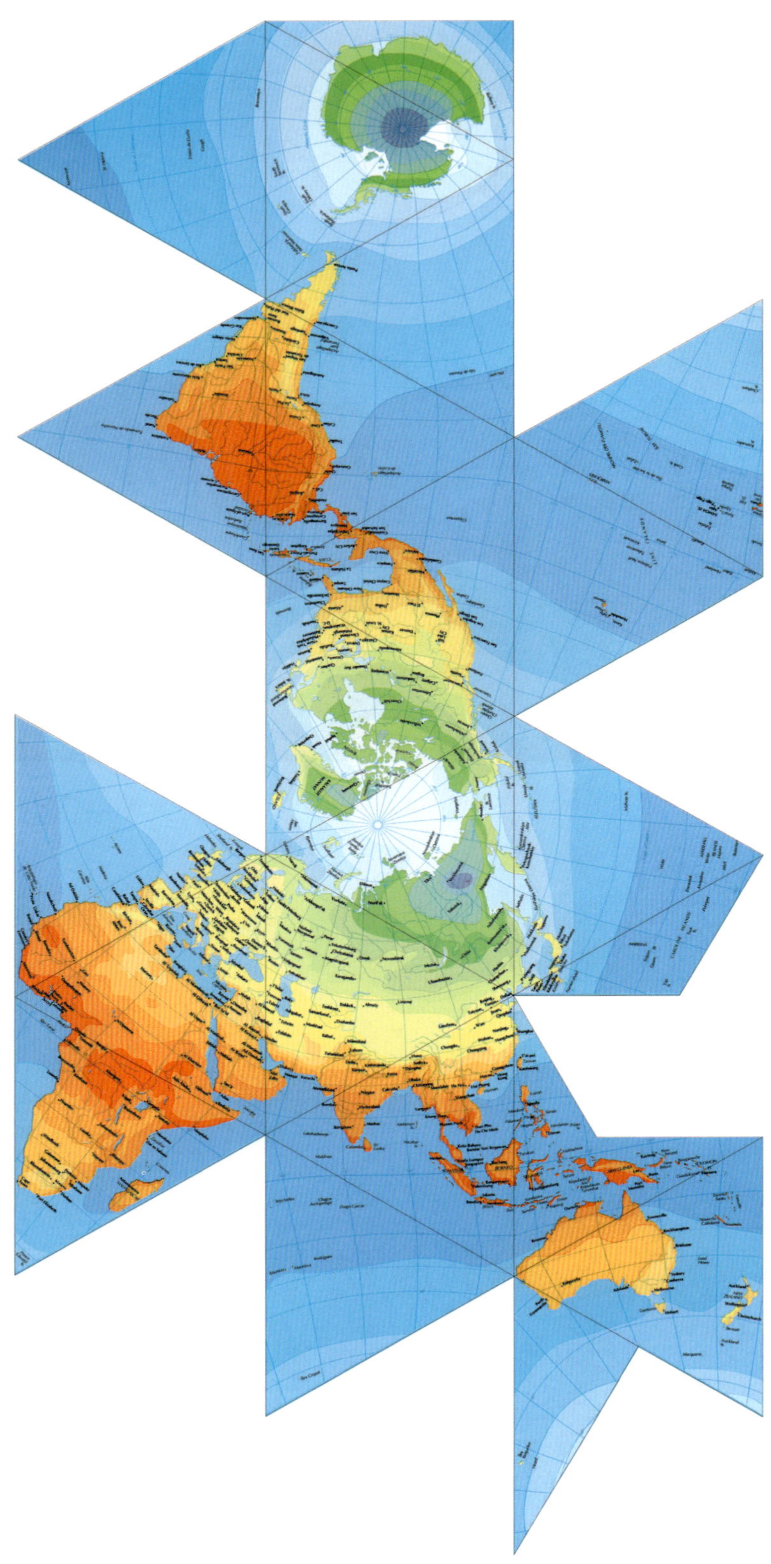

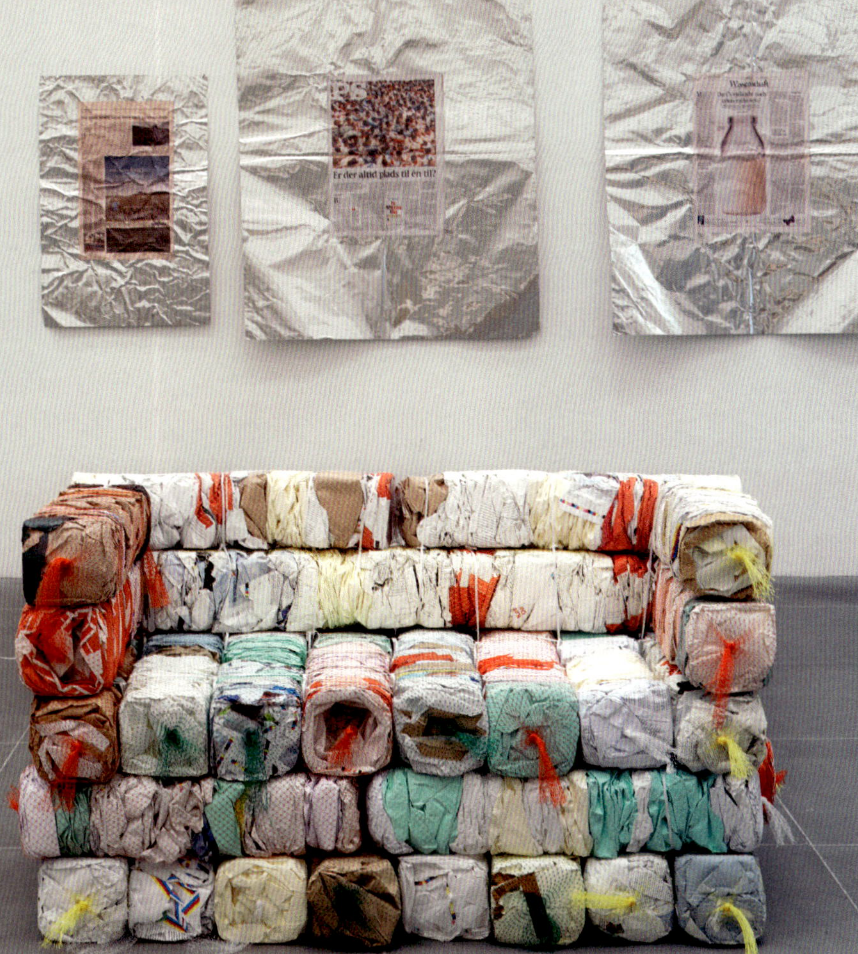

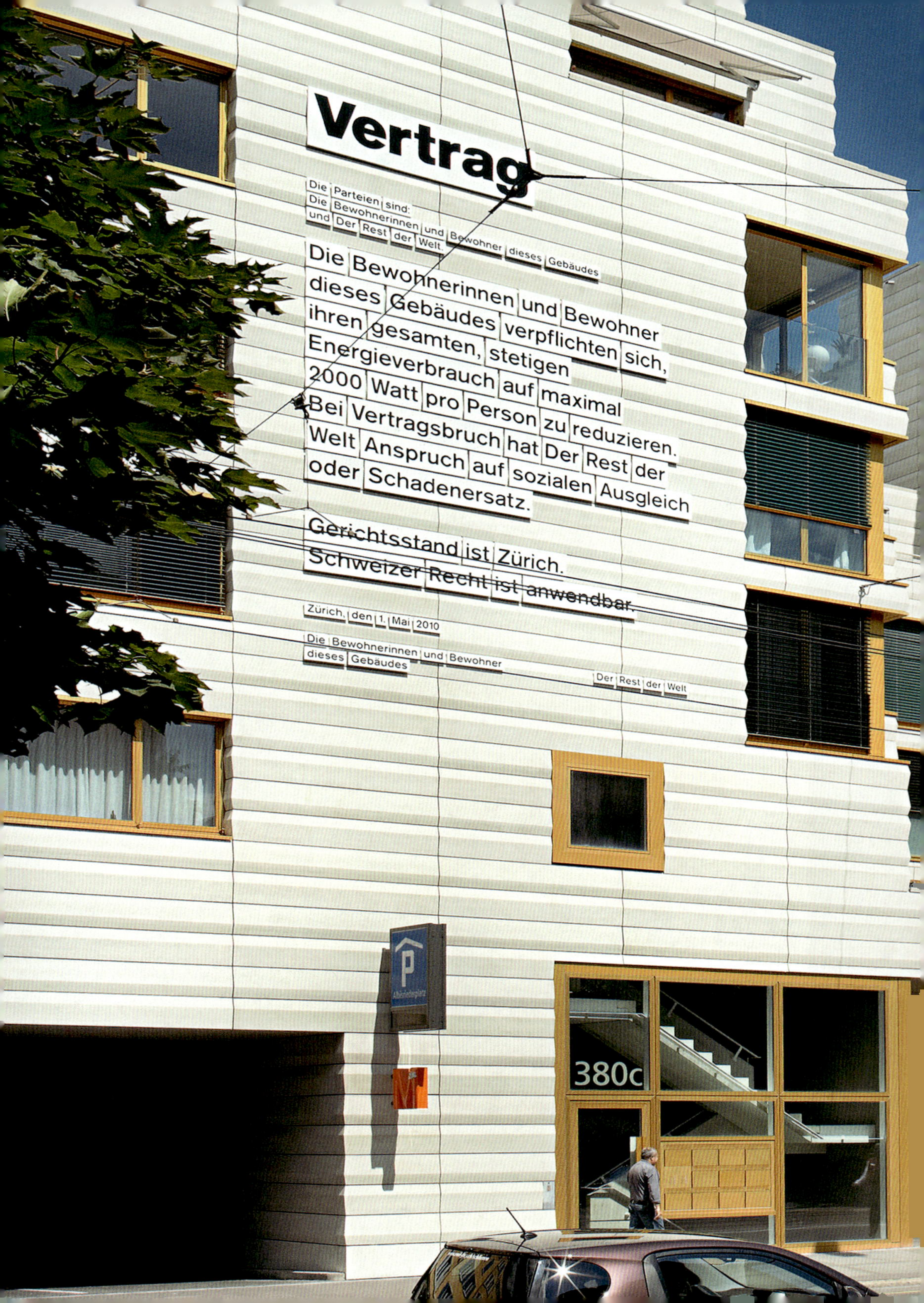

Vertrag
Die Parteien sind:
Die Bewohnerinnen und Bewohner dieses Gebäudes
und Der Rest der Welt.

Die Bewohnerinnen und Bewohner dieses Gebäudes verpflichten sich, ihren gesamten, stetigen Energieverbrauch auf maximal 2000 Watt pro Person zu reduzieren. Bei Vertragsbruch hat Der Rest der Welt Anspruch auf sozialen Ausgleich oder Schadenersatz.

Gerichtsstand ist Zürich.
Schweizer Recht ist anwendbar.

Zürich, den 1. Mai 2010

Die Bewohnerinnen und Bewohner dieses Gebäudes

Der Rest der Welt

380c

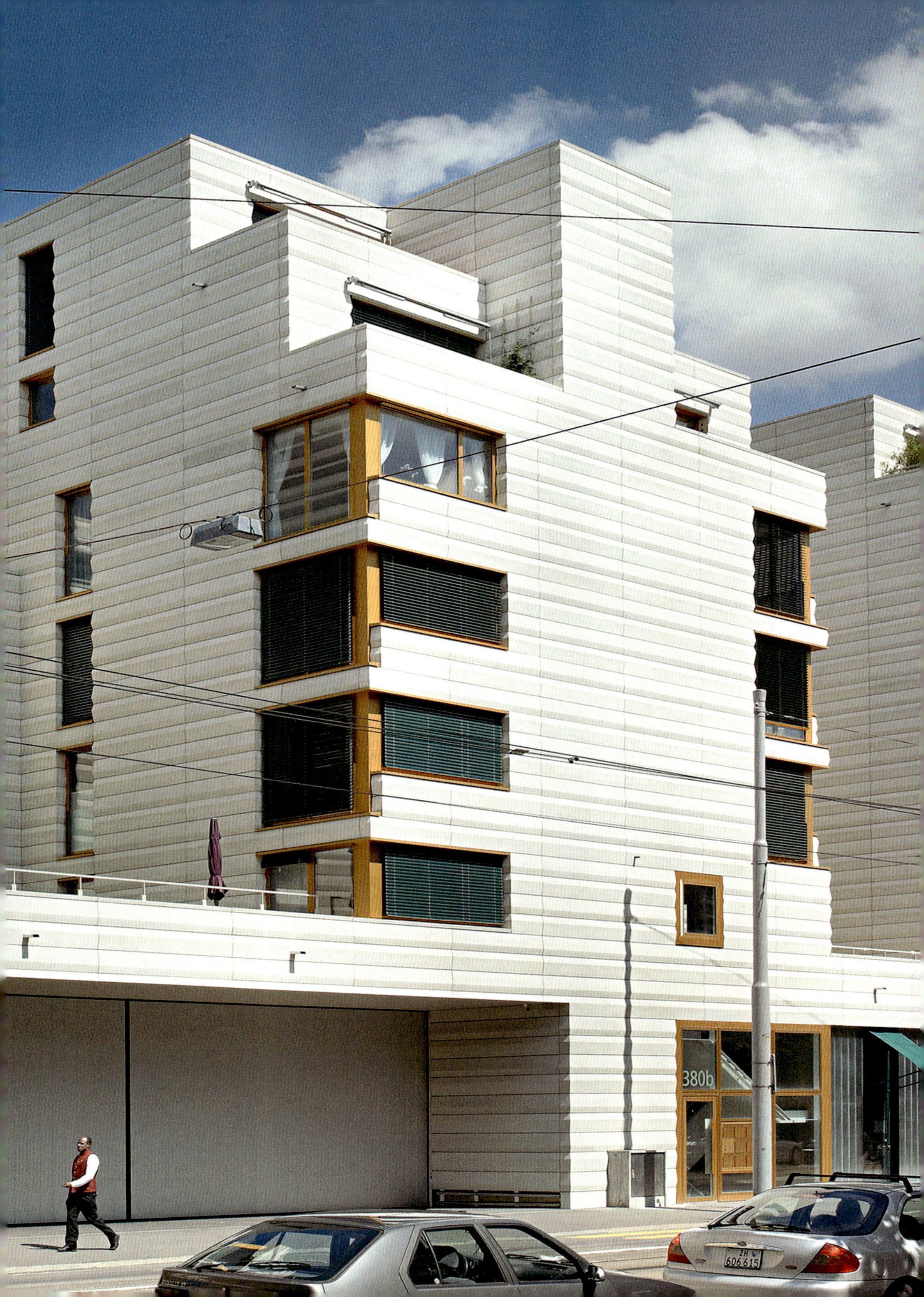

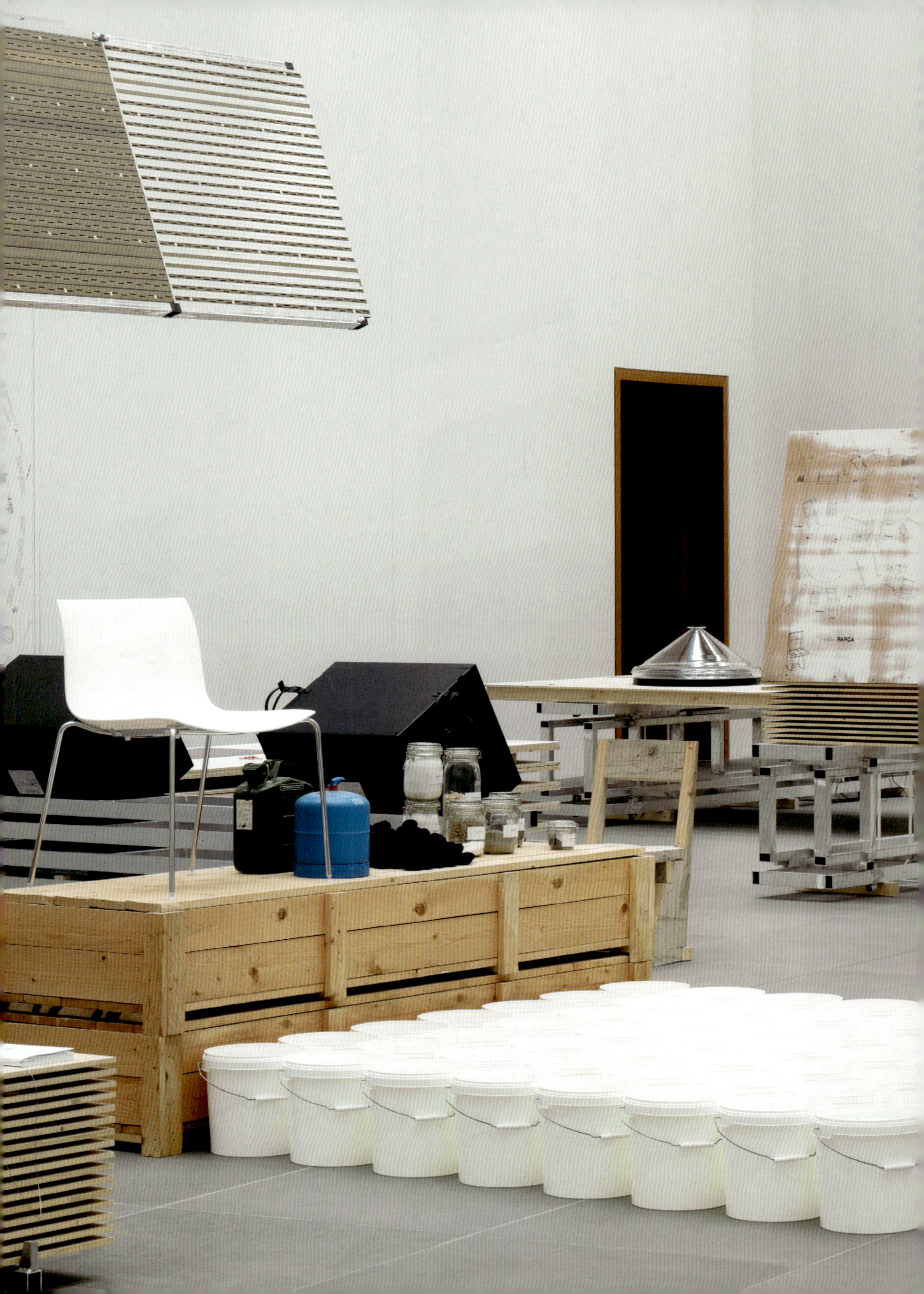

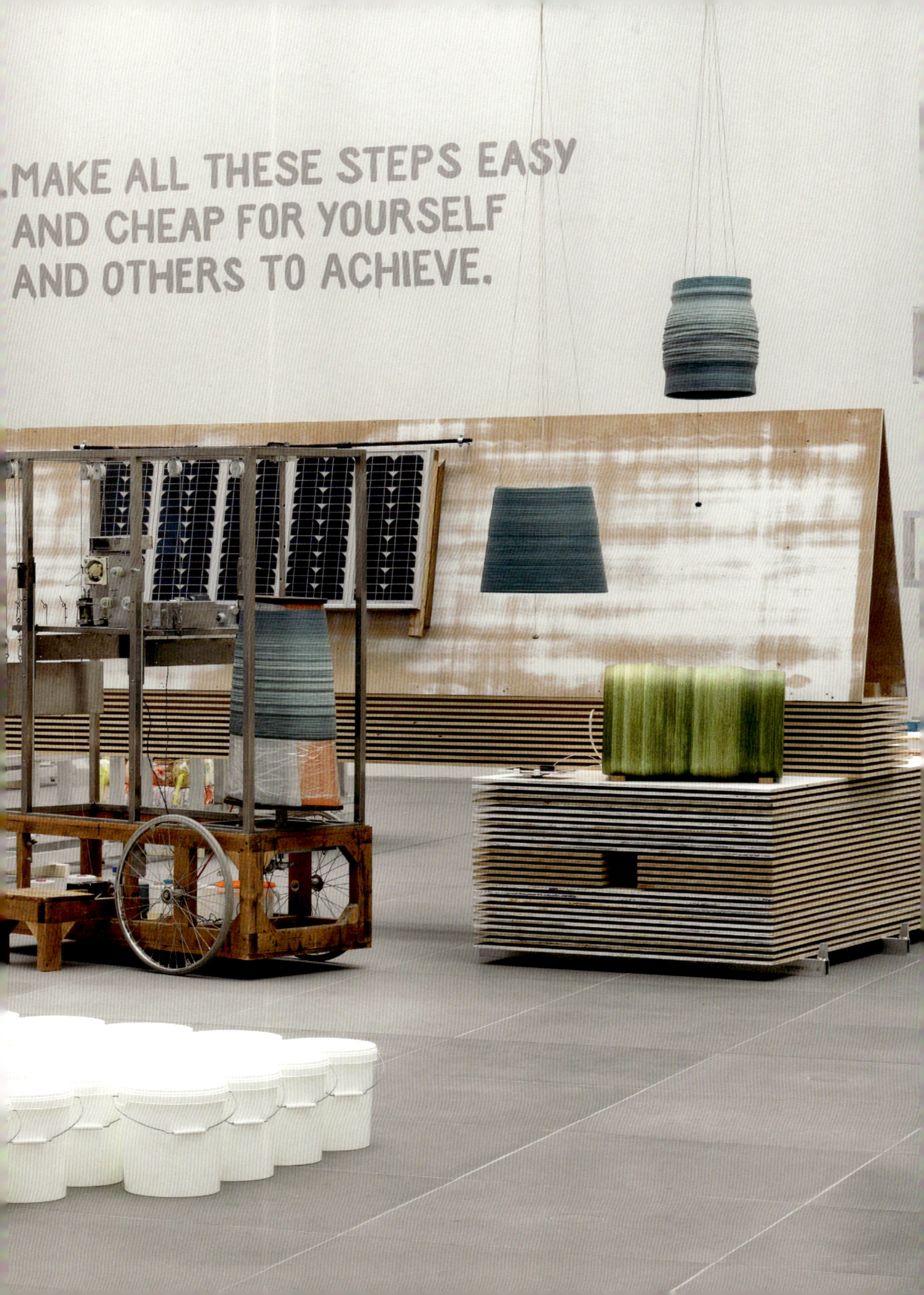

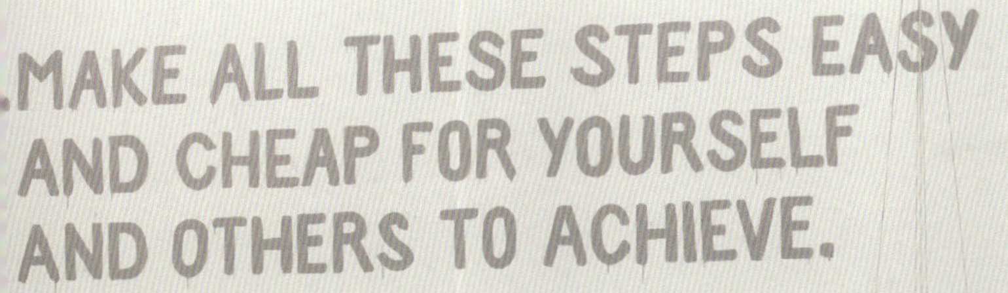

...MAKE ALL THESE STEPS EASY
AND CHEAP FOR YOURSELF
AND OTHERS TO ACHIEVE.

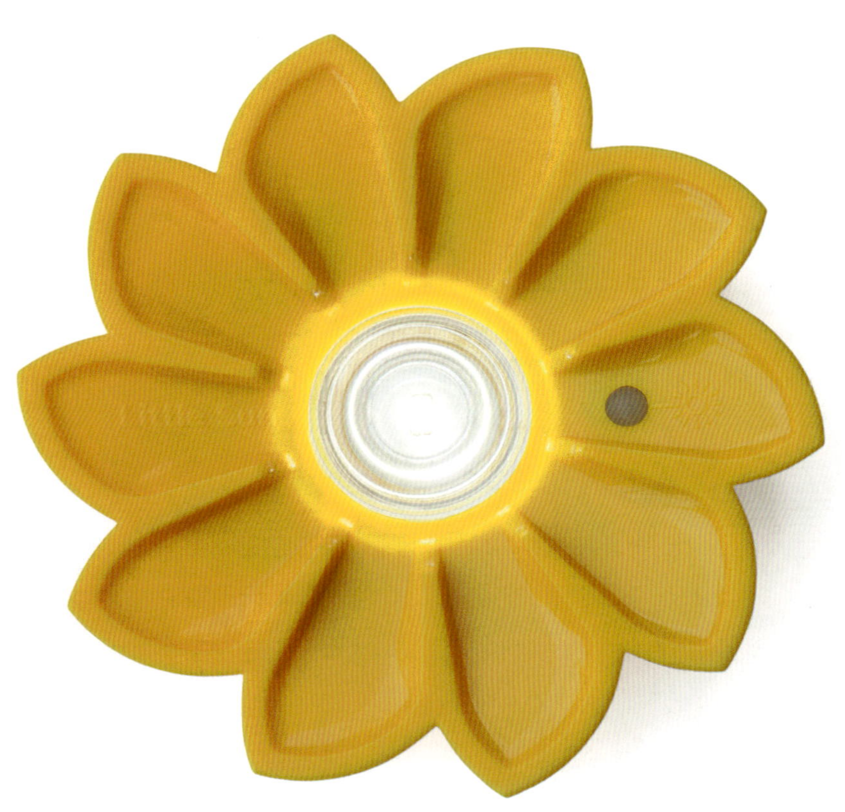

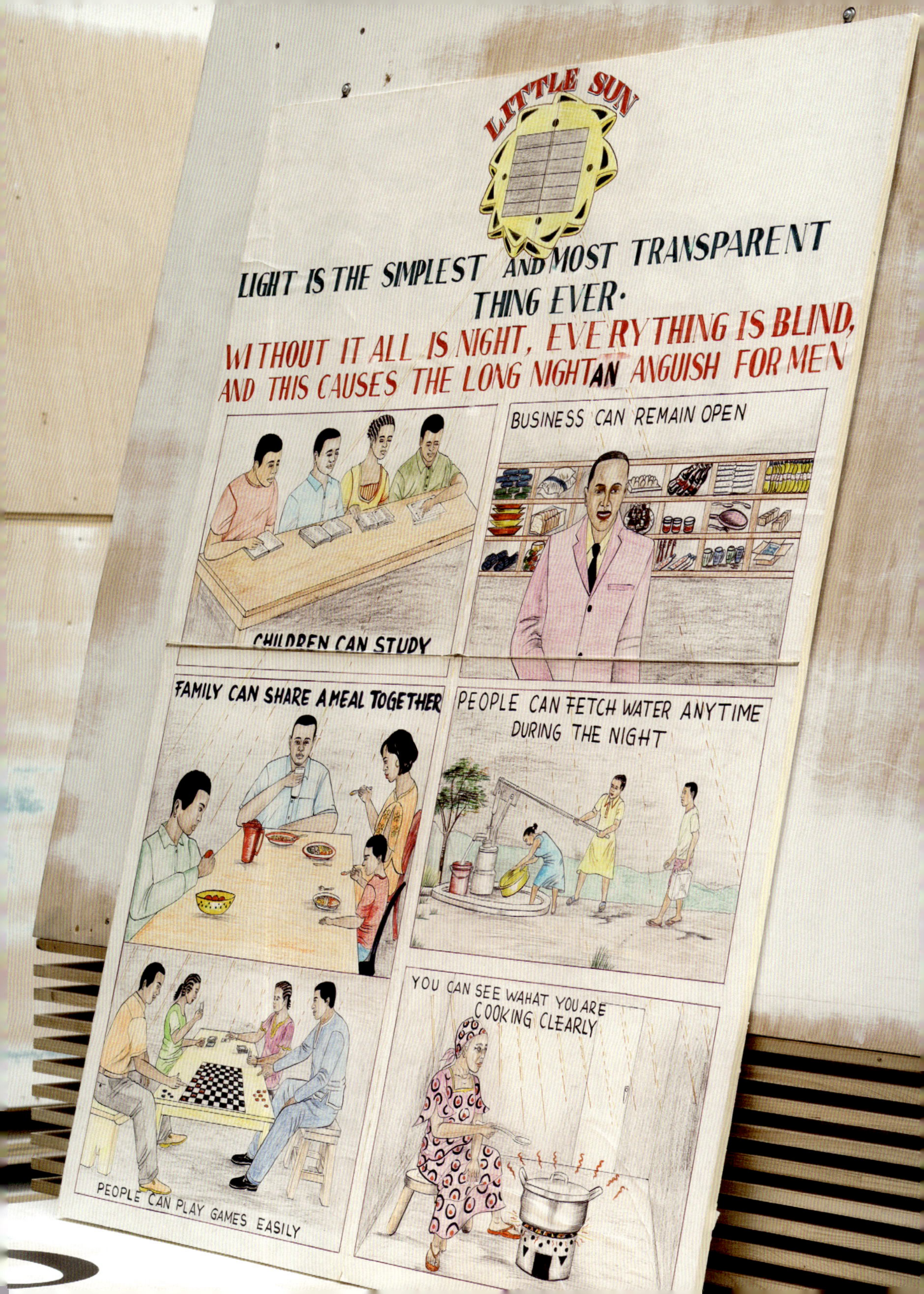
LITTLE SUN
LIGHT IS THE SIMPLEST AND MOST TRANSPARENT THING EVER.
WITHOUT IT ALL IS NIGHT, EVERYTHING IS BLIND, AND THIS CAUSES THE LONG NIGHTAN ANGUISH FOR MEN
BUSINESS CAN REMAIN OPEN
CHILDREN CAN STUDY
FAMILY CAN SHARE A MEAL TOGETHER
PEOPLE CAN FETCH WATER ANYTIME DURING THE NIGHT
PEOPLE CAN PLAY GAMES EASILY
YOU CAN SEE WAHAT YOU ARE COOKING CLEARLY

das papanek konzept

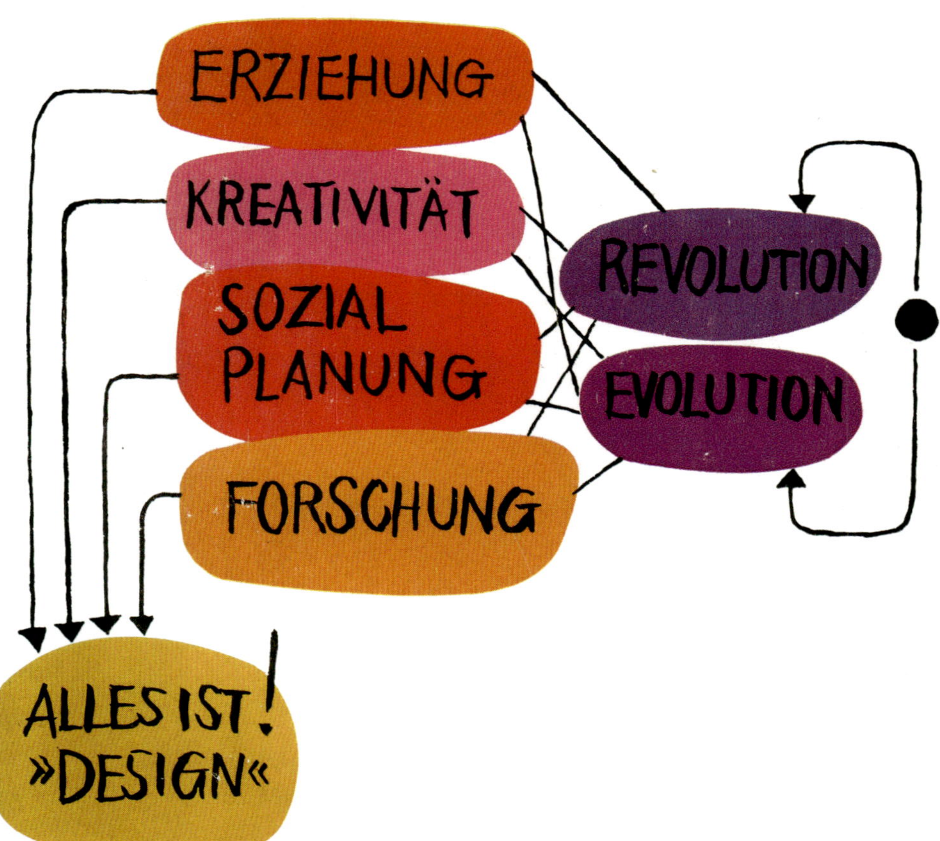

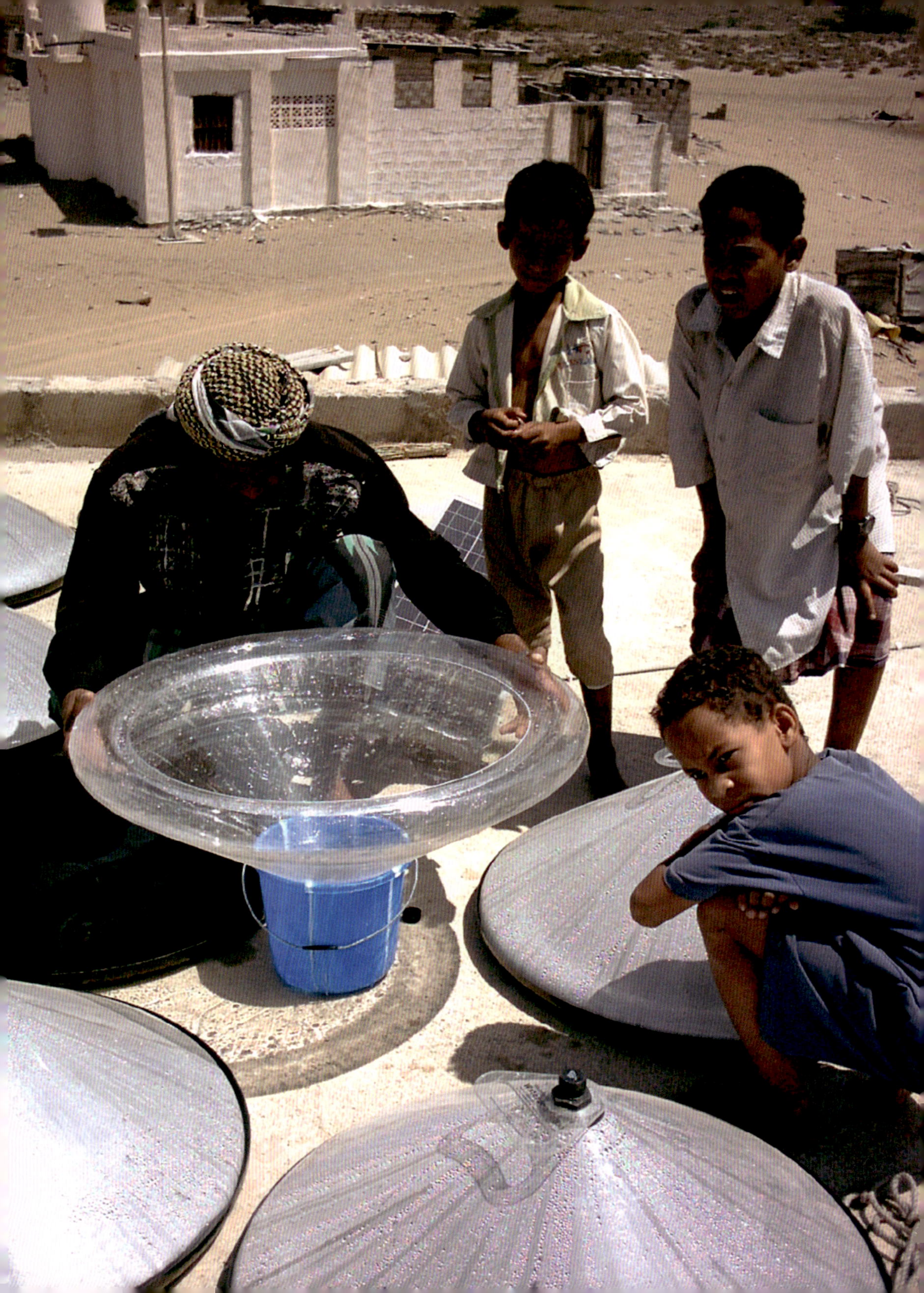

4. Avoid any products with plastic packages.

5. Avoid heating and air conditioning, if possible.

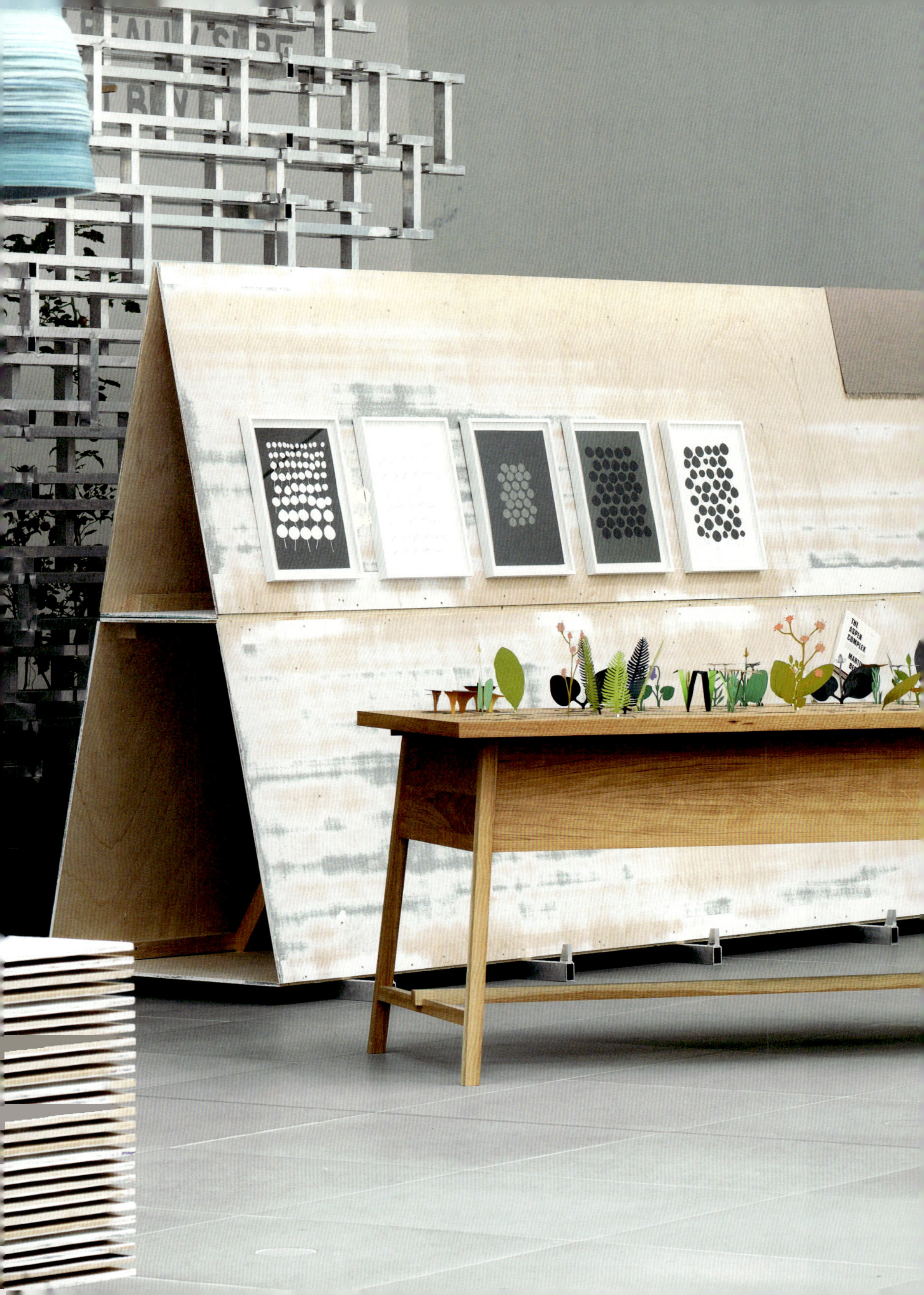
THE
ASPEN
COMPLEX
MARTIN

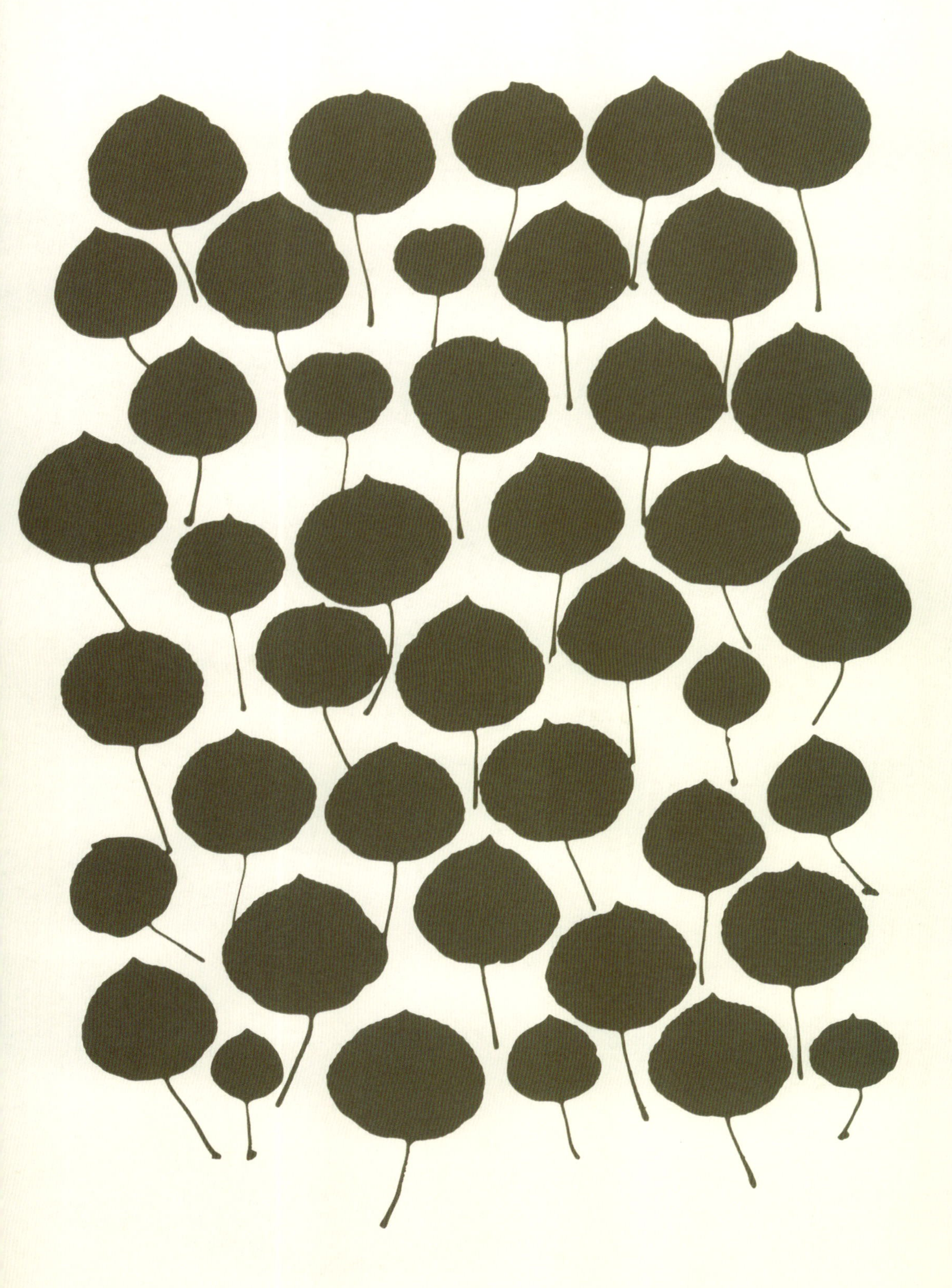

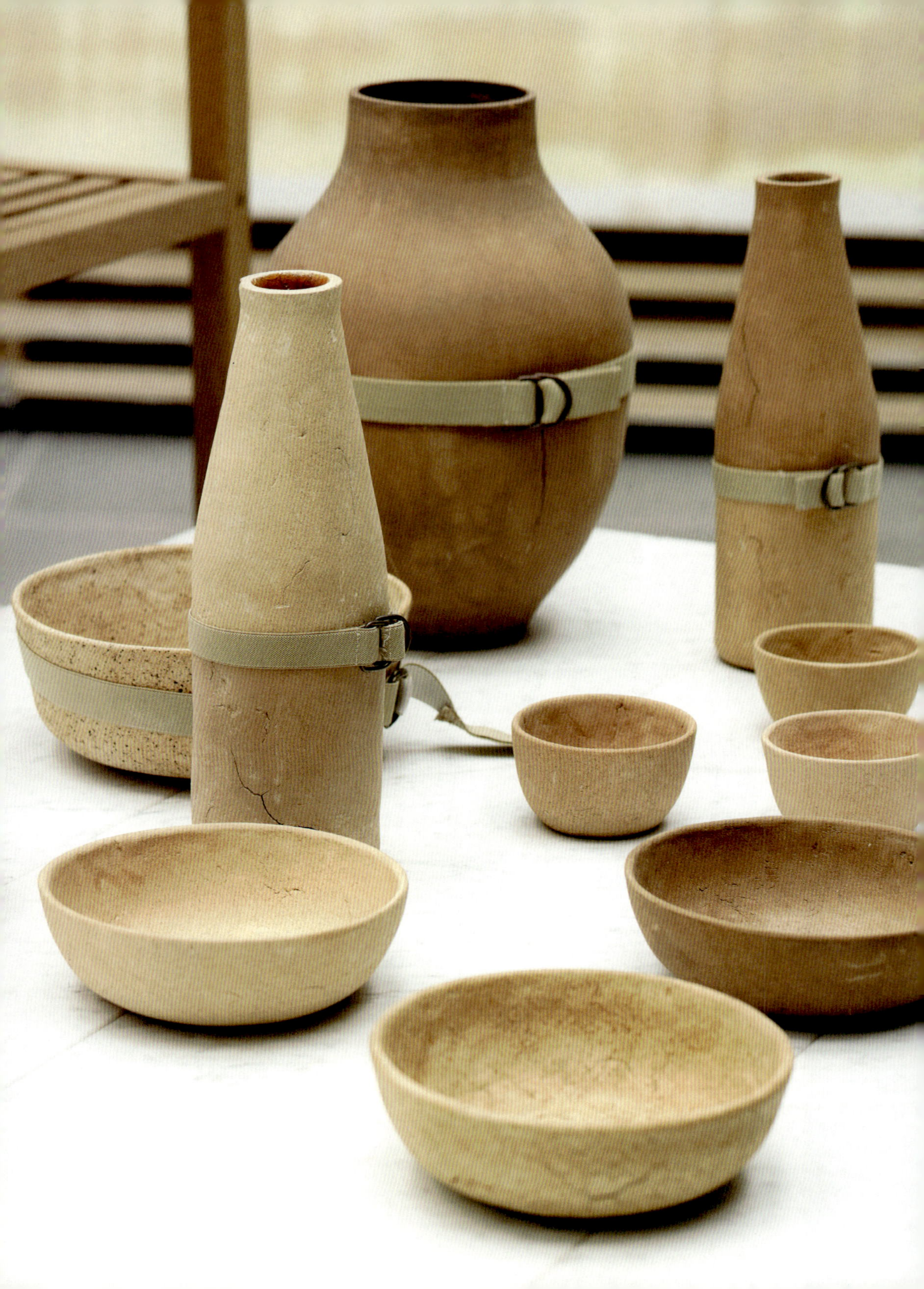

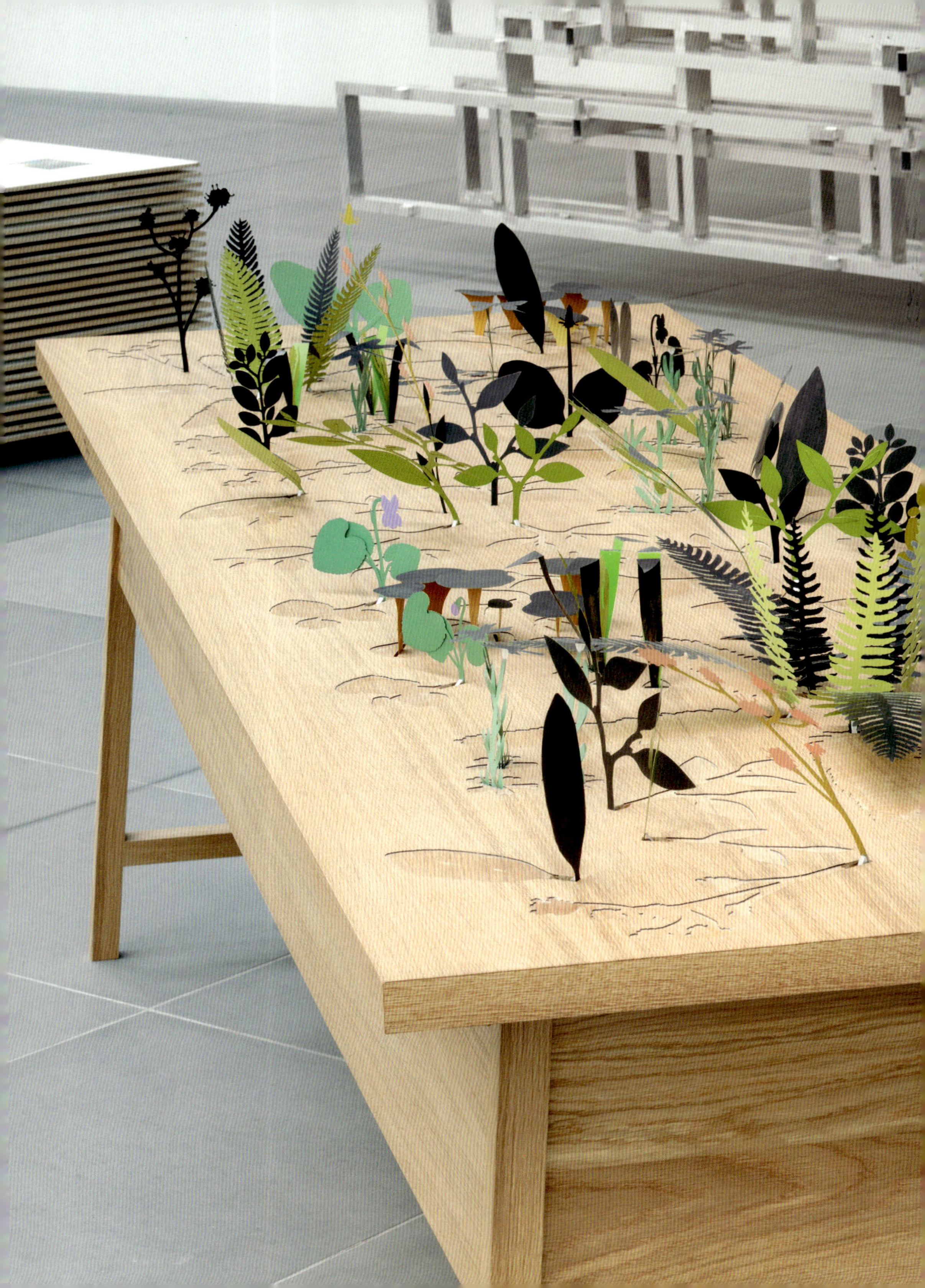

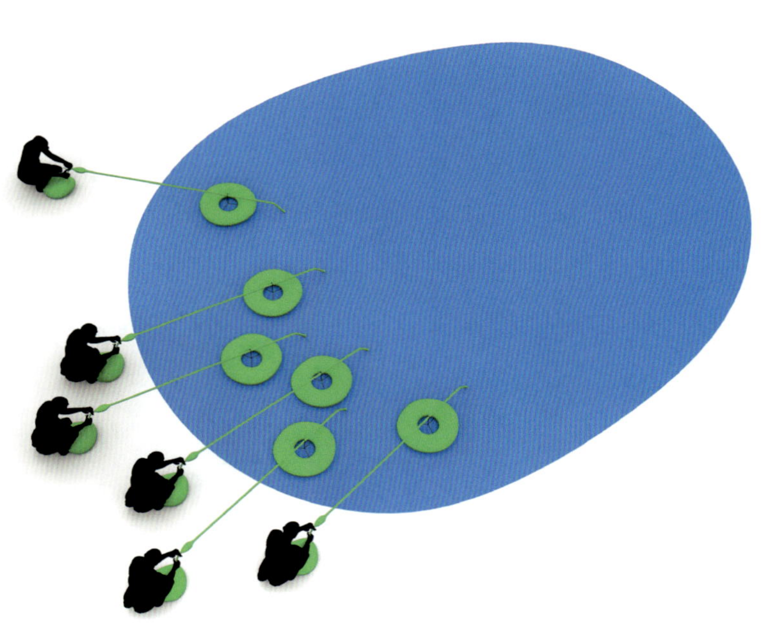

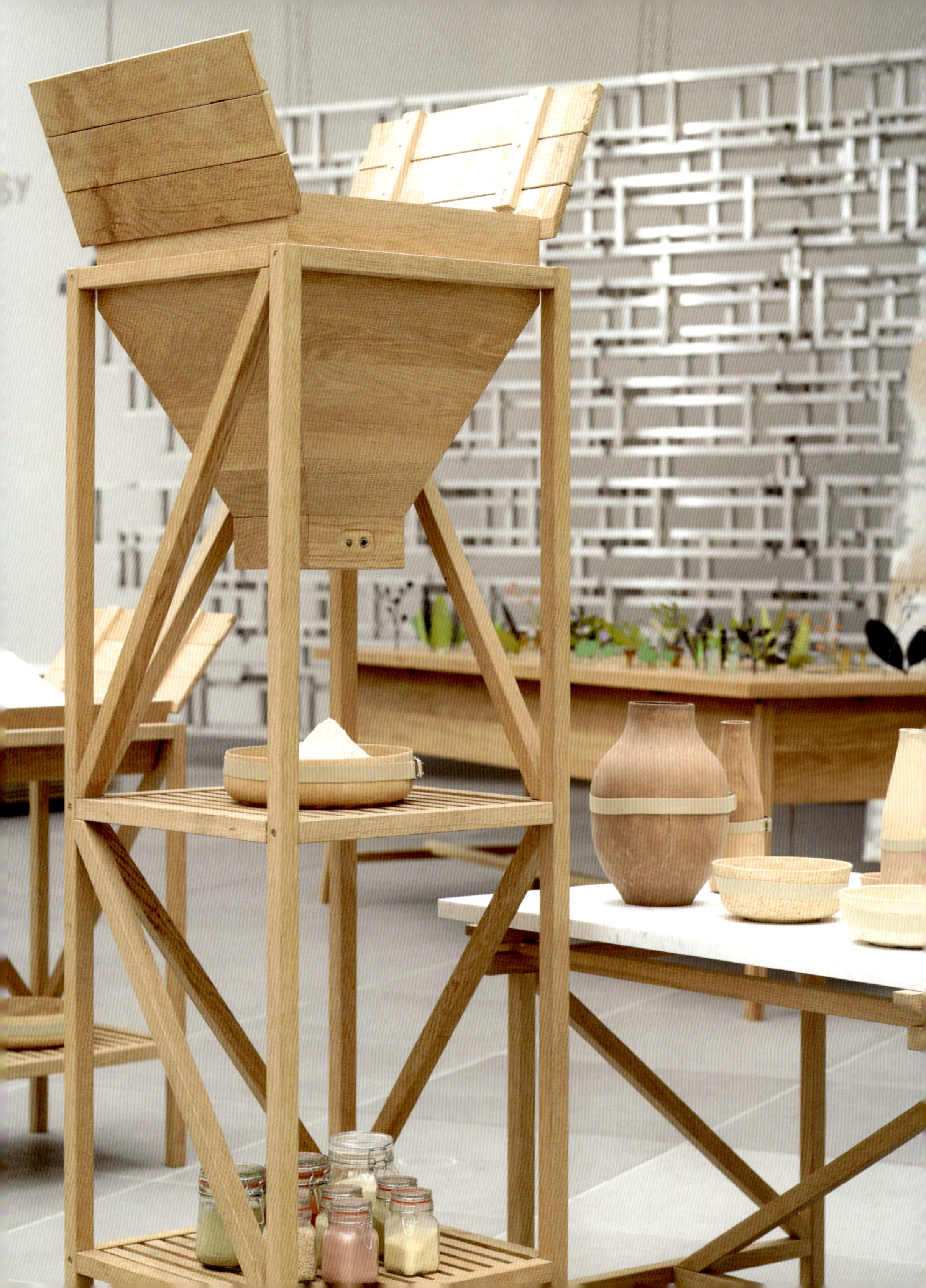

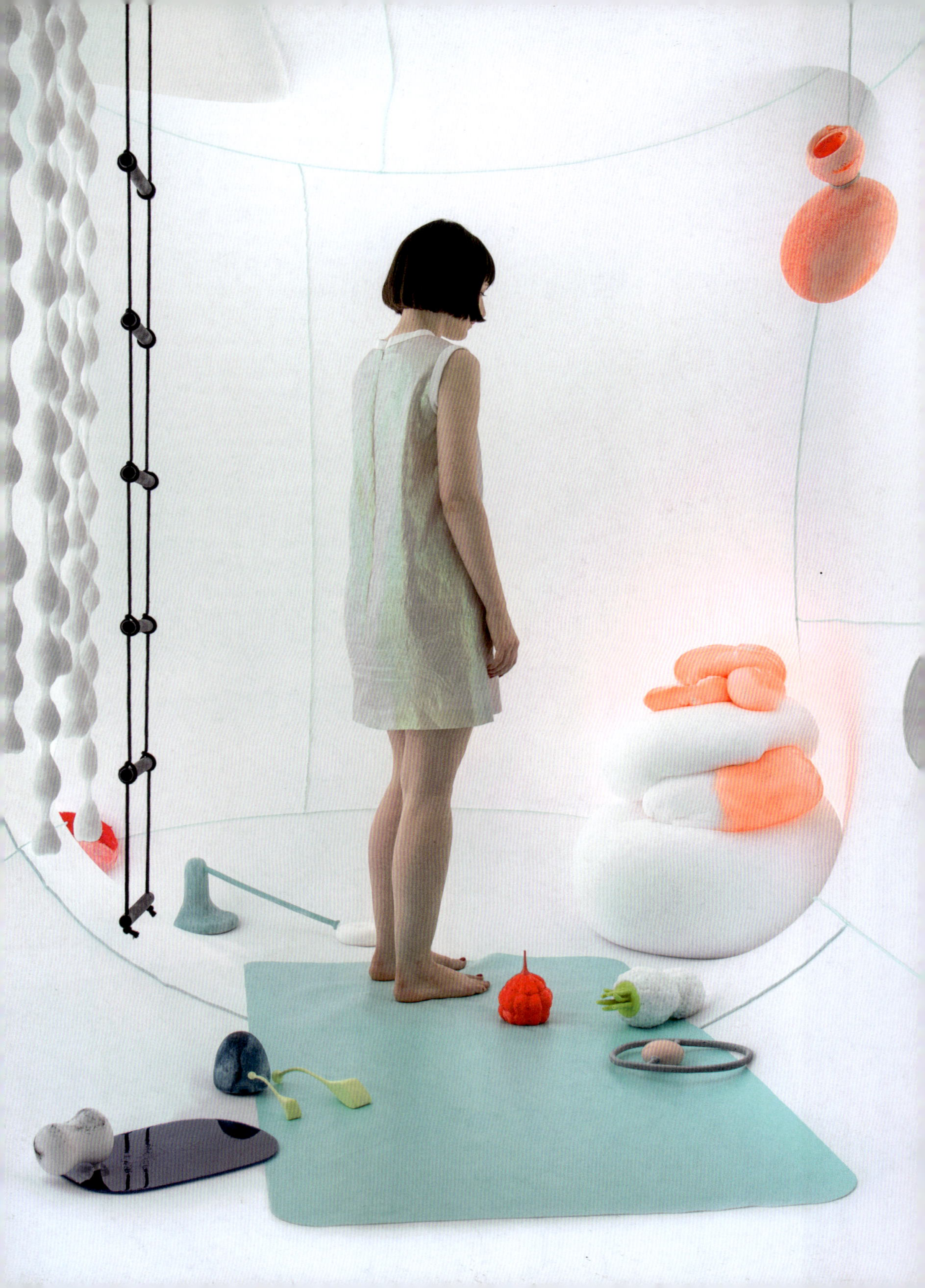

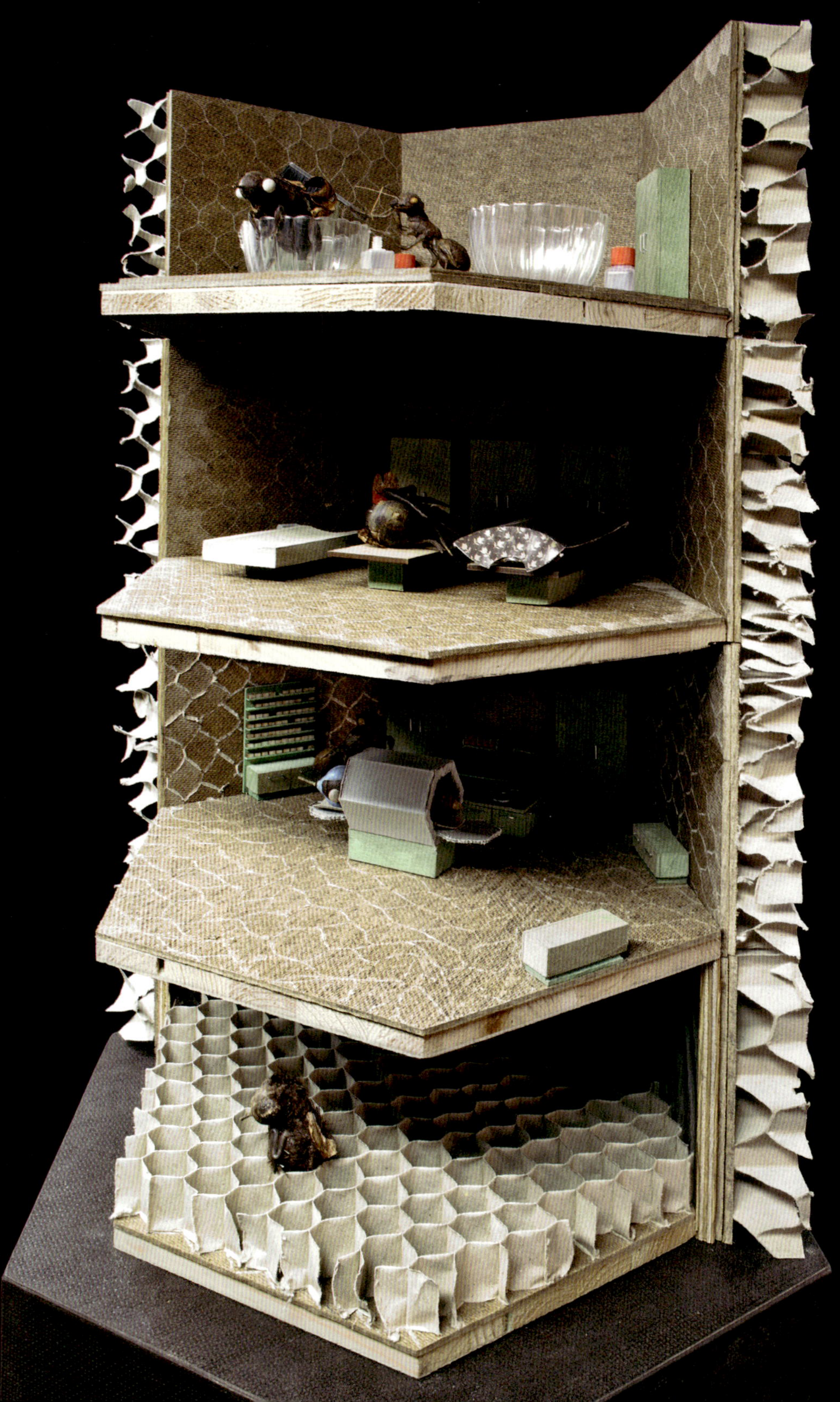

6. Avoid any products that come from far away.

7. If you're not really sure you need it, don't buy it.

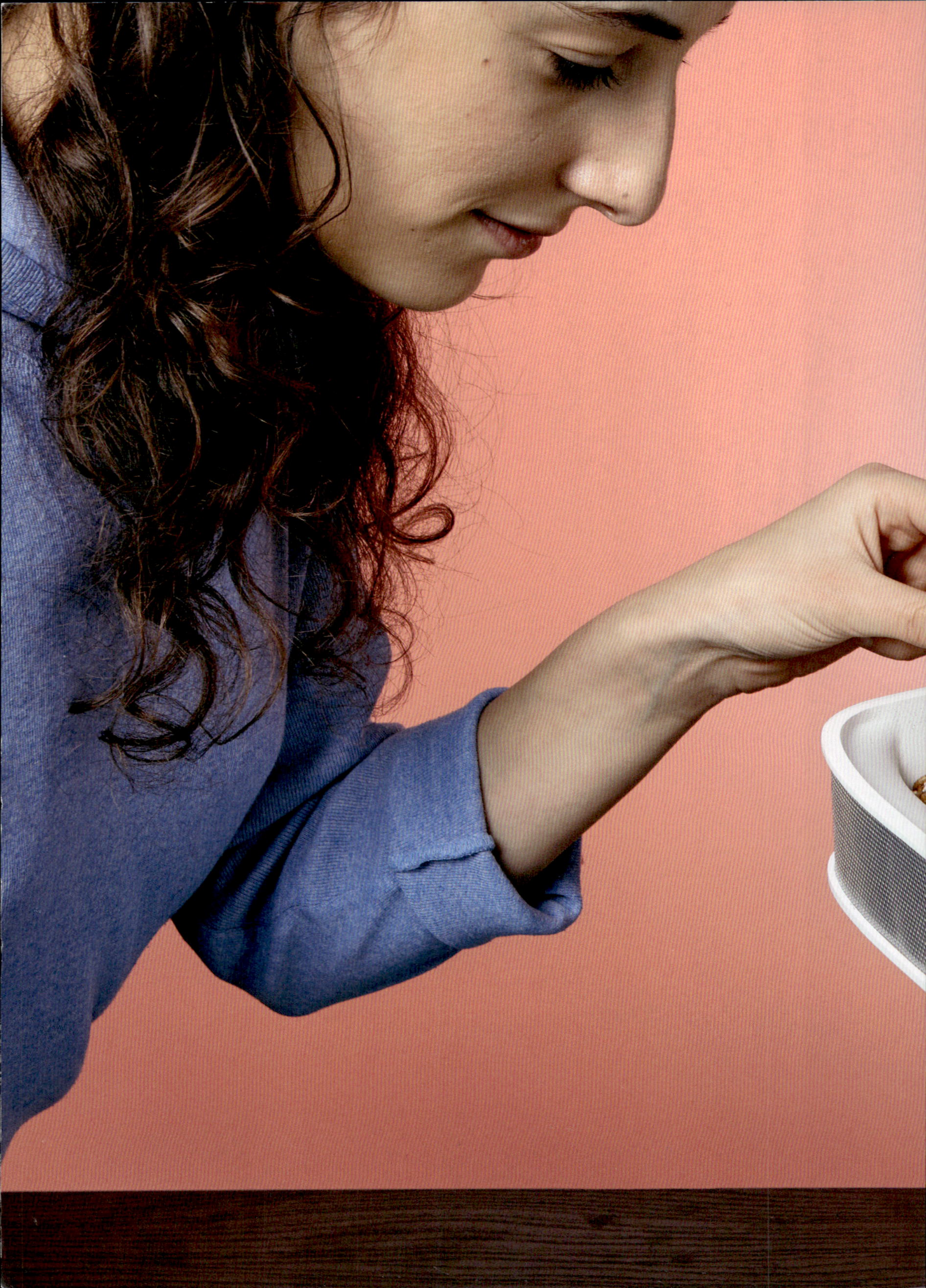

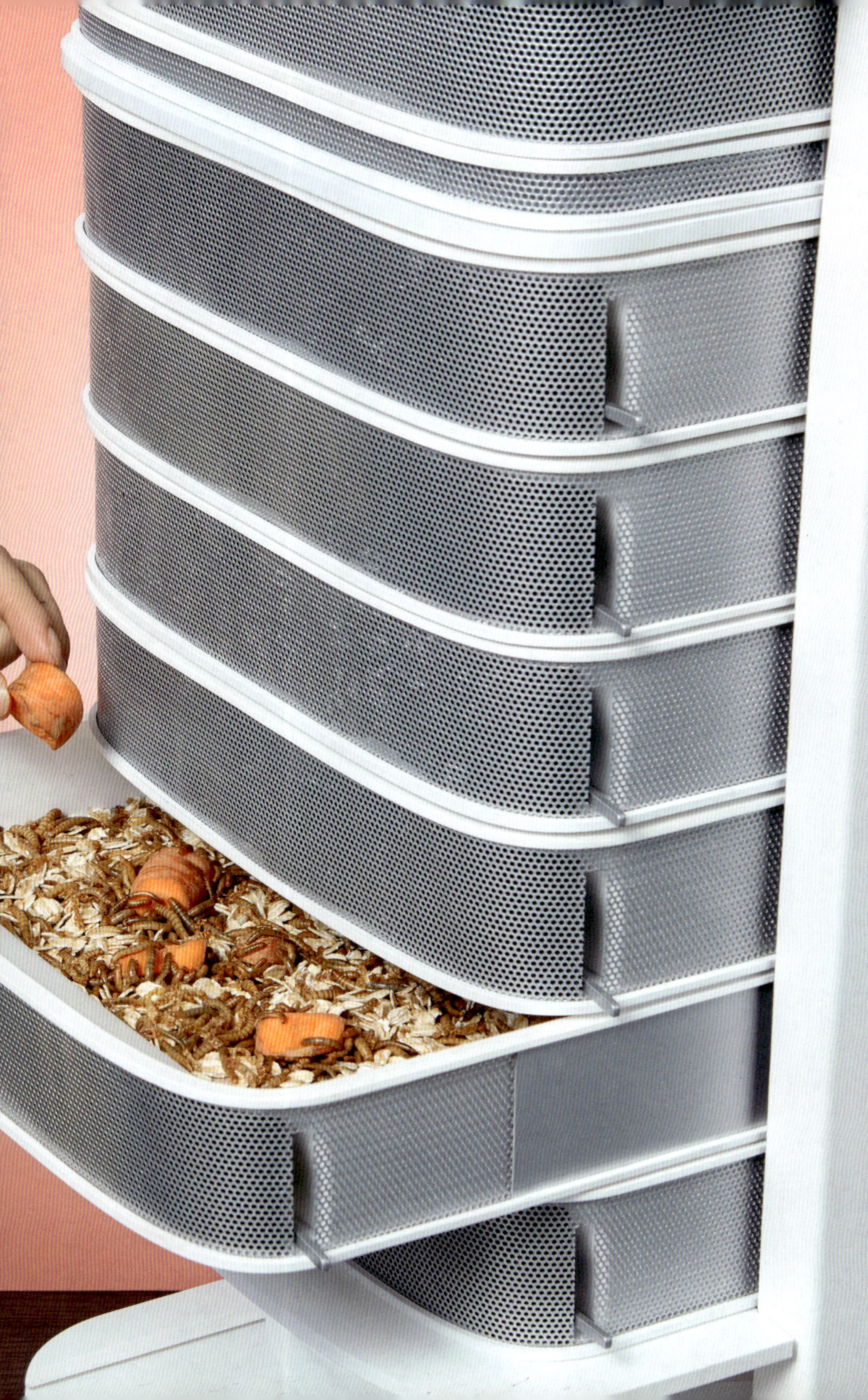

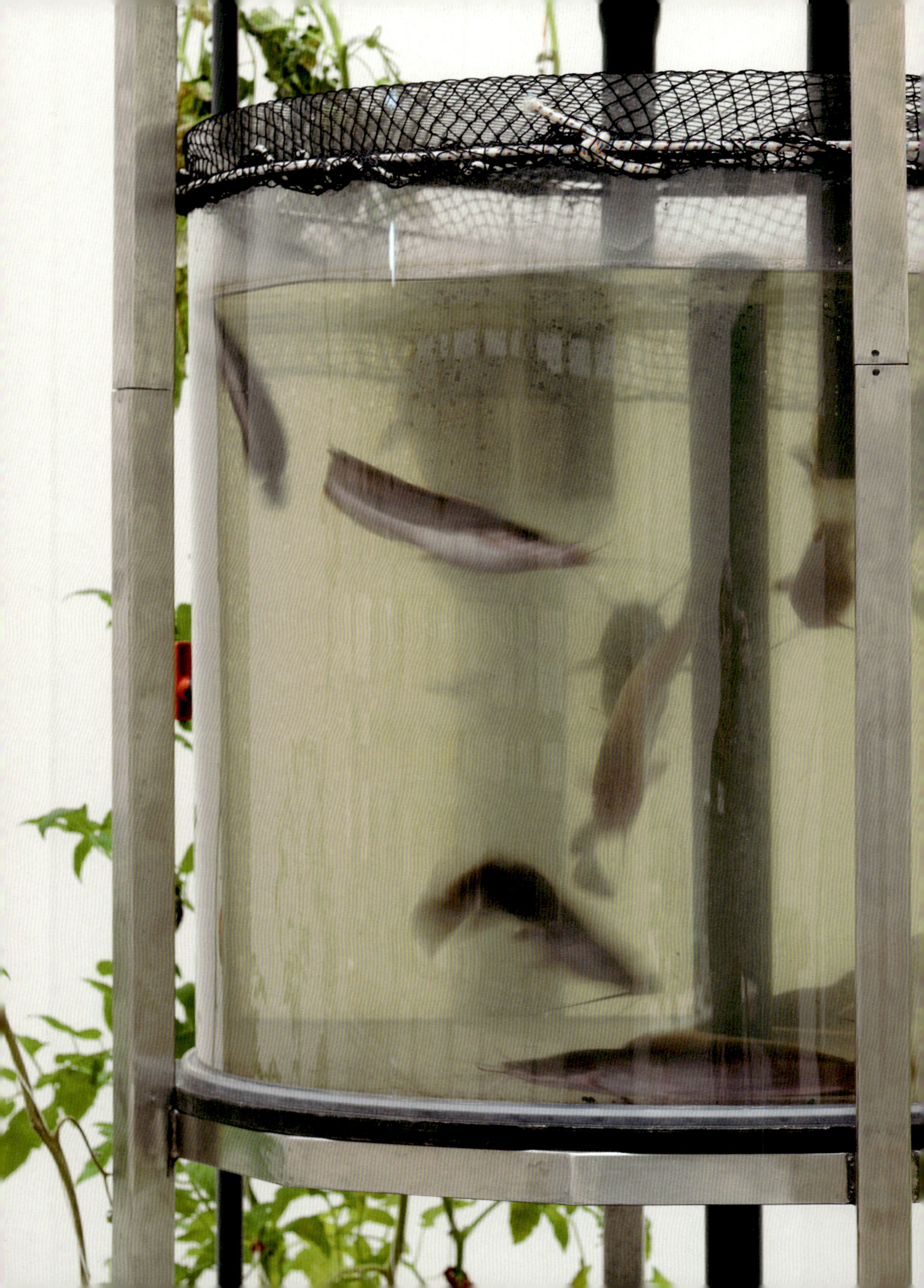

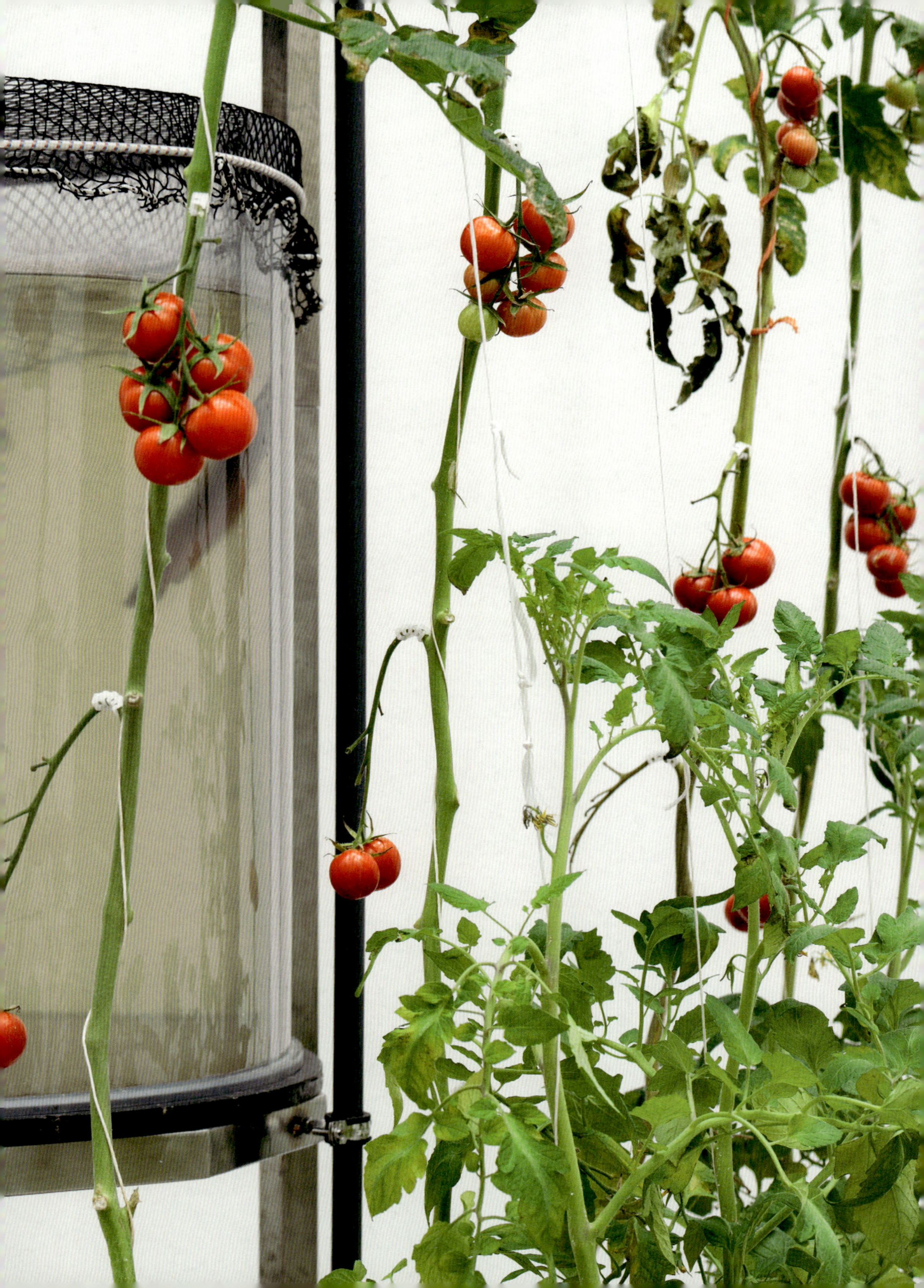

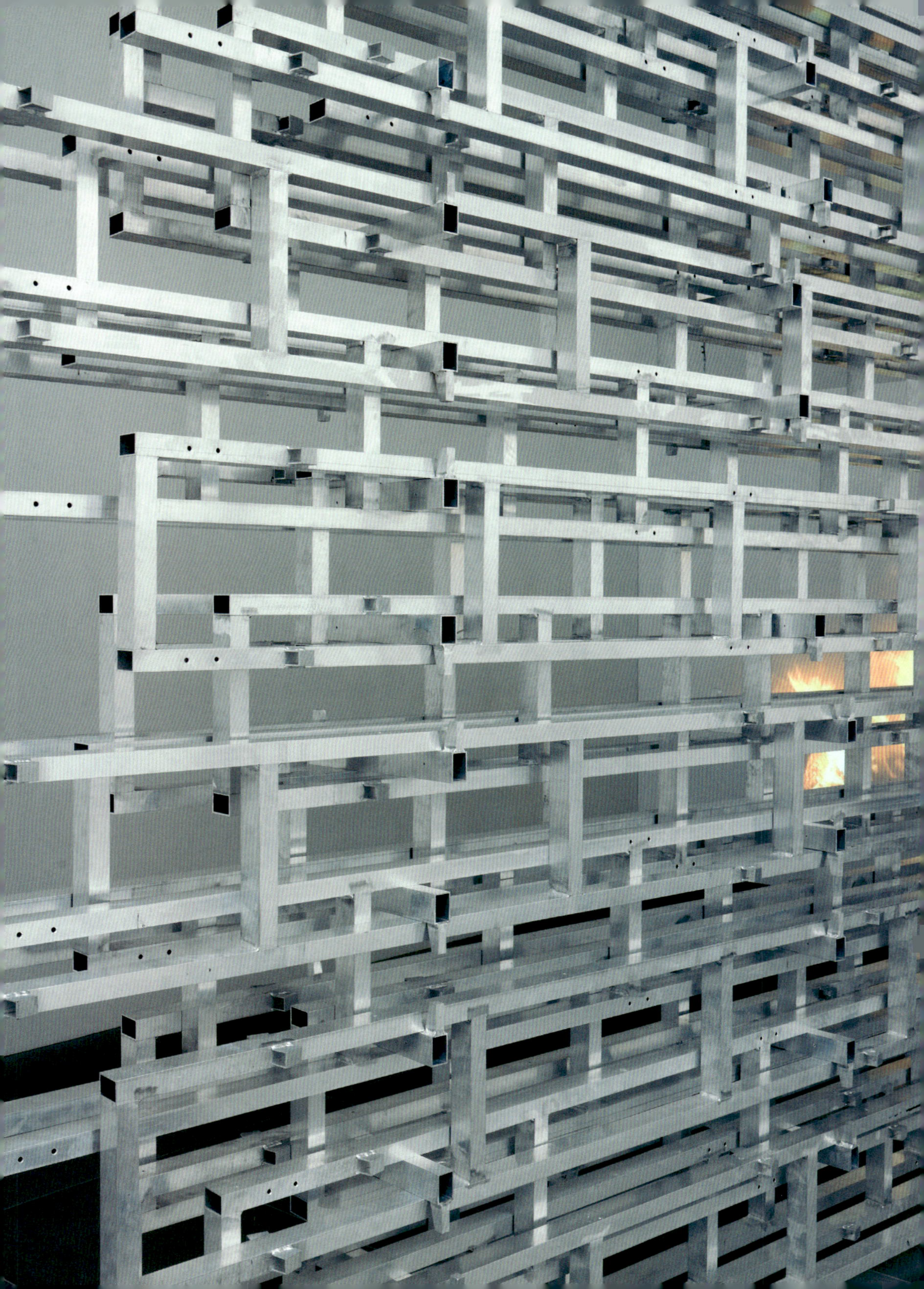

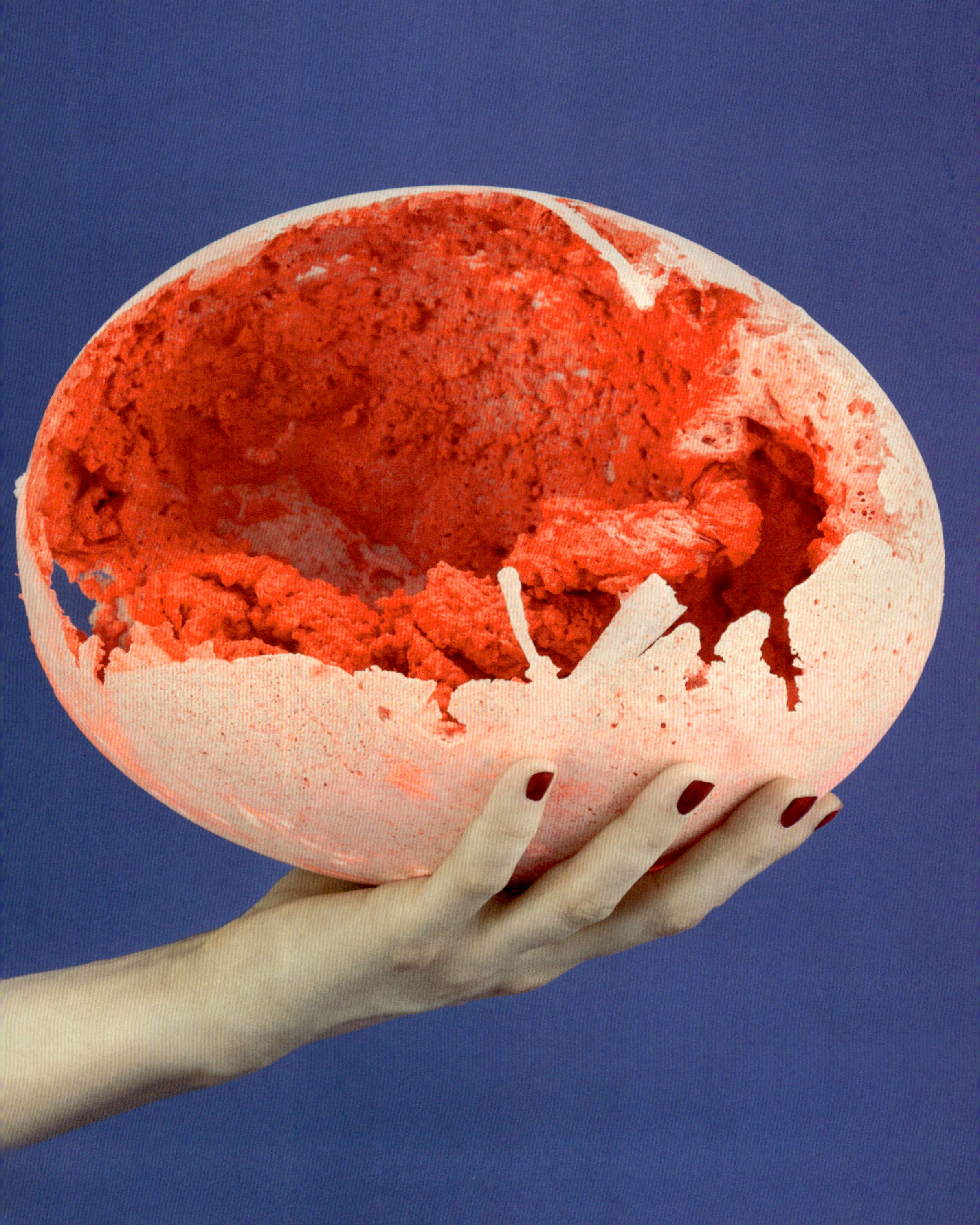

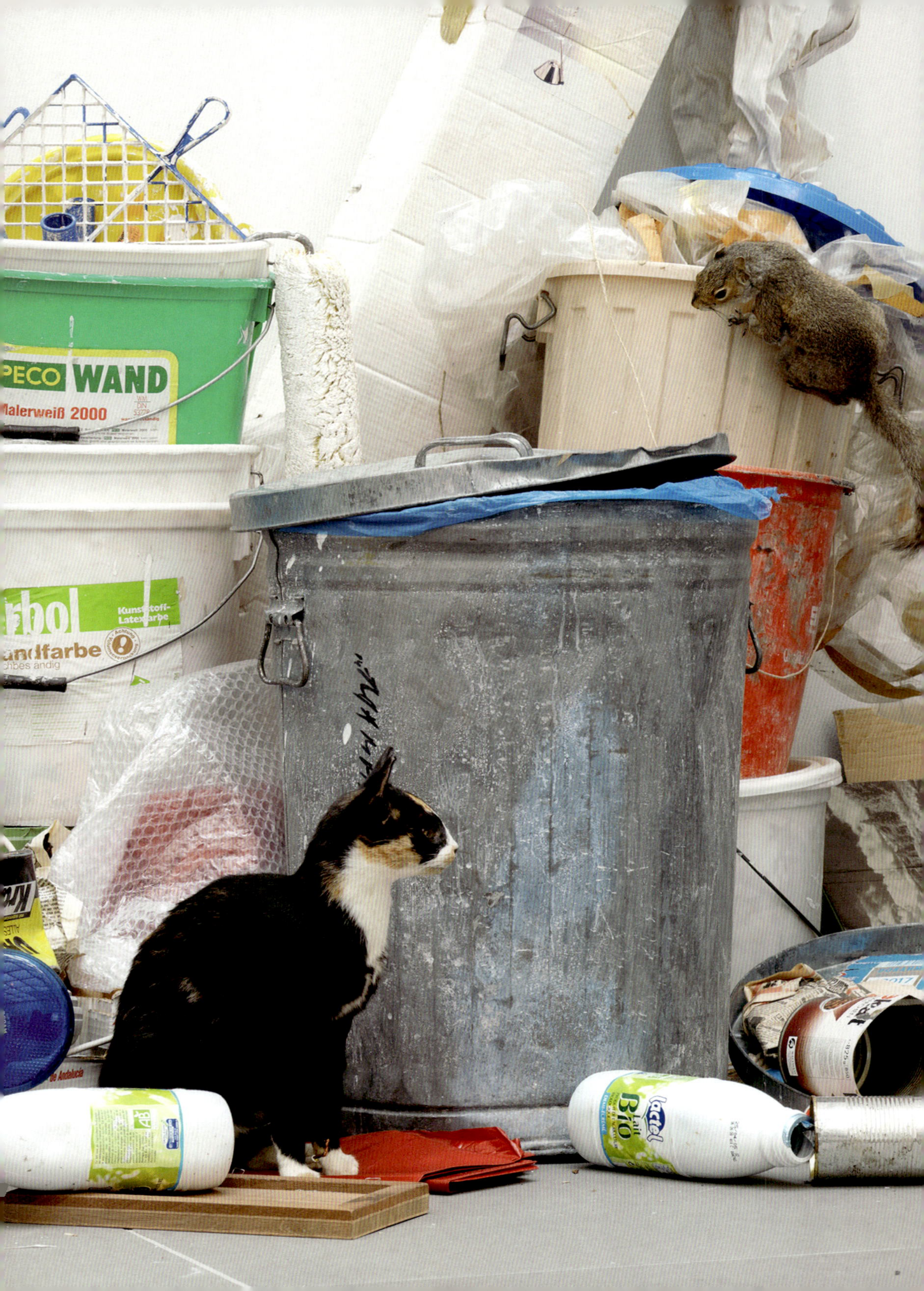

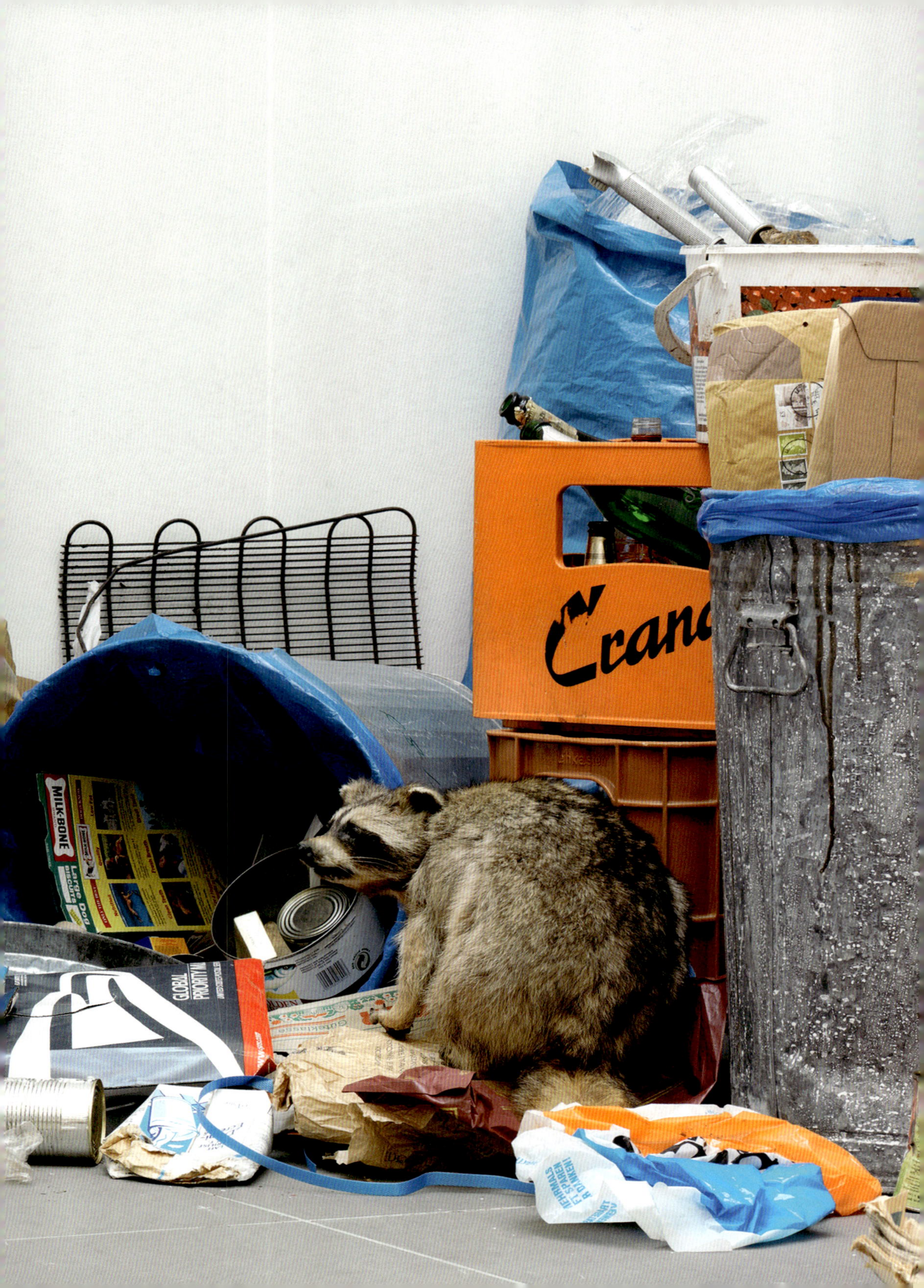
MILK-BONE
Large Dog
BISCUITS
Crand
GLOBAL PRIORITY
MEHRMALS
FÜLLEN

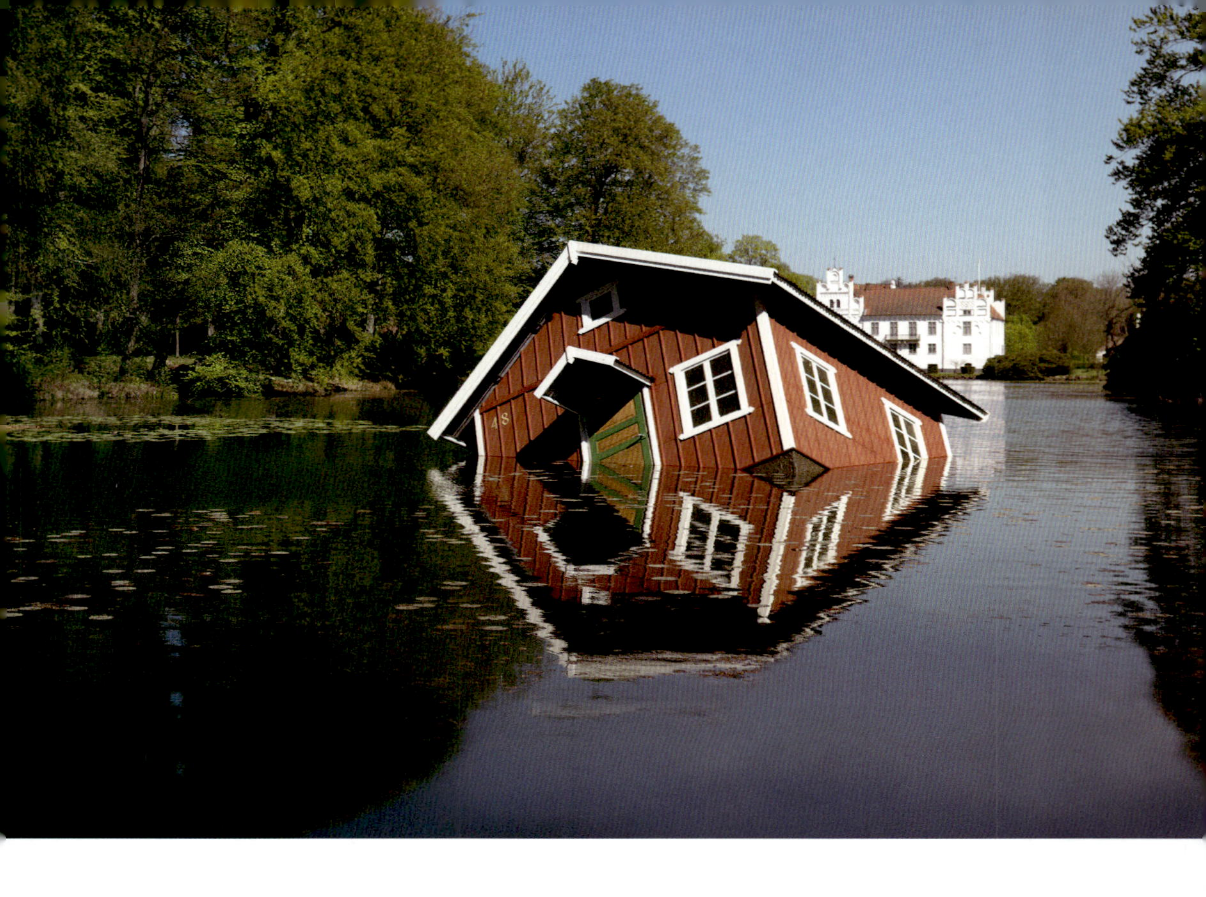

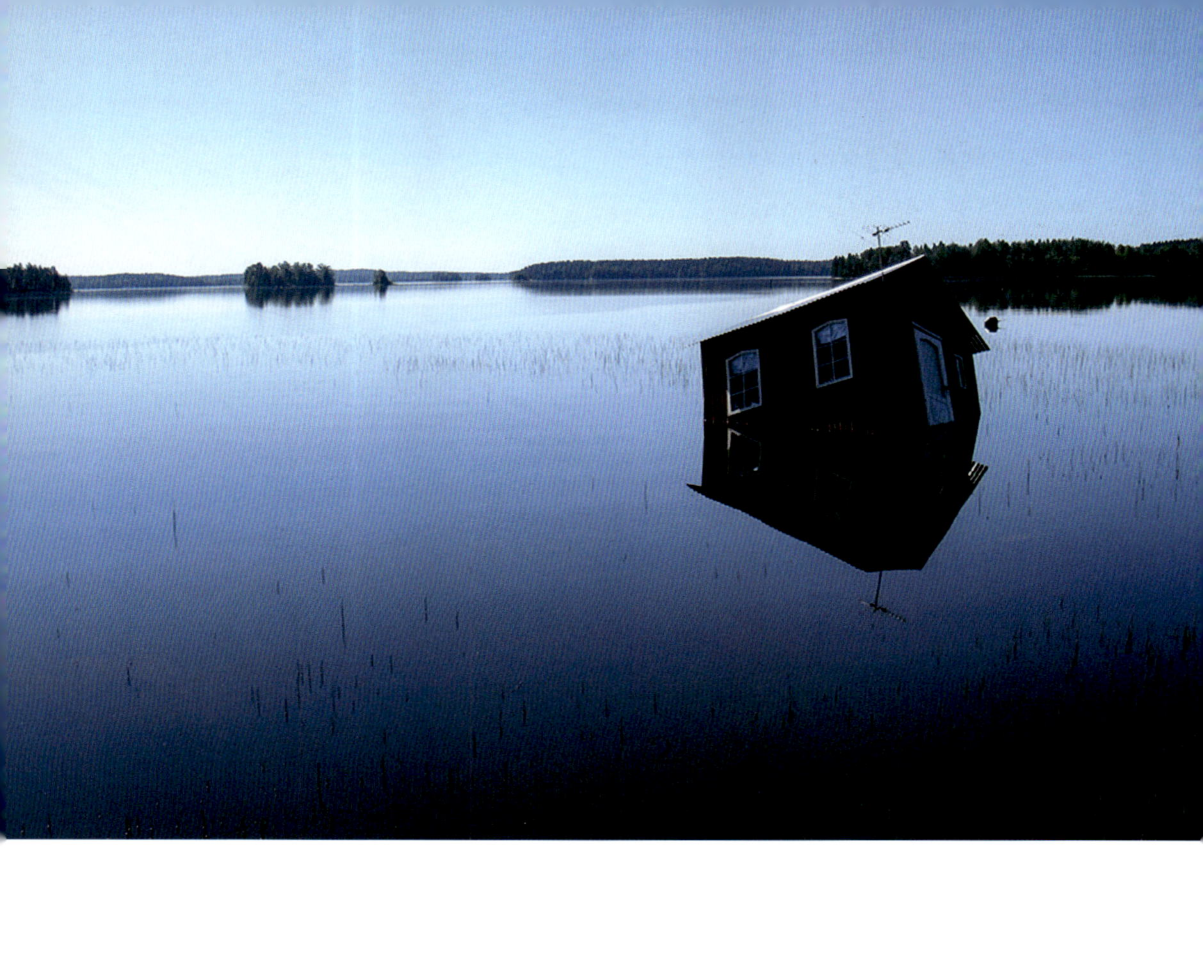

There are many other ways we can help save energy by becoming more self-sufficient: growing your own fruit and vegetables, keeping chickens, re-using water on the garden, and composting.

Follow the lines to find out how things are used and re-used.

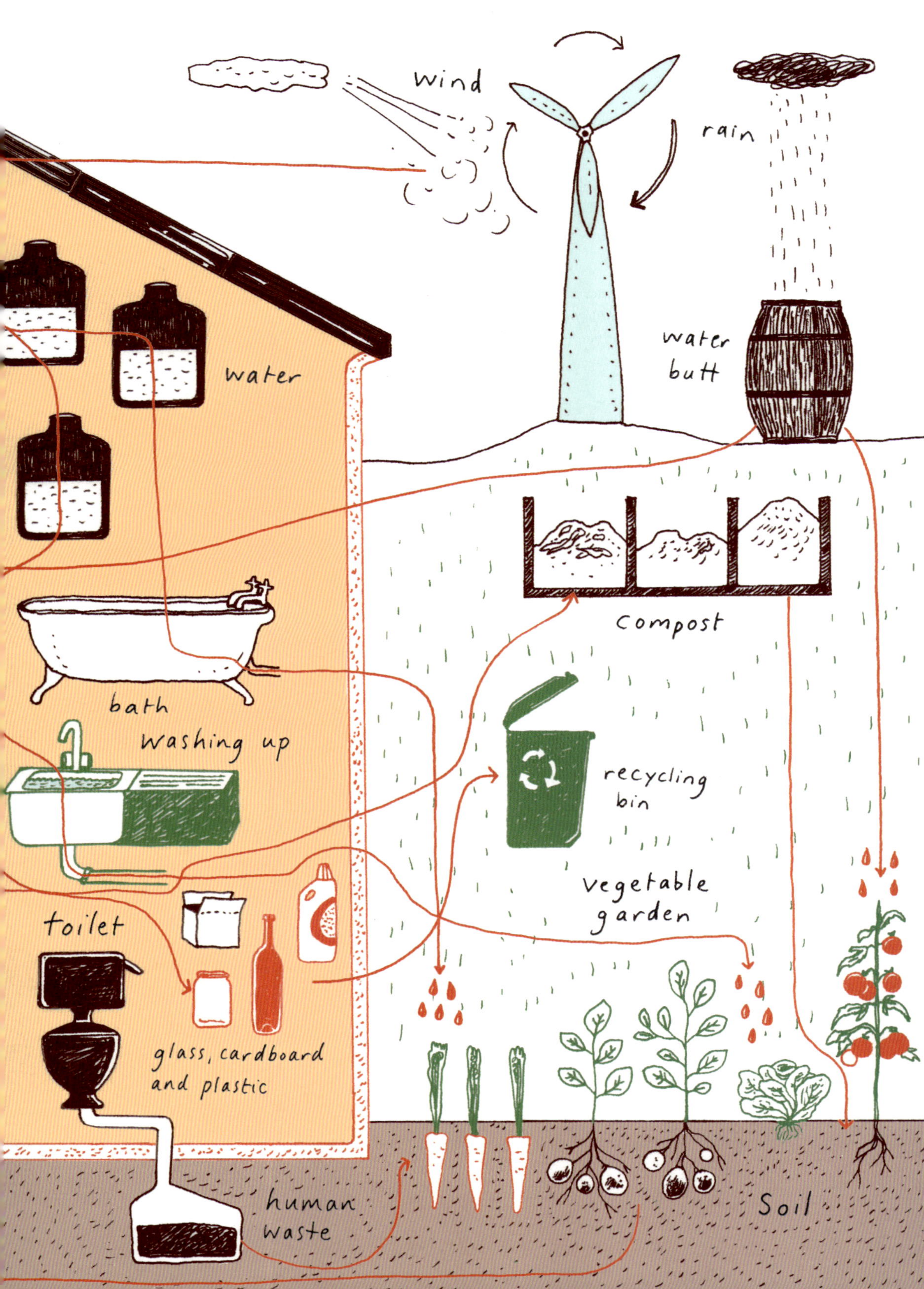

wind
rain
water butt
water
bath
washing up
compost
recycling bin
toilet
vegetable garden
glass, cardboard and plastic
human waste
Soil

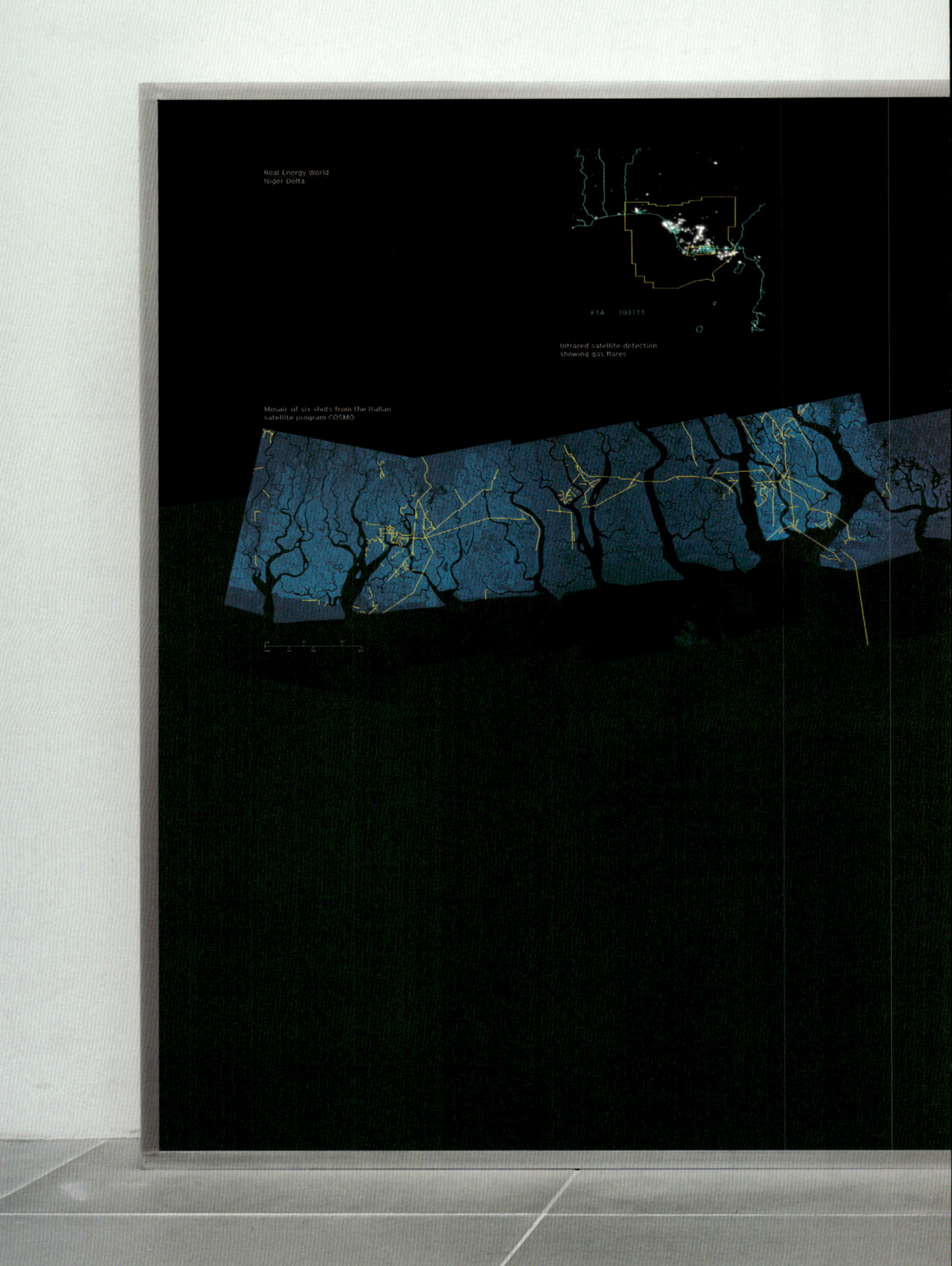

Real Energy World
Niger Delta
E14   193711
Infrared satellite detection
showing gas flares
Mosaic of six shots from the Italian
satellite program COSMO

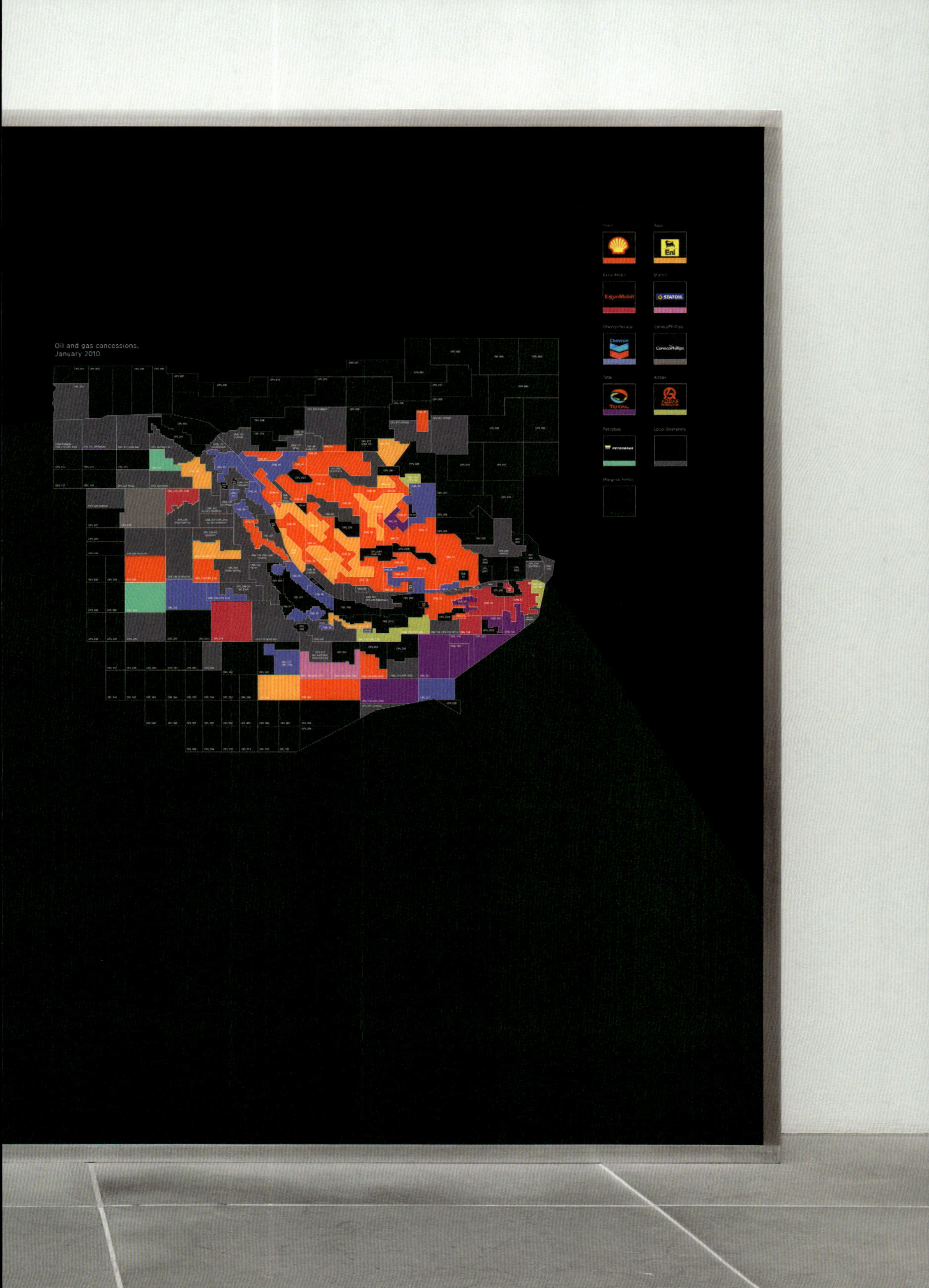

Oil and gas concessions.
January 2010
Shell
Agip
Eni
Exxon-Mobil
ExxonMobil
Statoil
STATOIL
Chevron-Texaco
Chevron
ConocoPhillips
ConocoPhillips
Total
TOTAL
Addax
Petrobras
PETROBRAS
Local Operators
Marginal Fields

8. Do not produce more than 2 children.

9. Do not cultivate, build
on or otherwise consume
virgin land or water.

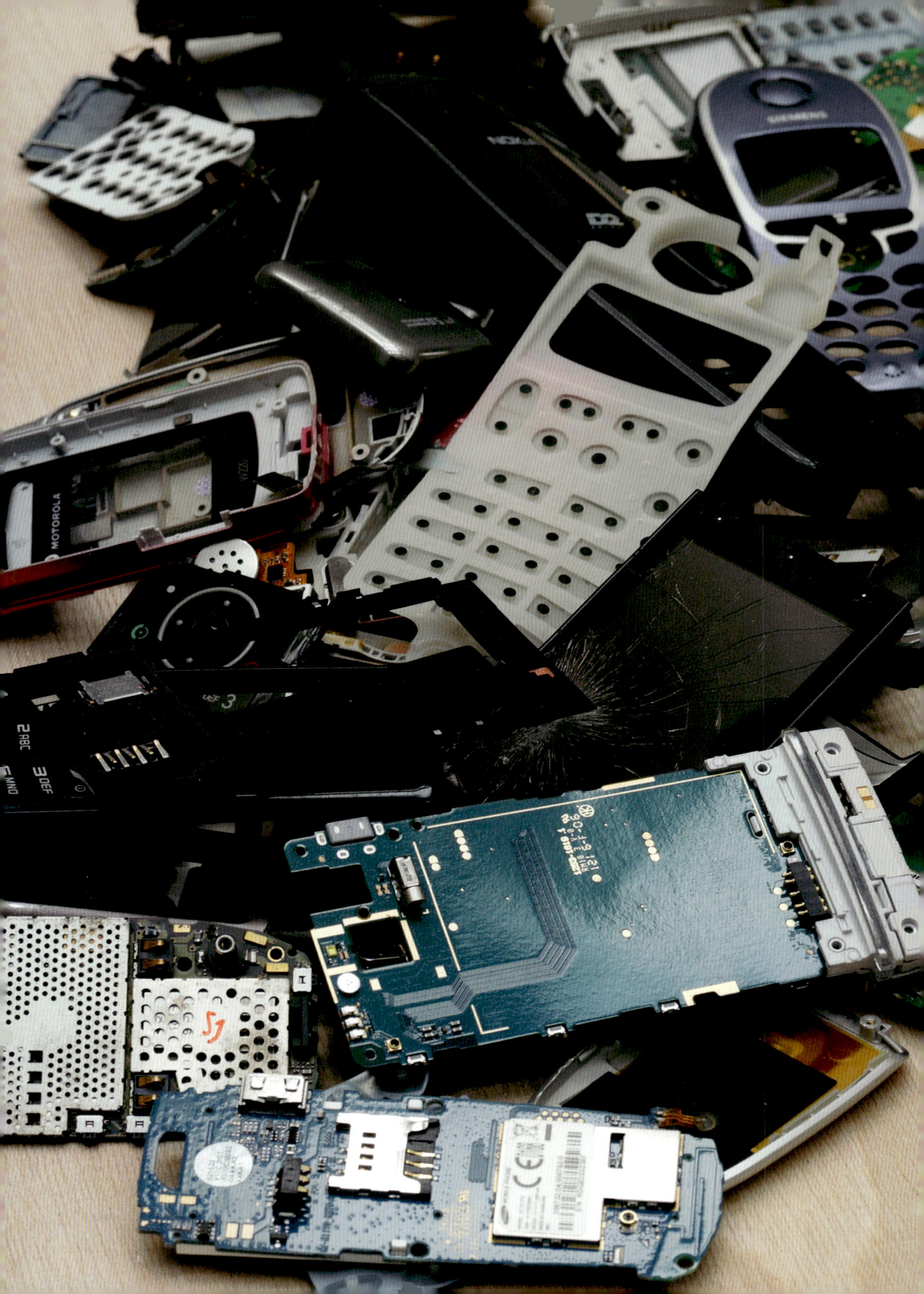

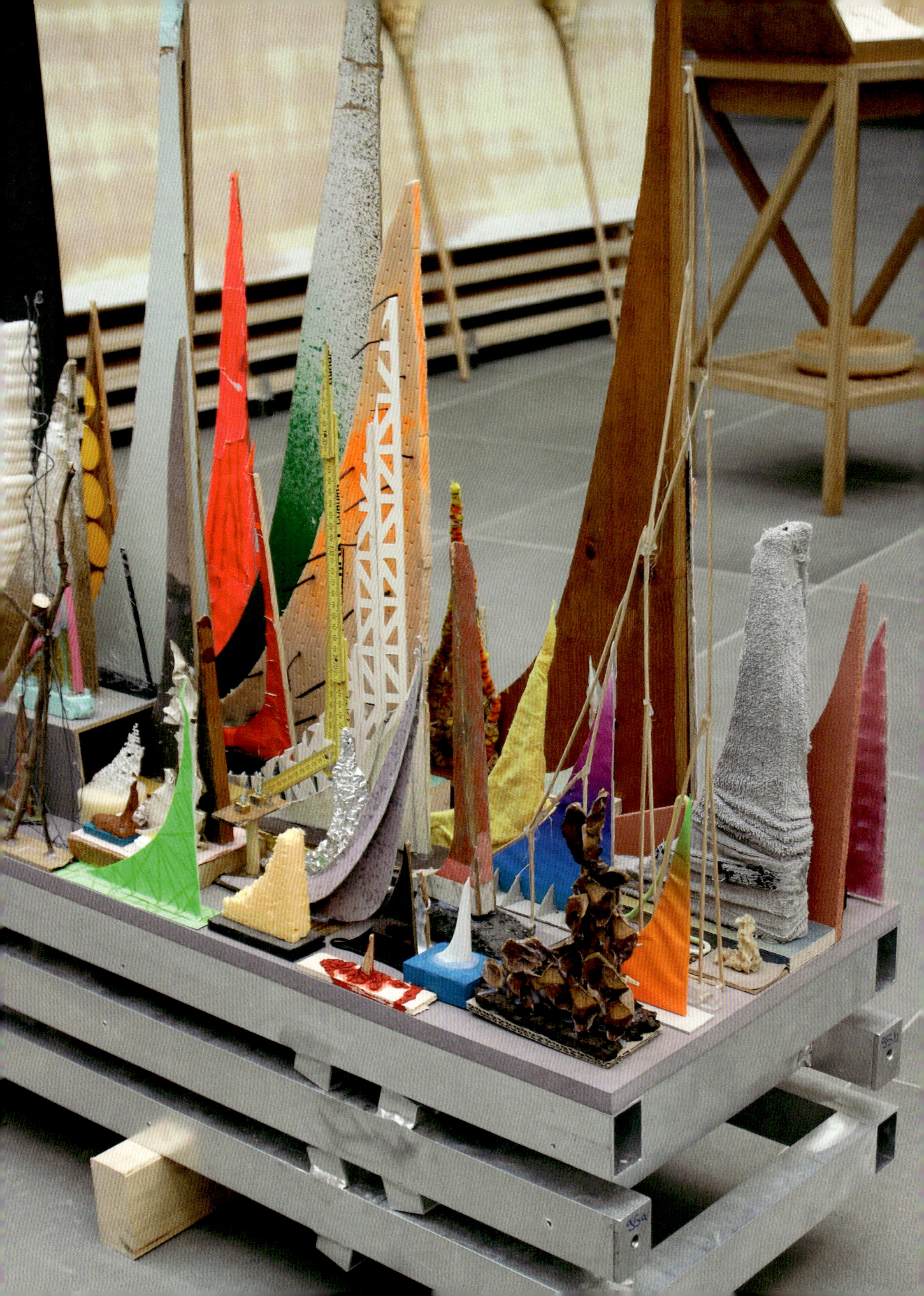

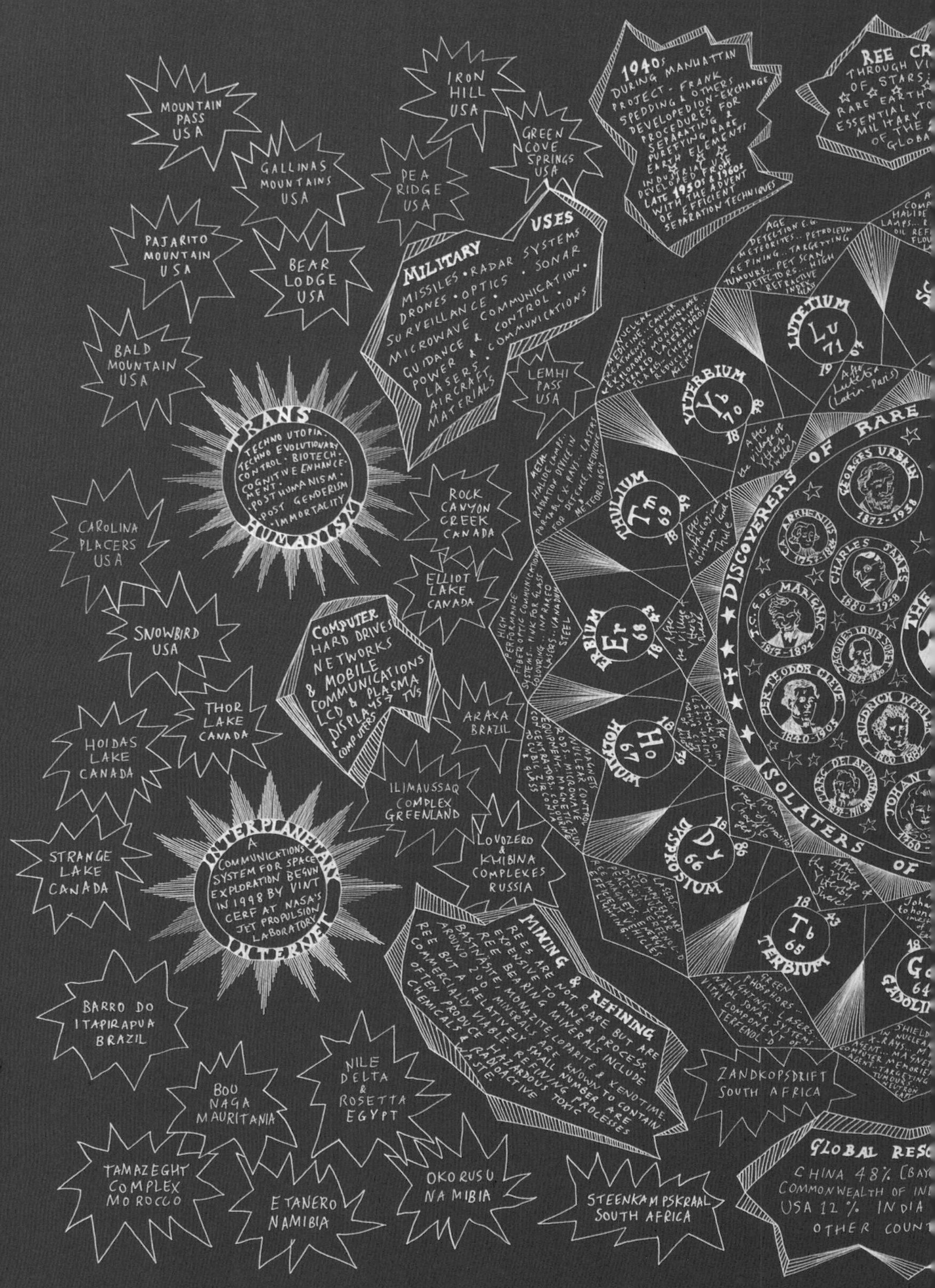

MOUNTAIN PASS USA
GALLINAS MOUNTAINS USA
PAJARITO MOUNTAIN USA
BEAR LODGE USA
BALD MOUNTAIN USA
IRON HILL USA
PEA RIDGE USA
GREEN COVE SPRINGS USA
CAROLINA PLACERS USA
SNOWBIRD USA
THOR LAKE CANADA
HOIDAS LAKE CANADA
STRANGE LAKE CANADA
BARRO DO ITAPIRAPUA BRAZIL
TAMAZEGHT COMPLEX MOROCCO
ETANERO NAMIBIA
BOU NAGA MAURITANIA
NILE DELTA & ROSETTA EGYPT
OKORUSU NAMIBIA
STEENKAMPSKRAAL SOUTH AFRICA
ZANDKOPSDRIFT SOUTH AFRICA
ROCK CANYON CREEK CANADA
ELLIOT LAKE CANADA
LEMHI PASS USA
ARAXA BRAZIL
ILIMAUSSAQ COMPLEX GREENLAND
LOVOZERO & KHIBINA COMPLEXES RUSSIA

1940s DURING MANHATTAN PROJECT - FRANK SPEDDING & OTHERS DEVELOPED ION-EXCHANGE PROCEDURES FOR SEPARATING & PURIFYING RARE EARTH ELEMENTS. INDUSTRIAL R.E. DEVELOPED FROM LATE 1950s & 1960s WITH THE ADVENT OF EFFICIENT SEPARATION TECHNIQUES

REE CR... THROUGH VI... OF STARS... RARE EARTH... ESSENTIAL T... MILITARY... OF THE... GLOBAL...

MILITARY USES
MISSILES · RADAR SYSTEMS
DRONES · OPTICS · SONAR
SURVEILLANCE
MICROWAVE COMMUNICATION
GUIDANCE & CONTROL
POWER & COMMUNICATIONS
LASERS
AIRCRAFT
MATERIALS

TRANS HUMANISM
TECHNO UTOPIA
TECHNO EVOLUTIONARY CONTROL · BIOTECH
COGNITIVE ENHANCEMENT
· POST HUMANISM
· POST GENDERISM
· IMMORTALITY

COMPUTER
HARD DRIVES
NETWORKS
& MOBILE
COMMUNICATIONS
LCD & PLASMA
DISPLAYS & TVs
COMPUTERS

INTERPLANETARY INTERNET
A COMMUNICATIONS SYSTEM FOR SPACE EXPLORATION BEGUN IN 1998 BY VINT CERF AT NASA'S JET PROPULSION LABORATORY

MINING & REFINING
REES ARE NOT RARE BUT ARE EXPENSIVE TO MINE & PROCESS.
BASTNASITE, MONAZITE, LOPARITE & XENOTIME. R.E.E. BEARING MINERALS INCLUDE AROUND 200, BUT A RELATIVELY SMALL NUMBER ARE COMMERCIALLY VIABLE. REFINING PROCESSES OFTEN PRODUCE HAZARDOUS TOXIC CHEMICALS & RADIOACTIVE WASTE.

DISCOVERERS OF RARE
ISOLATERS OF THE

GEORGES URBAIN 1872-1938
S. ARRHENIUS 1759-1...
CHARLES JAMES 1880-1928
J.C.G. DE MARIGNAC 1817-1894
JACQUES LOUIS SORET 1827-1890
PER TEODOR CLEVE
MARC DELAFONTAINE
FRIEDRICH WÖHLER 1800-1882
JOHANN...

LUTETIUM Lu 71
After Lutetia (Latin-Paris)

YTTERBIUM Yb 70
After the village of Ytterby, Sweden

THULIUM Tm 69
After Thule

ERBIUM Er 68
After the village of Ytterby

HOLMIUM Ho 67
After Stockholm (Latin Holmia)

DYSPROSIUM Dy 66
Greek dysprositos

TERBIUM Tb 65
After the village of Ytterby, Sweden

GADOLINIUM Gd 64

METAL HALIDE LAMPS
RADIATION DEVICE IN PORTABLE X-RAY · LASERS FOR DEFENCE · MEDICINE & METEOROLOGY

HIGH PERFORMANCE FIBER OPTIC COMMUNICATION SYSTEMS · MINK FOR GLASS COLOURING · INFRARED ABSORBING LASERS · VANADIUM STEEL

MAGNET · NUCLEAR CONTROL RODS · MICROWAVE EQUIPMENT · MAGNETIC FLUX CONCENTRATORS · CUBIC ZIRCONIA CONCENTRATED GLASS

GREEN PHOSPHORS · LIGHTING · LASERS · NAVAL SONAR SYSTEMS · VITAL COMPONENT OF TERFENOL-D

GLOBAL RES...
CHINA 48% (BAY...
COMMONWEALTH OF IN...
USA 12% · INDIA...
OTHER COUNT...

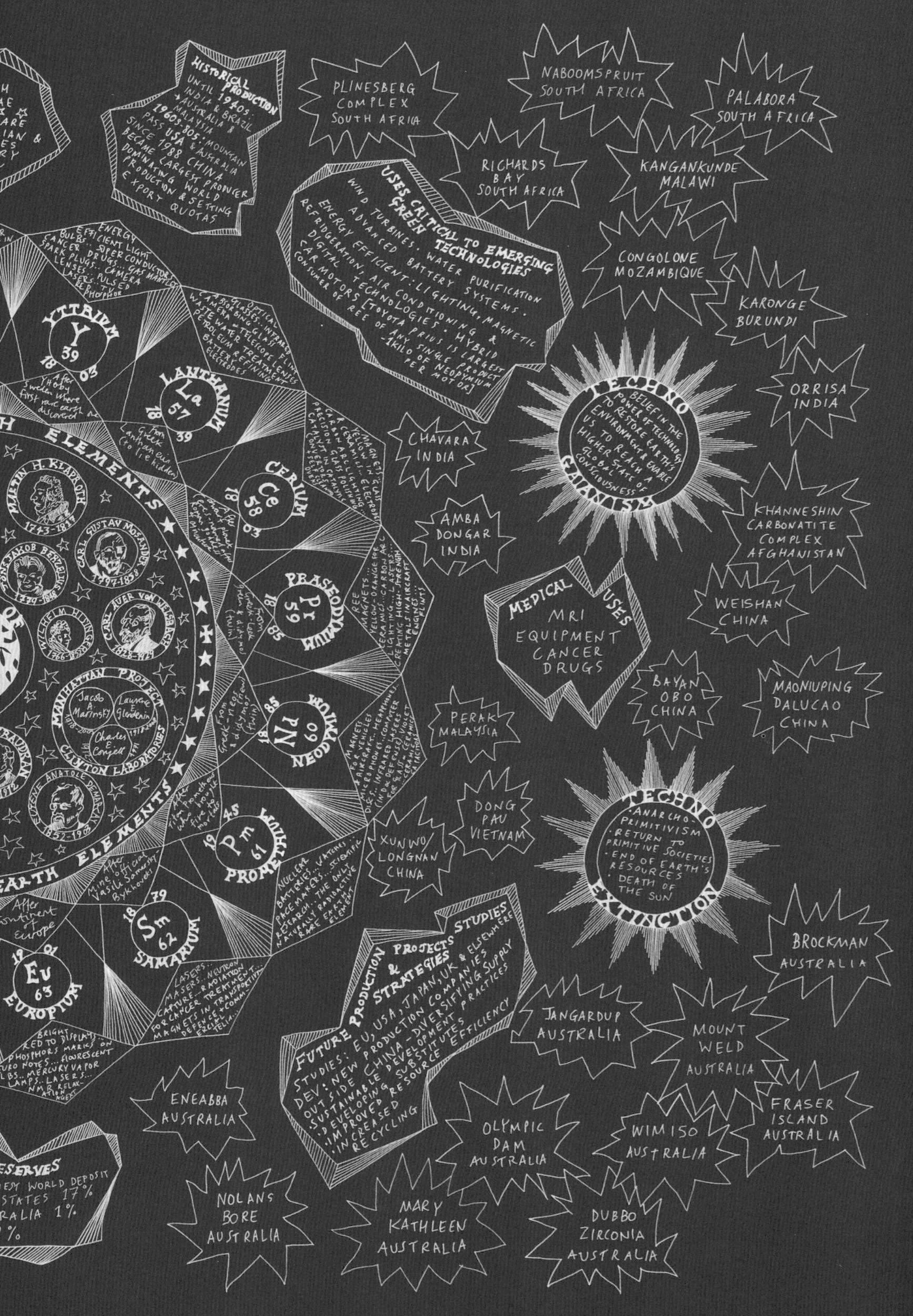
HISTORICAL PRODUCTION
UNTIL 1940s: INDIA & BRAZIL
1950s: MOUNTAIN PASS USA & AUSTRALIA
1960s-80s: AUSTRALIA & MALAYSIA
SINCE 1988 CHINA BECAME LARGEST PRODUCER
DOMINATING WORLD PRODUCTION & SETTING EXPORT QUOTAS

USES CRITICAL TO EMERGING GREEN TECHNOLOGIES
WIND TURBINES · WATER PURIFICATION
ADVANCED BATTERY SYSTEMS
ENERGY EFFICIENT LIGHTING, MAGNETIC
REFRIGERATION, AIR CONDITIONING & HYBRID
DIGITAL TECHNOLOGIES · CAR MOTORS [TOYOTA PRIUS IS LARGEST CONSUMER OF REE OF ANY SINGLE PRODUCT
—1KILO OF NEODYMIUM PER MOTOR]

YTTRIUM
Y 39
1803
After Ytterby, Sweden where first rare earth discovered
EFFICIENT ENERGY BULBS · SUPER CONDUCTOR · CANCER DRUGS · GAS MANTLES · SPARK PLUGS · CAMERA LENSES · PULSED LASERS · TV & PHOSPHOR

LANTHANUM
La 57
1839
From Greek lanthanein (to lie hidden)

RARE EARTH ELEMENTS

CERIUM
Ce 58
1803

PRASEODYMIUM
Pr 59
1885
From Greek praseo (green) & didymos (twin)

NEODYMIUM
Nd 60
1885

PROMETHIUM
Pm 61
1945
From Prometheus · five months
Naturally radioactive rare earth element

SAMARIUM
Sm 62
1879
After mine official Vasili Samarski Bykhovets

EUROPIUM
Eu 63
1901
After continent of Europe

BRIGHT RED TO DISPLAYS · PHOSPHORS MARKS ON EURO NOTES · FLOURESCENT BULBS · MERCURY VAPOR LAMPS · LASERS · NMR RELAXATION AGENTS

MARTIN H. KLAPROTH 1743–1817
JONS JAKOB BERZELIUS 1779–1848
CARL GUSTAV MOSANDER 1797–1858
WILHELM HISINGER 1766–1852
CARL AUER VON WELSBACH 1858–1929
EUGENE ANATOLE DEMARCAY 1852–1904

MANHATTAN PROJECT
Jacob A. Marinsky
Lawrence E. Glendenin
Charles E. Coryell
CLINTON LABORATORIES

LASERS · MASERS · NEUTRON CAPTURE · RADIATION FOR CANCER TREATMENT · MAGNETS IN TRANSPORT & DEFENCE · COMMUNICATIONS

NUCLEAR BATTERIES · WATCHES · PACEMAKERS · SCIENTIFIC RESEARCH · THE ONLY

MAGNETS · YELLOW-ORANGE PAINT · CERAMICS · CARBON ARC LIGHTING · VIOLET GLASS · CERAMIC ENGINE PARTS

RESERVES
USA WORLD DEPOSIT
UNITED STATES 17%
AUSTRALIA 1%

PLINESBERG COMPLEX
SOUTH AFRICA

NABOOMSPRUIT
SOUTH AFRICA

PALABORA
SOUTH AFRICA

RICHARDS BAY
SOUTH AFRICA

KANGANKUNDE
MALAWI

CONGOLONE
MOZAMBIQUE

KARONGE
BURUNDI

ORRISA
INDIA

TECHNO GAIANISM
BELIEF IN THE POWER OF TECHNOLOGY TO RESTORE EARTH'S ENVIRONMENT & ENABLE US TO REACH A HIGHER STATE OF GLOBAL CONSCIOUSNESS

CHAVARA
INDIA

KHANNESHIN CARBONATITE COMPLEX
AFGHANISTAN

WEISHAN
CHINA

AMBA DONGAR
INDIA

MEDICAL USES
MRI EQUIPMENT
CANCER DRUGS

BAYAN OBO
CHINA

MAONIUPING DALUCAO
CHINA

PERAK
MALAYSIA

TECHNO EXTINCTION
· ANARCHO-PRIMITIVISM
· RETURN TO PRIMITIVE SOCIETIES
· END OF EARTH'S RESOURCES
· DEATH OF THE SUN

DONG PAU
VIETNAM

XUNWO/ LONGNAN
CHINA

BROCKMAN
AUSTRALIA

FUTURE PRODUCTION PROJECTS & STRATEGIES
STUDIES: EU, USA, JAPAN, UK & ELSEWHERE
DEV: NEW PRODUCTION COMPANIES
OUTSIDE CHINA — DIVERSIFYING SUPPLY
· SUSTAINABLE DEVELOPMENT PRACTICES
· DEVELOPING SUBSTITUTES
· IMPROVED RESOURCE EFFICIENCY
· INCREASED RECYCLING

JANGARDUP
AUSTRALIA

MOUNT WELD
AUSTRALIA

FRASER ISLAND
AUSTRALIA

ENEABBA
AUSTRALIA

OLYMPIC DAM
AUSTRALIA

WIMISO
AUSTRALIA

NOLANS BORE
AUSTRALIA

MARY KATHLEEN
AUSTRALIA

DUBBO ZIRCONIA
AUSTRALIA

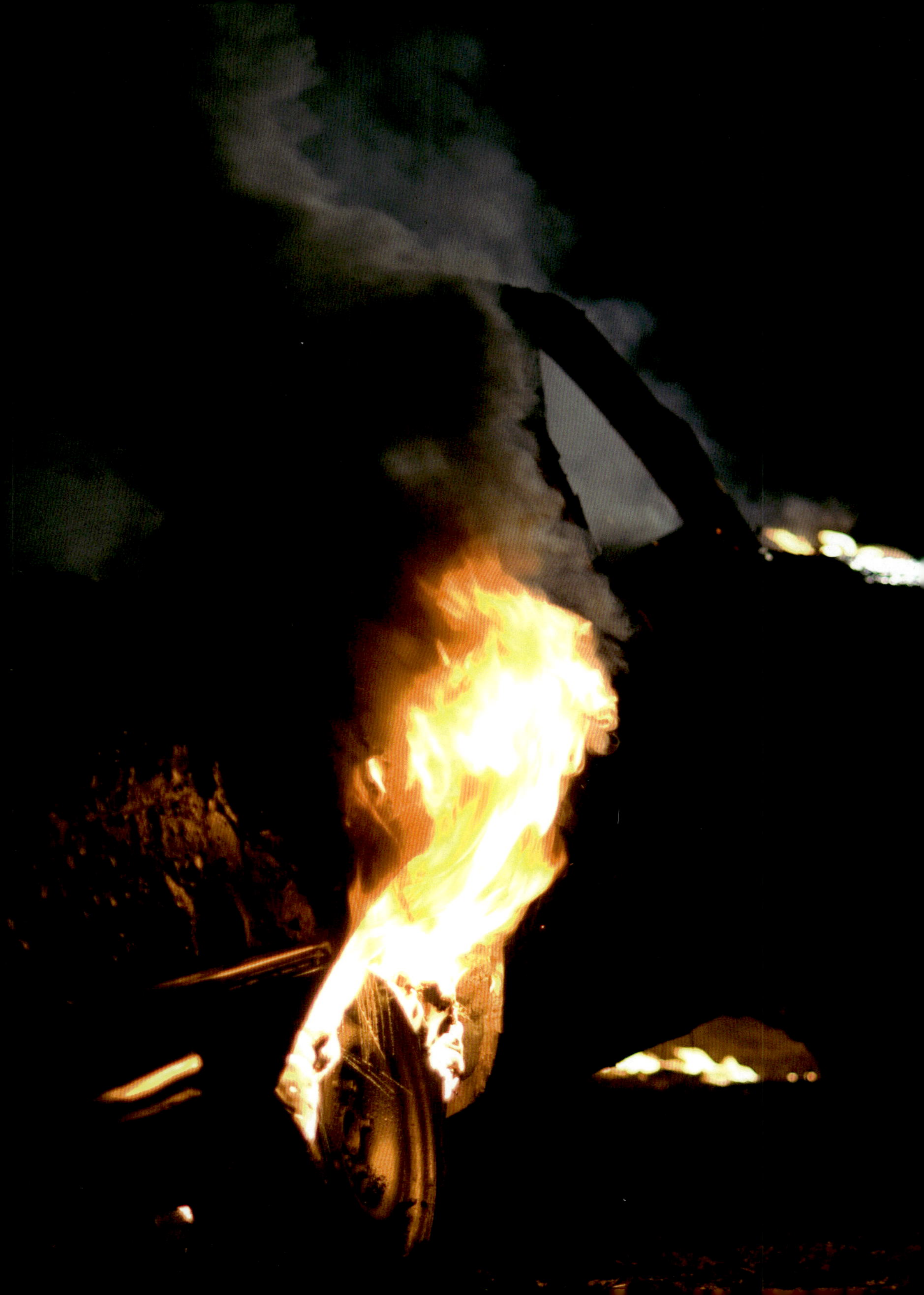

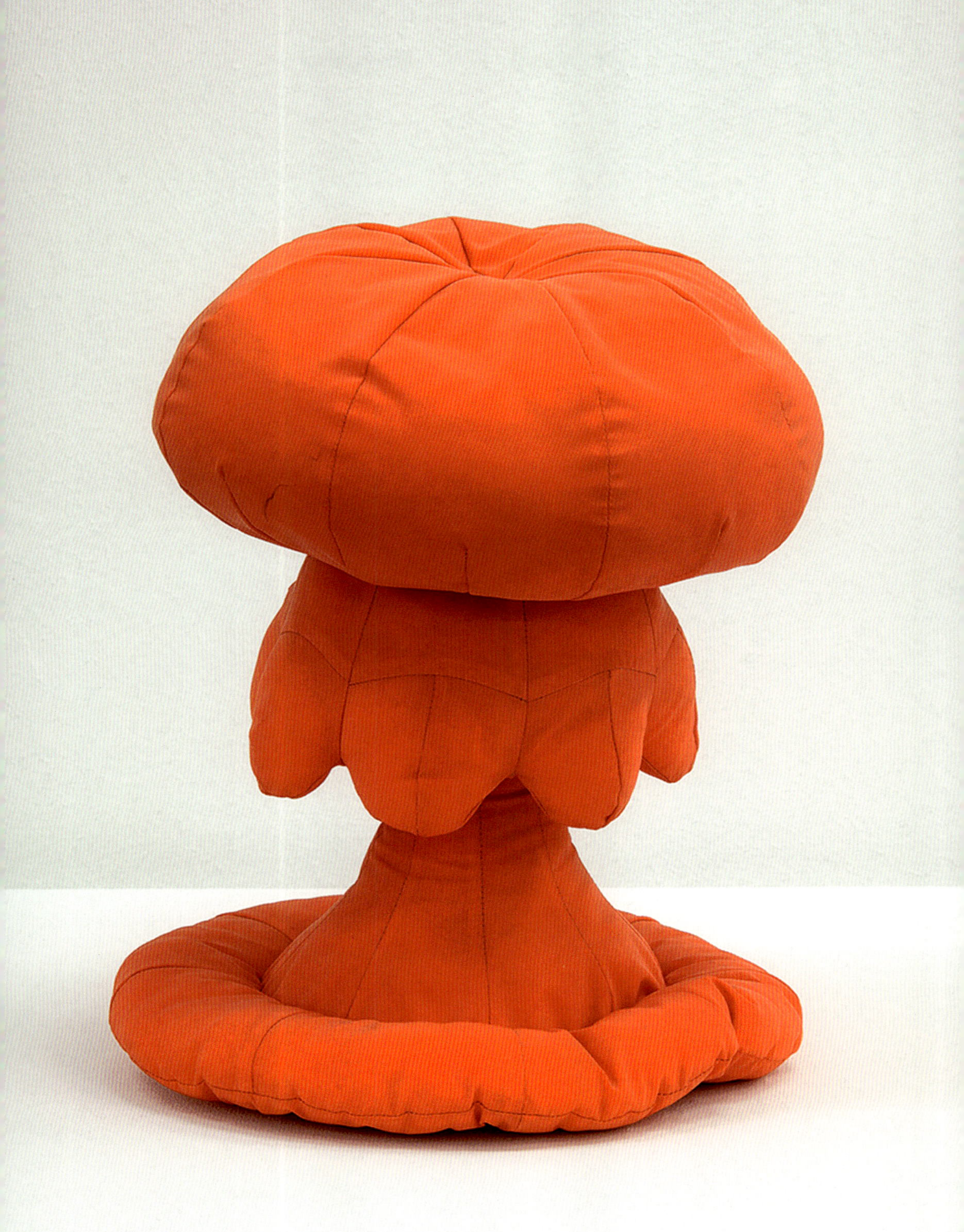

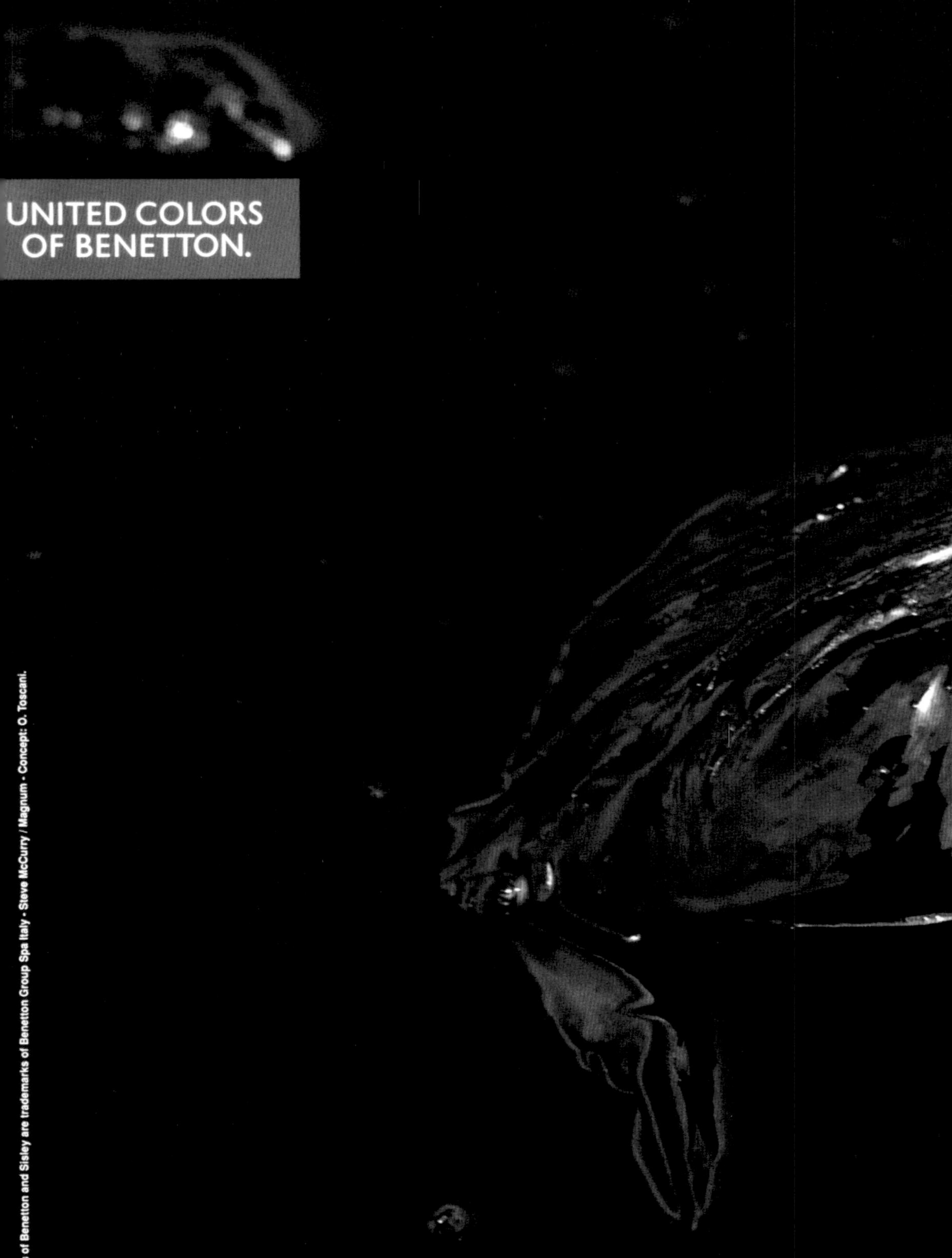

UNITED COLORS
OF BENETTON.
United Colors of Benetton and Sisley are trademarks of Benetton Group Spa Italy - Steve McCurry / Magnum - Concept: O. Toscani.

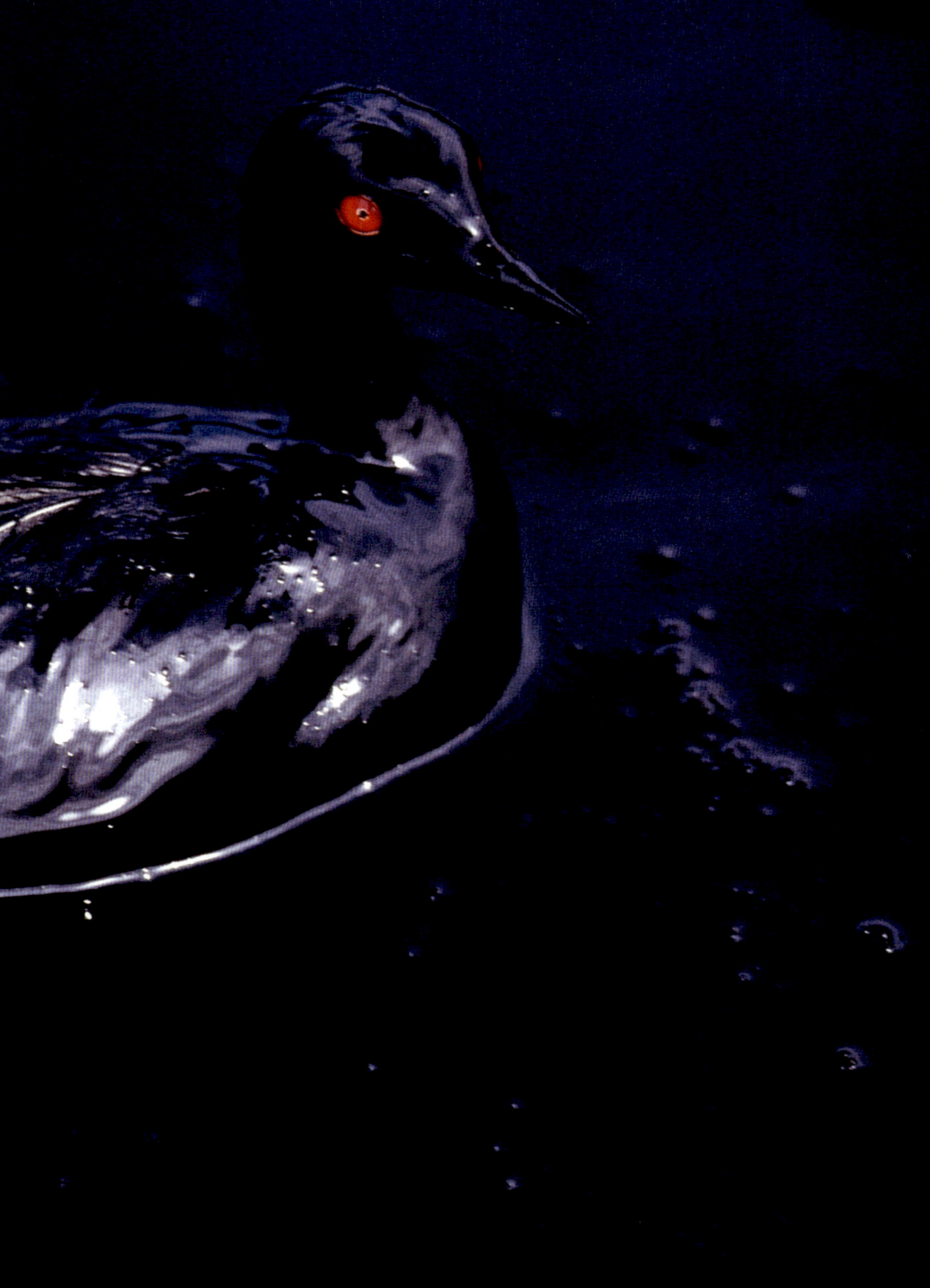

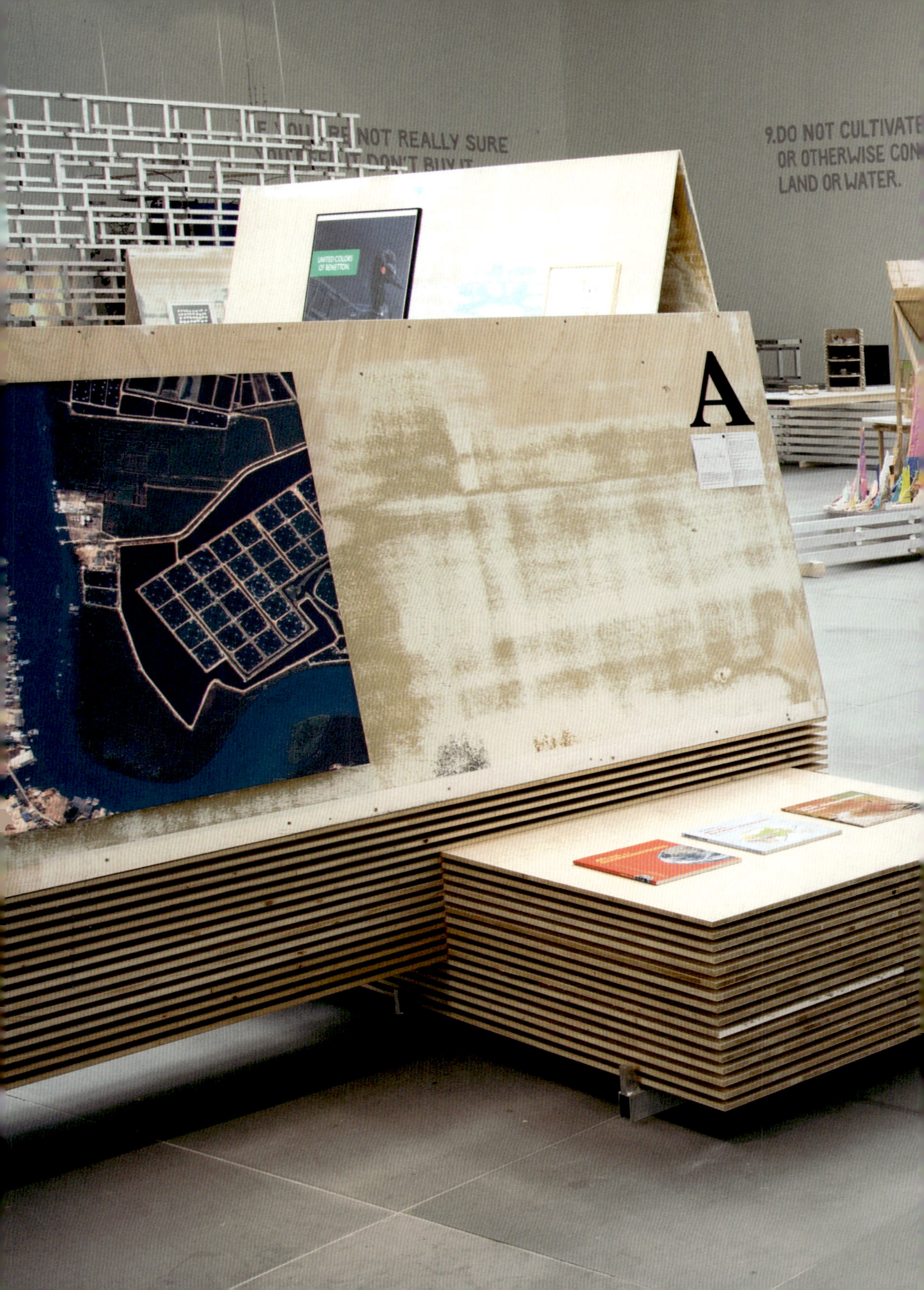
IF YOU'RE NOT REALLY SURE
YOU NEED IT, DON'T BUY IT.
9.DO NOT CULTIVATE
OR OTHERWISE CON
LAND OR WATER.
UNITED COLORS
OF BENETTON.
A

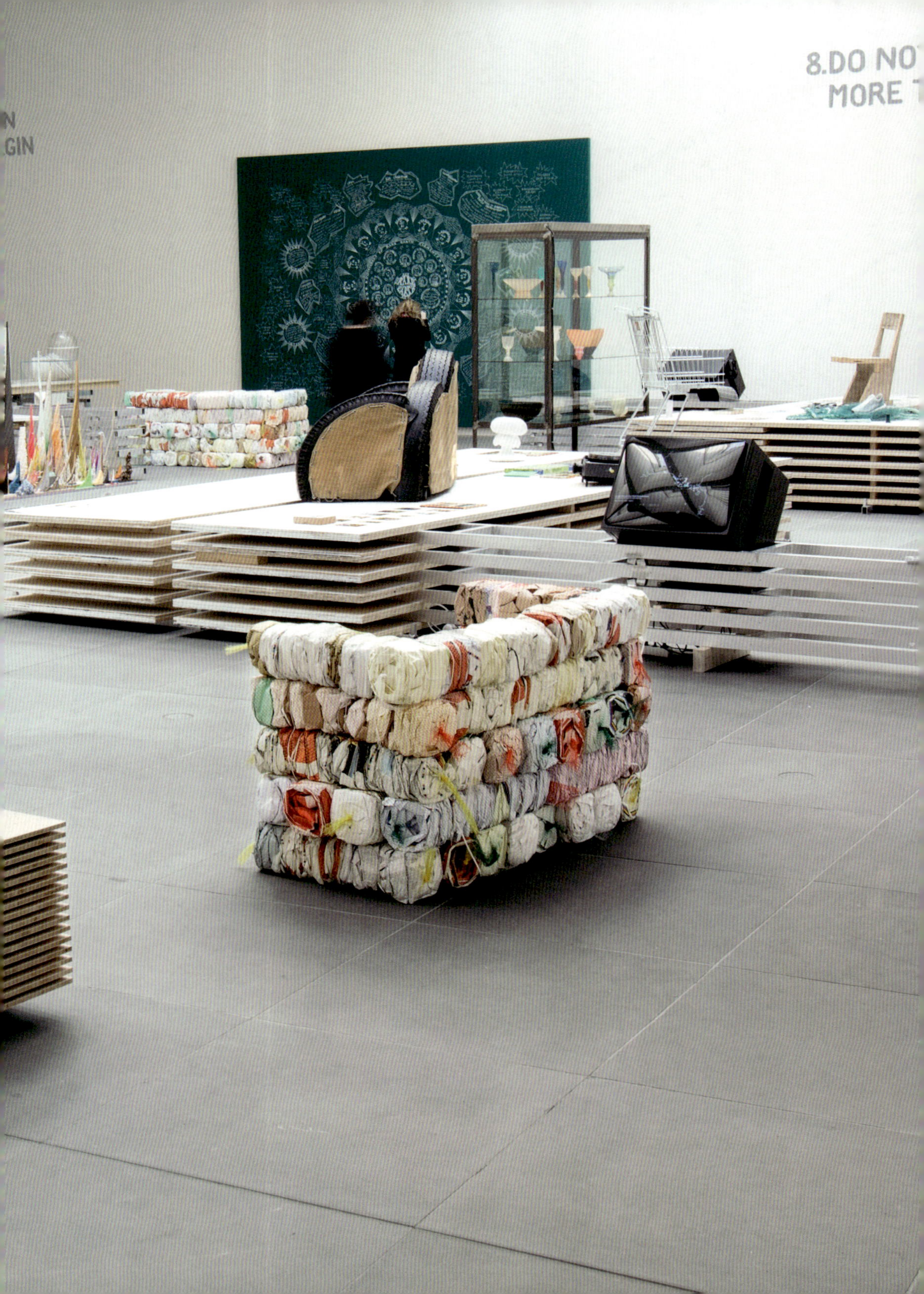
8.DO NO
MORE T

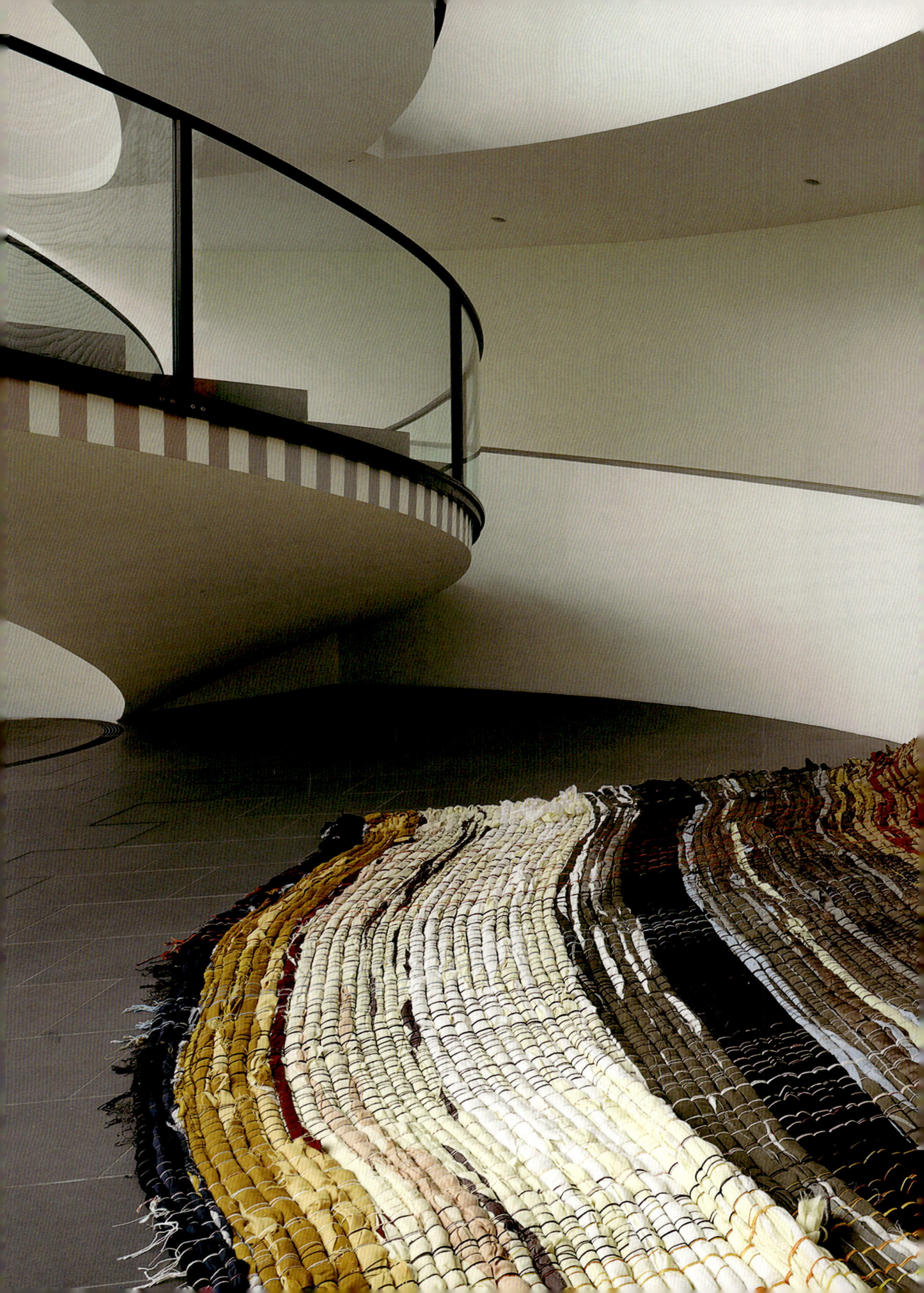

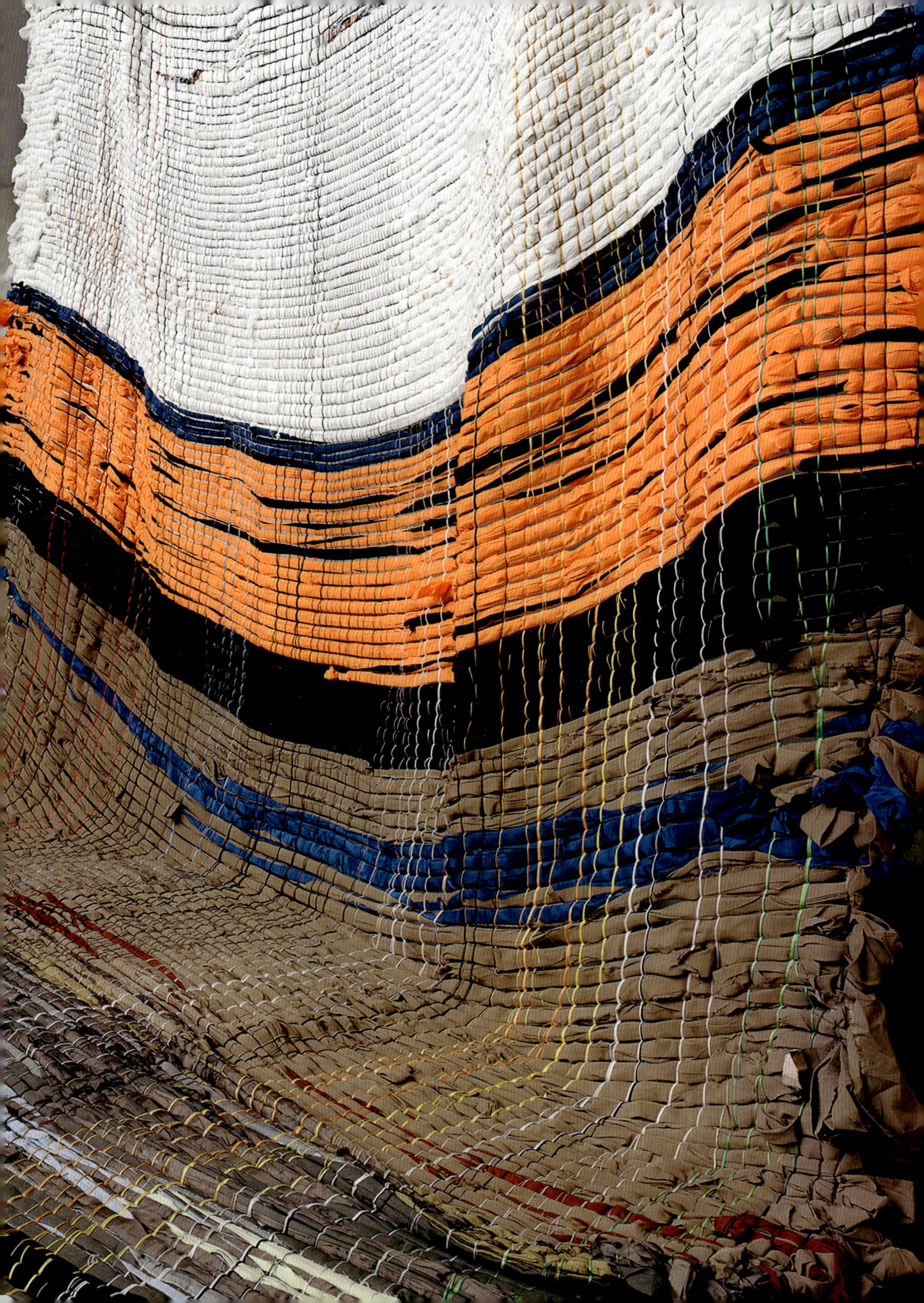

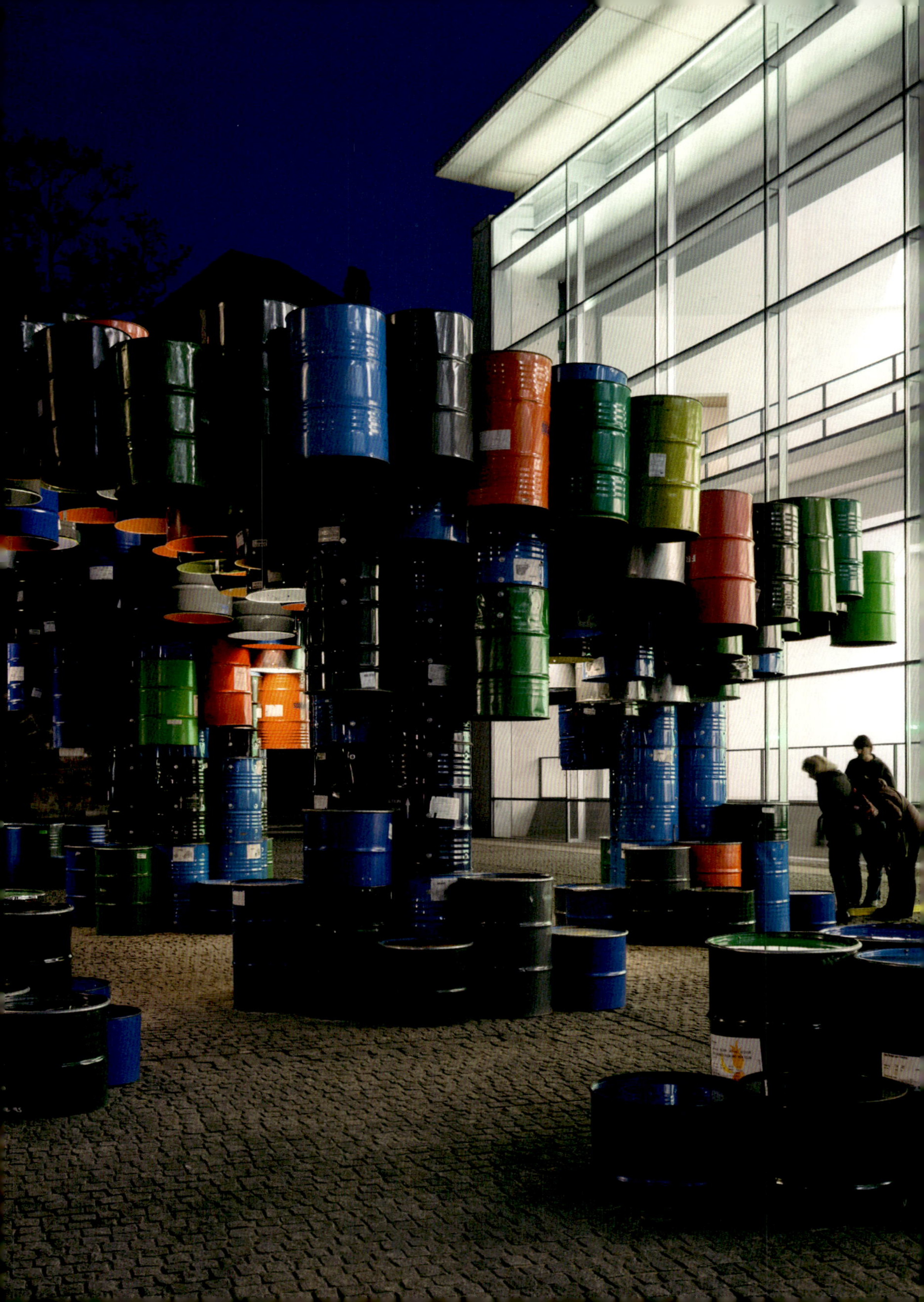

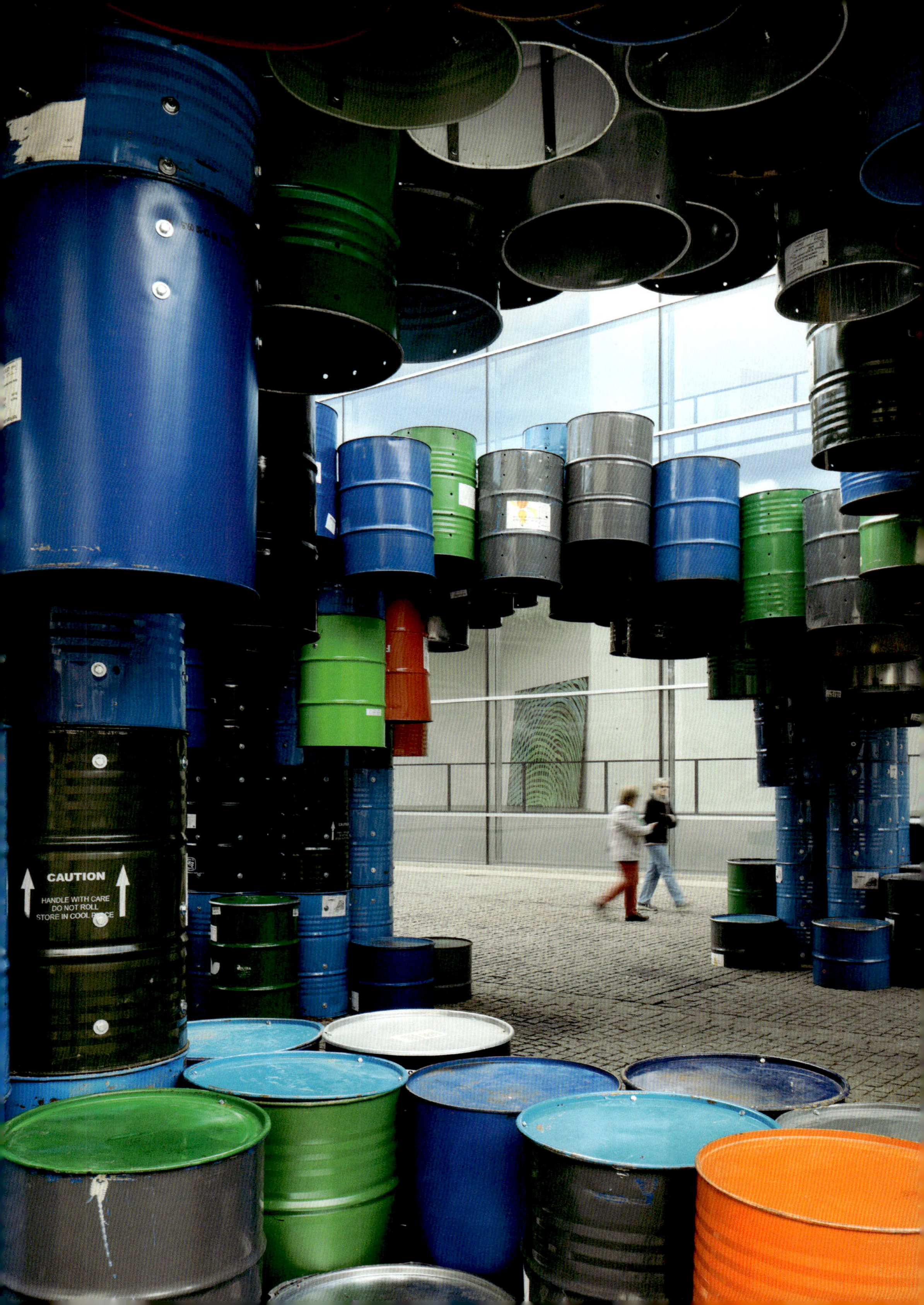

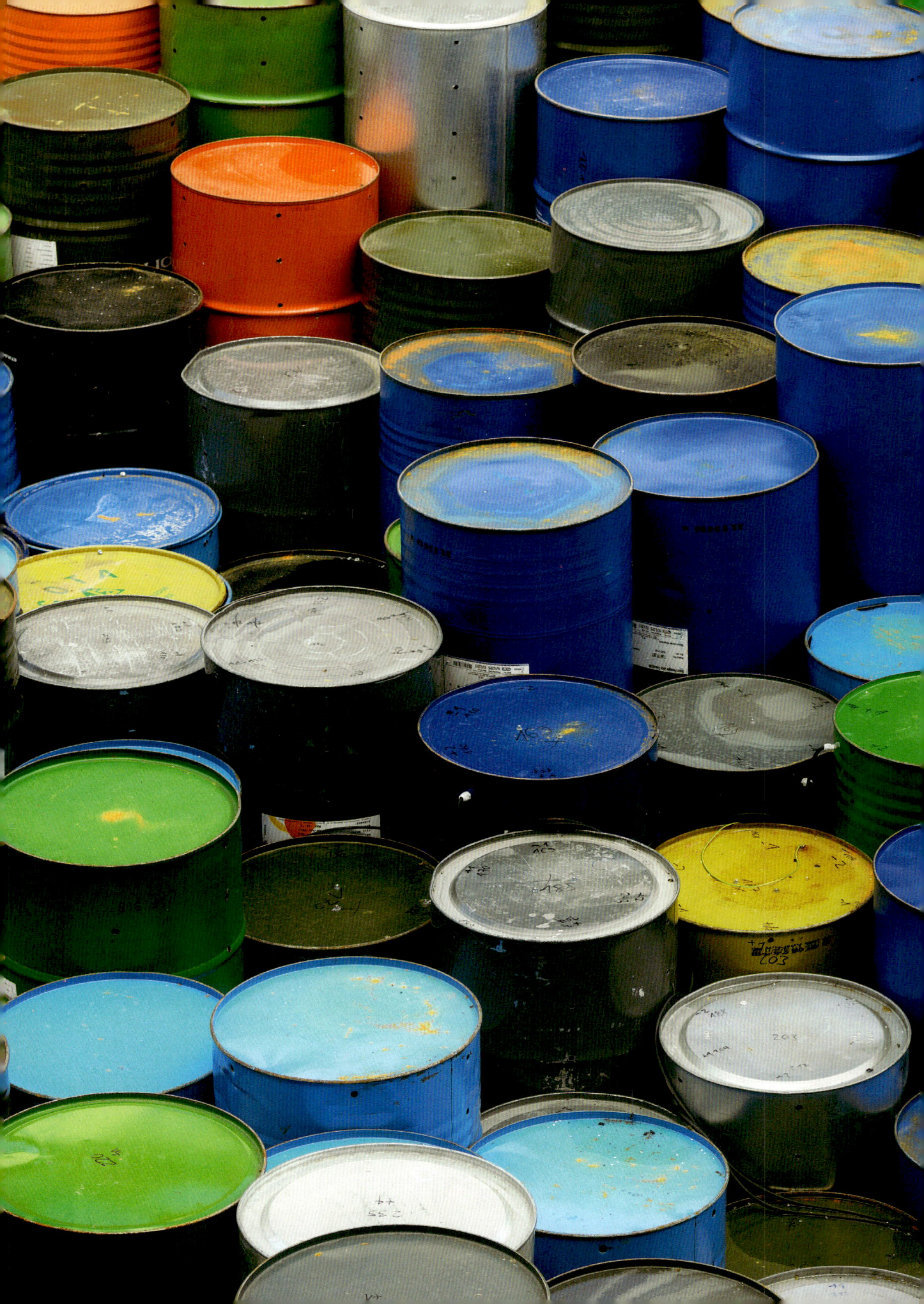

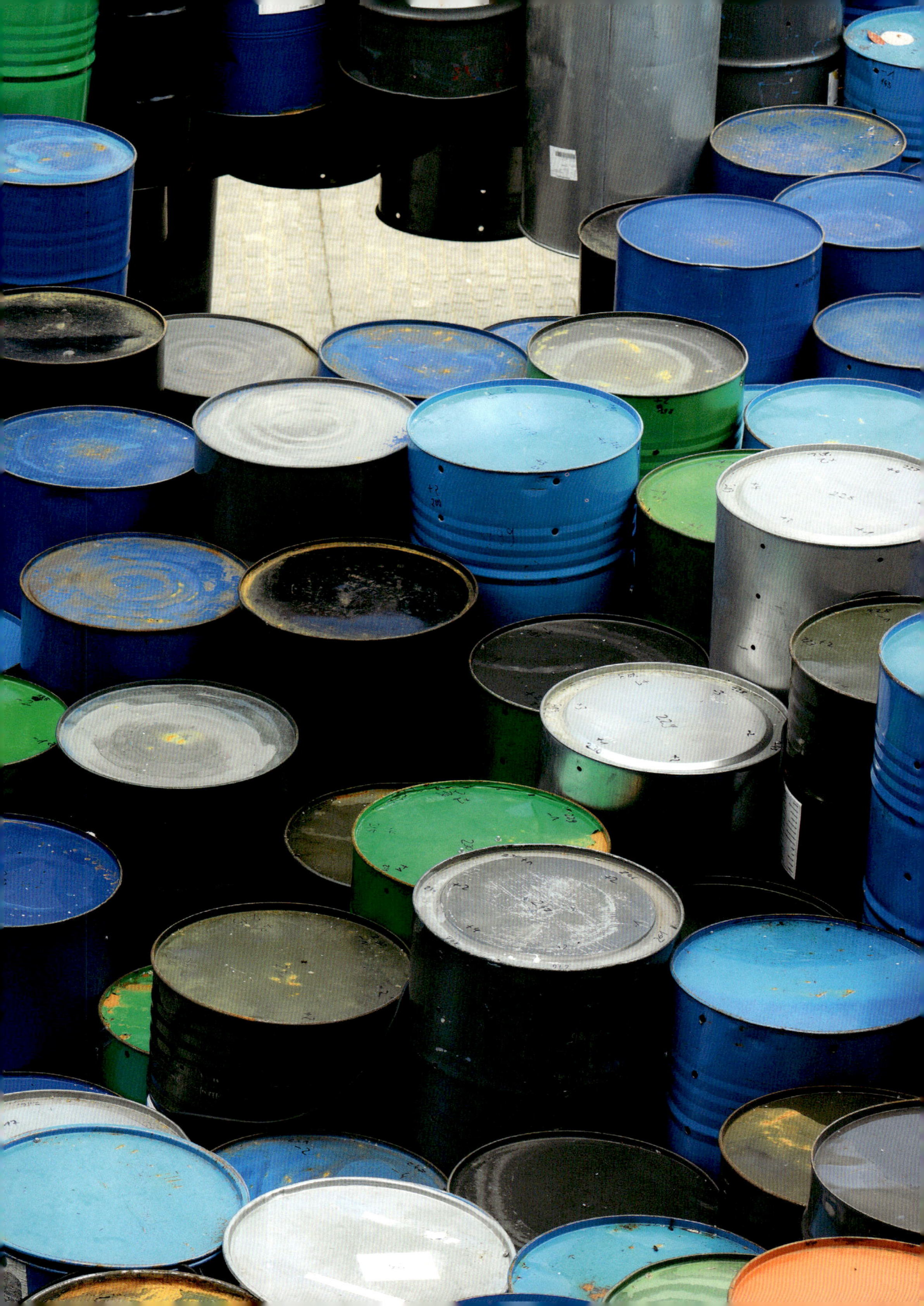

10. Make all these steps easy and cheap for yourself and others to achieve.

Temple of No Shopping is the title of a temporary installation on Klarissenplatz by raumlaborberlin that carries the themes of the exhibition out into public space. The pavilion constructed using 500 coloured metal barrels extends as a roof in front of the museum. It materializes the central theme from the show: scarcity of resources. The large number of barrels stands for the huge quantity of goods that are transported around the globe every day. This is above all a critique of the long-distance shipping that we now accept in order to satisfy our consumer behaviour. Many import-export goods are transported in barrels of this kind including, in the case of those used for the temple, exotic juices from over two dozen locations. Throughout the summer, the temple will offer a place to meet in Nuremberg outside the commercialized pedestrian zone. This creates a free space within the city where people can spend time and think, rather than merely consuming. As the venue for the WEtransFORM Festival, the *Temple of No Shopping* offers a spatial structure for lectures, panel discussions, workshops and other activities during which the scenarios presented in the exhibition will be dealt with in more detail and where promising developments can be discussed.

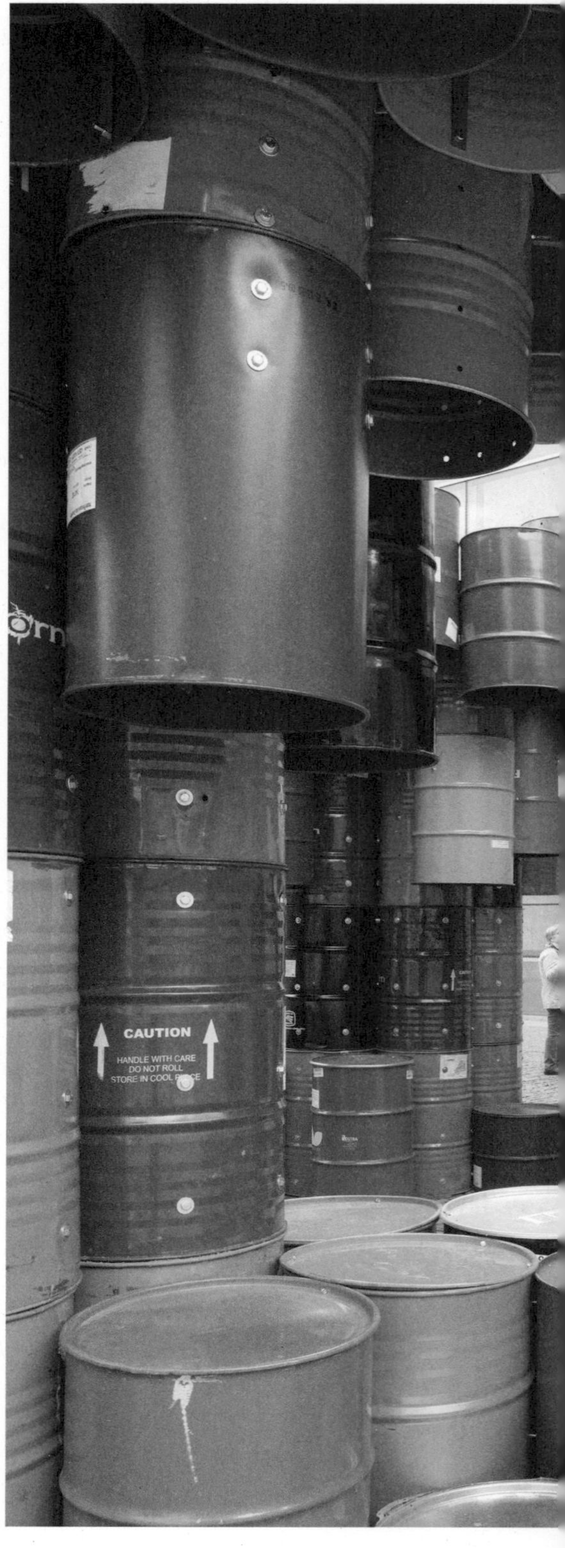

RAUMLABORBERLIN
Temple of No Shopping, 2016
ca. 13 x 13 x 5,3 m
495 Spannringfässer, Stahl, Schrauben, Sand, Beleuchtung
Francesco Apuzzo, Jan Liesegang
mit Anna Derriks und Pola Buske
(Aufbauteam: Markus Burkard, Eduardo Conceição, Ulrich Hirschmüller, Jonas Johnke, Julius Jurkiewitsch, Ben Penz, Hendrik Sell, Vincent Walter, Patrice Zaag)
Courtesy raumlaborberlin und Neues Museum, Nürnberg

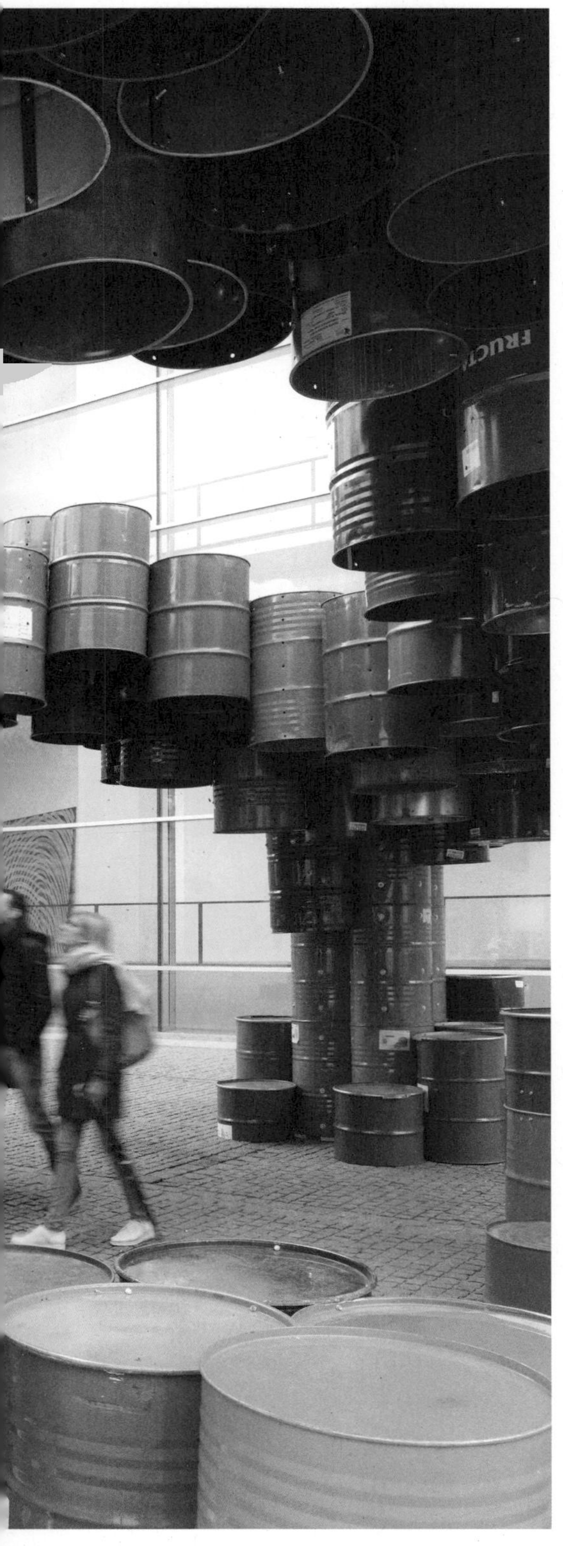

Temple of No Shopping nennt sich die temporäre Installation auf dem Klarissenplatz von raumlaborberlin, mit der Themen der Ausstellung in den öffentlichen Raum getragen werden. Der aus knapp 500 farbigen, metallenen Fässern entwickelte Pavillon erstreckt sich als Dachformation vor dem Museum. Er versinnbildlicht das zentrale Thema der Ausstellung: Ressourcenknappheit. Die große Anzahl der Fässer steht stellvertretend für die enorme Menge an Waren, die in unserer globalisierten Welt jeden Tag rund um den Globus transportiert wird. Darin formuliert sich vor allem die Kritik an langen Transportwegen, die wir heute selbstverständlich akzeptieren, um unser Konsumverhalten zu befriedigen. Ein Großteil der Import-Export-Ware wird in ebensolchen Fässern verschifft. In den in Nürnberg verwendeten Fässern wurden zuvor exotische Säfte aus über zwei Dutzend Destinationen transportiert. Über den Sommer bietet der Tempel die Möglichkeit, sich im Stadtraum auch außerhalb der kommerzialisierten Fußgängerzone zu begegnen. So entsteht ein Freiraum in der Stadt, an dem verweilt, nachgedacht und nicht nur konsumiert werden will. Als Veranstaltungsort des WEtransFORM-Festivals bietet der *Temple of No Shopping* räumliche Struktur für Vorträge, Lesungen, Panels, Workshops, Verkostungen und weitere Aktionen, bei denen in der Ausstellung vorgestellte Szenarien vertieft und zukunftweisende Entwicklungen diskutiert werden.

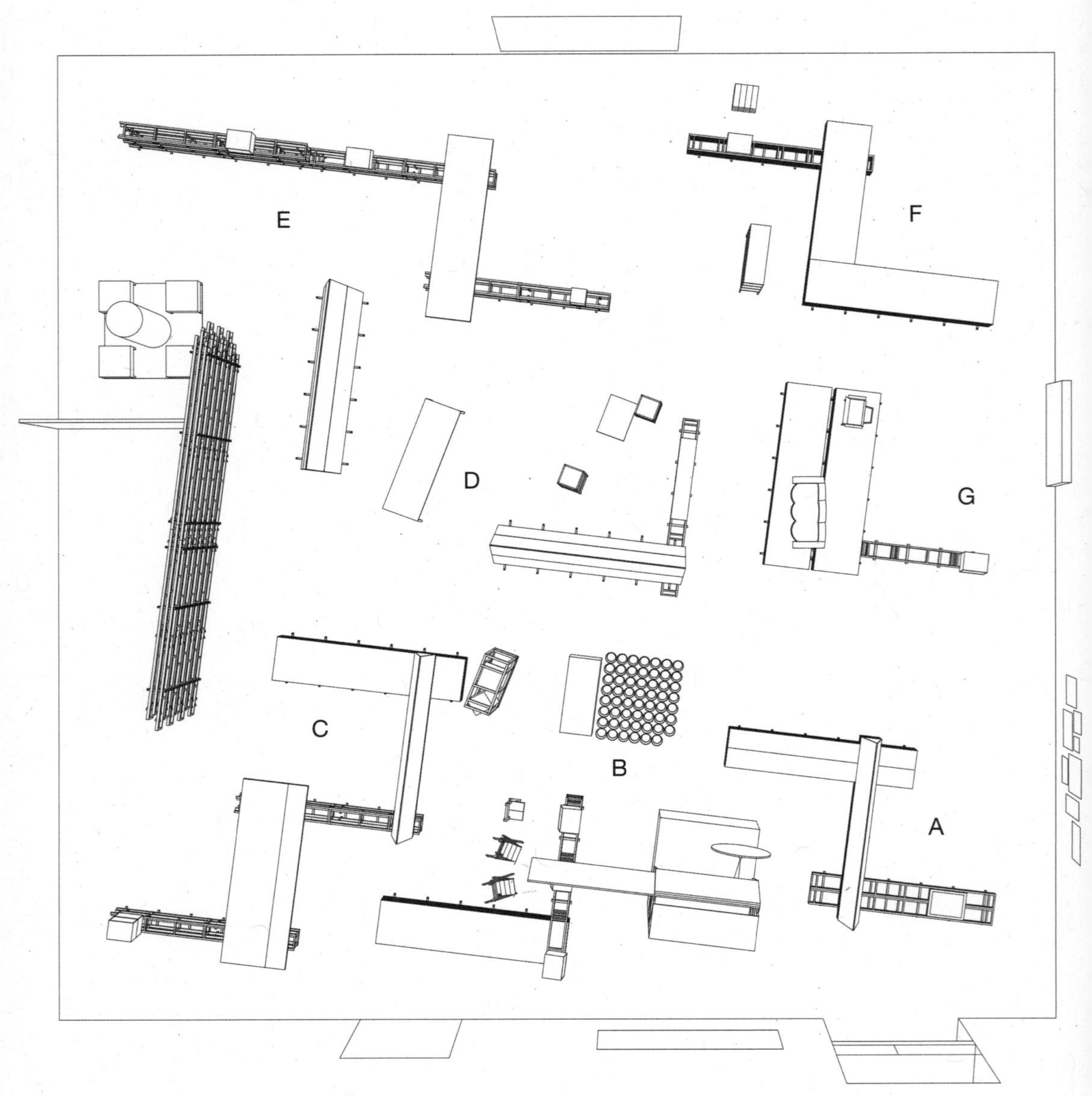

A — WELTBILDER DER GLOBALISIERUNG / IMAGES OF GLOBALIZATION
B — WERKZEUGE FÜR DIE DESIGNREVOLUTION / TOOLS FOR THE DESIGN REVOLUTION
C — GESTALTEN FÜR DIE WIRKLICHE WELT / DESIGNING FOR THE ACTUAL WORLD
D — WALDEN
E — WELT ERNÄHREN / FEEDING THE WORLD
F — MÜLLPLANET / PLANET TRASH
G — DIE ERDE WIRD GEPLÜNDERT / PLUNDERING THE EARTH

A – WELTBILDER DER GLOBALISIERUNG

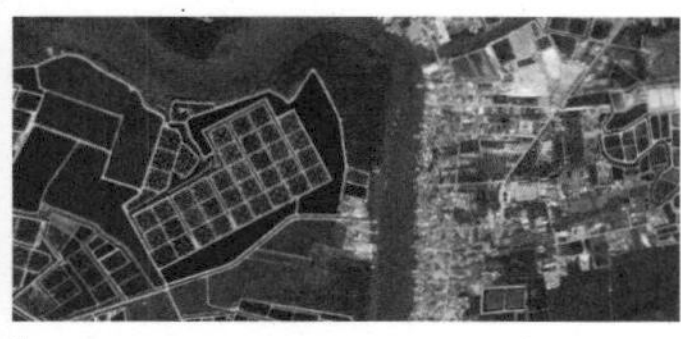

1

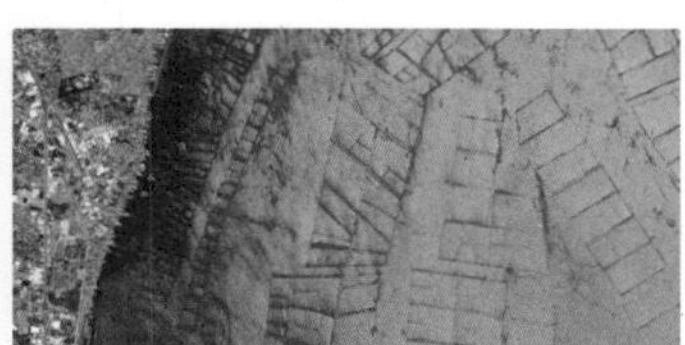

2

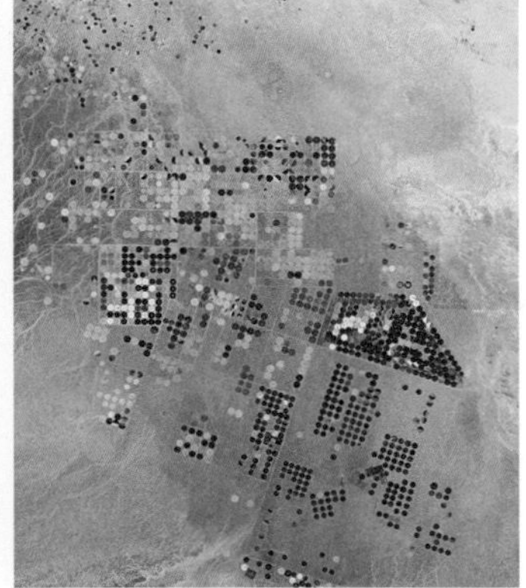

3

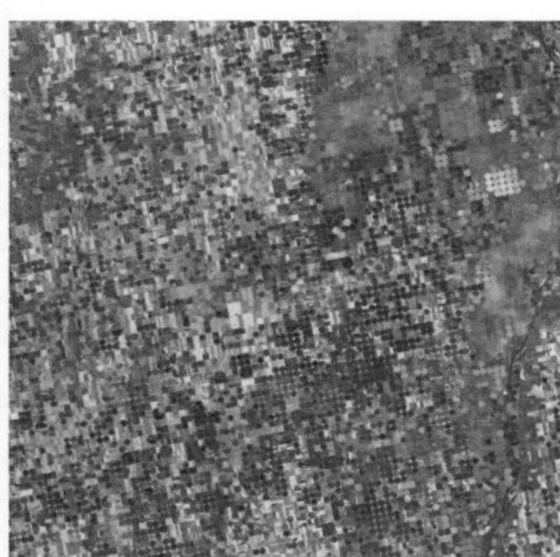

4

5

DEUTSCHES ZENTRUM FÜR LUFT- UND RAUMFAHRT (DLR) / EARTH OBSERVATION CENTER (EOC)

1 Aquakultur in Thailand, 2006
C-Print auf Alu-Dibond
90 × 90 cm
Satellit: Quickbird, 60cm; Aufnahme: 8. Januar 2006; Darstellung: Echtfarben; Spektralkanäle: 0,63 – 0,69 µm, 0,52 – 0,60 µm, 0,45 – 0,52 µm; Copyright: DigitalGlobe provided by European Space Imaging

2 Aquakultur vor den Philippinen (Laguna de Bay), 2009
C-Print auf Alu-Dibond
90 × 90 cm
Satellit: Quickbird, 60cm; Aufnahme: 11. Mai 2009; Darstellung: Echtfarben; Spektralkanäle: 0,63 – 0,69 µm, 0,52 – 0,60 µm, 0,45 – 0,52 µm; Copyright: DigitalGlobe provided by European Space Imaging

3 Bewässerungsanlage in Wadi as-Shirhan, Saudi-Arabien, 2000
C-Print auf Alu-Dibond
90 × 90 cm
Satellit: Landsat-7; Sensor: Enhanced Thematic Mapper (ETM+); Auflösung: 30 Meter; Aufnahme: 12. September 2000; Darstellung: Falschfarben; Spektralkanäle: 0,78 – 0,90 µm, 0,63 – 0,69 µm, 0,53 – 0,61 µm; Datenquelle: University of Maryland, Global Land Cover Facility (GLCF)

4 Landwirtschaft in Kansas, USA, 2000
C-Print auf Alu-Dibond
90 × 90 cm
Satellit: Landsat-7; Sensor: Enhanced Thematic Mapper (ETM+); Auflösung: 30 Meter; Aufnahme: 25. September 2000; Darstellung: Falschfarben; Spektralkanäle: sichtbares Licht und nahes Infrarot; Datenquelle: USGS/EROS Data Center, Sioux Falls, South Dakota

5 Obst- und Gemüseplantagen in Spanien (El Mar del plastico), 2003
C-Print auf Alu-Dibond
90 × 90 cm
Satellit: Ikonos, 1m; Aufnahme: 21. September 2003; Darstellung: Echtfarben; Spektralkanäle: 0,63 – 0,69 µm, 0,52 – 0,60 µm, 0,45 – 0,52 µm; Copyright: European Space Imaging

6 Austrocknung des Aralsees, 1962–2009
Video, Farbe, kein Ton, 0:40 Min.
Copyright: DLR/EOC

7 Veränderung des Ozonloches vom 1. August bis 20. Oktober 2015
Video, Farbe, kein Ton, 1:17 Min.
Copyright: DLR/EOC
Courtesy Deutsches Zentrum für Luft- und Raumfahrt (DLR) / Earth Observation Center (EOC)

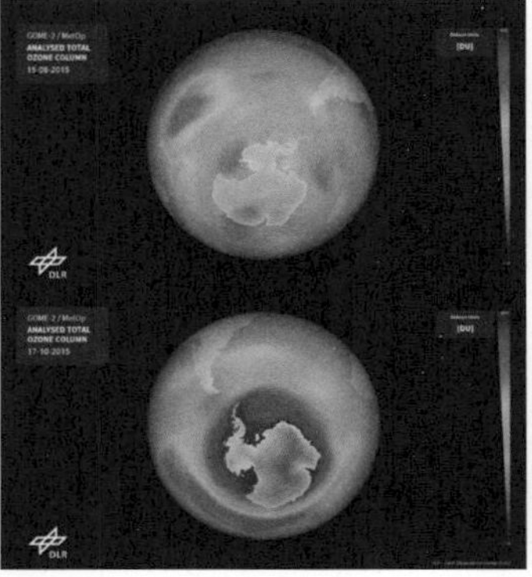

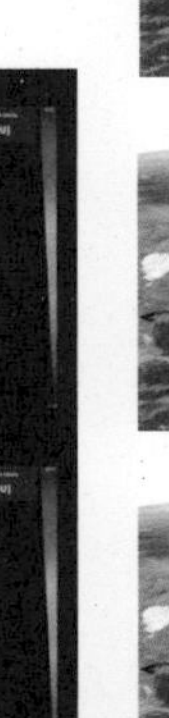

7

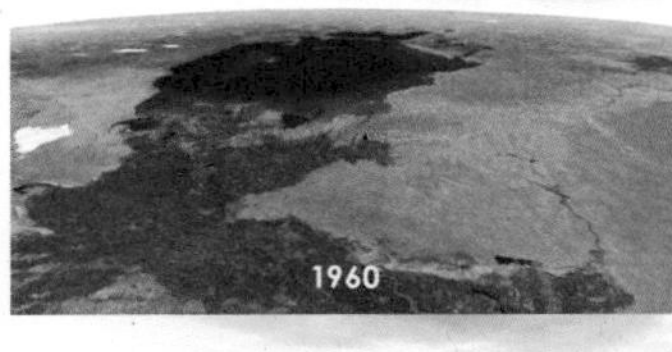

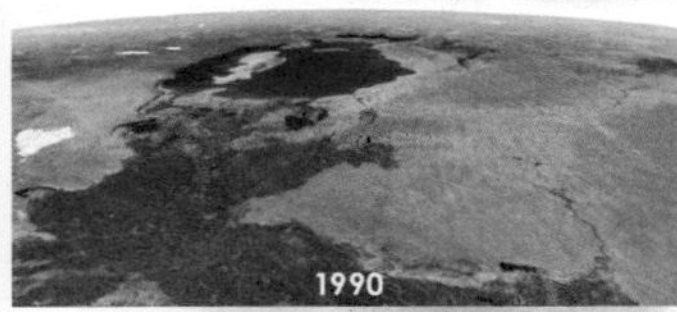

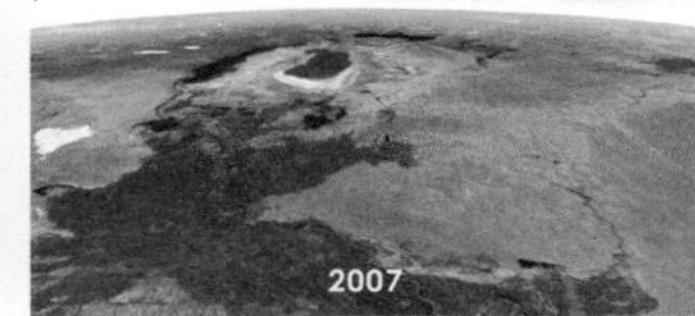

6

Sofern nicht anders angegeben, wurden die aufgeführten Publikationen und Objekte für die Ausstellung vom Neuen Museum Nürnberg erworben.

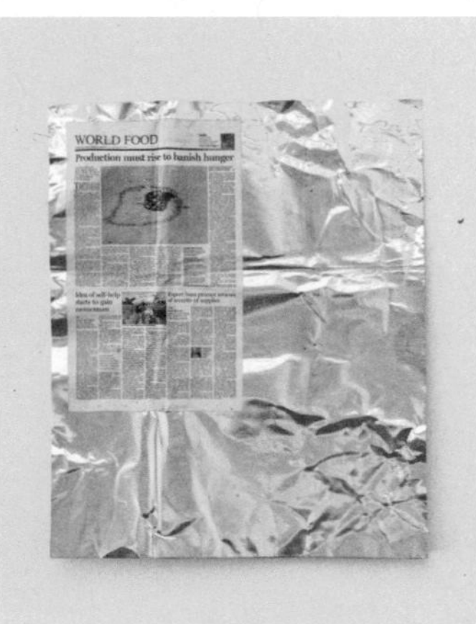

DORNIER SATELLITEN
SYSTEME GMBH
8   Satellit *ERS 2* (Werksentwurf), 1994
Metall, zum Teil mit Goldfolie
verkleidet
797 × min. 200 × max. 1000 cm
Courtesy Die Neue Sammlung –
The Design Museum, München

RICHARD BUCKMINSTER FULLER
9   *Dymaxion World Map,* 1938,
1967 und 1992
Digitaldruck
240 × 450 cm
The Fuller Projection Map design is
a trademark of the Buckminster
Fuller Institute. © 1938, 1967 & 1992.
All rights reserved, www.bfi.org

TUE GREENFORT
10   *Darf's vielleicht noch etwas mehr
sein? (2008),* 2014
130 × 100 × 5 cm
11   *Production Must Rise to Banish
Hunger (2010),* 2014
88 × 69 × 9 cm
12   *Study Finds Proof of Man-made
Climate Change (2008),* 2014
45 × 74 × 3 cm (ohne Abb.)
13   *We Must Wring More from Each
Precious Drop (2010),* 2014
86 × 56 × 3 cm
14   *Your Dinner Can Have Far-reaching
Effects (2010),* 2014
88 × 55 × 8 cm (ohne Abb.)
15   *After the Oil (2011),* 2014
109 × 77 × 12 cm (ohne Abb.)
16   *Er der altid plads til én til? (2011),*
2014
130 × 100 × 13 cm (ohne Abb.)
17   *Global Fish Reveals Its Dark Side
(2011),* 2014
130 × 98 × 8 cm (ohne Abb.)
18   *Es grünt nicht mehr so grün (2013),*
2014
57 × 38 × 2,5 cm (ohne Abb.)
Alle Werke:
Inkjettransfer auf Metallblech
Courtesy Tue Greenfort und
KÖNIG GALERIE

11

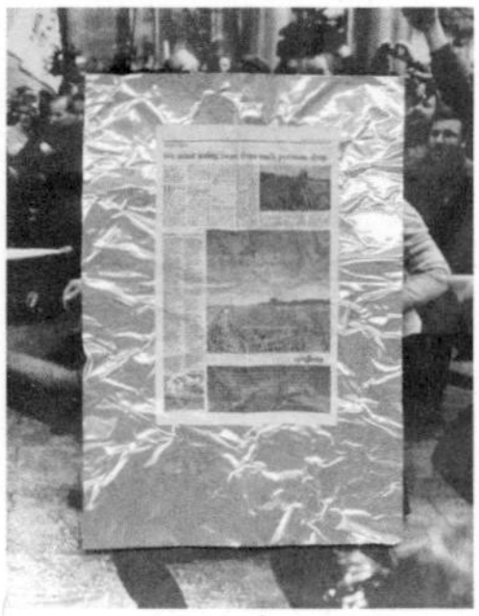

13

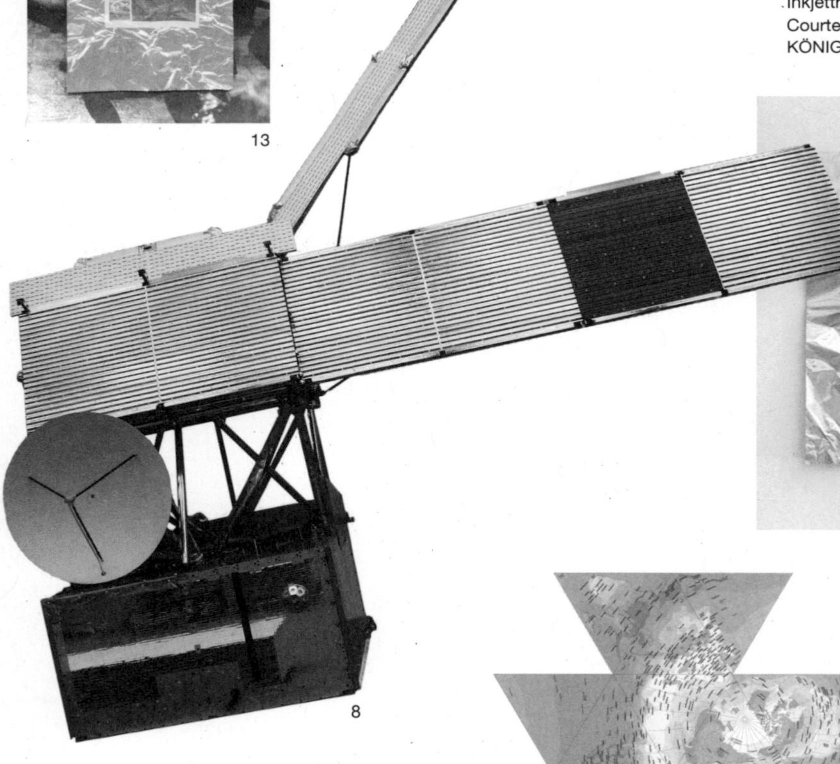

8

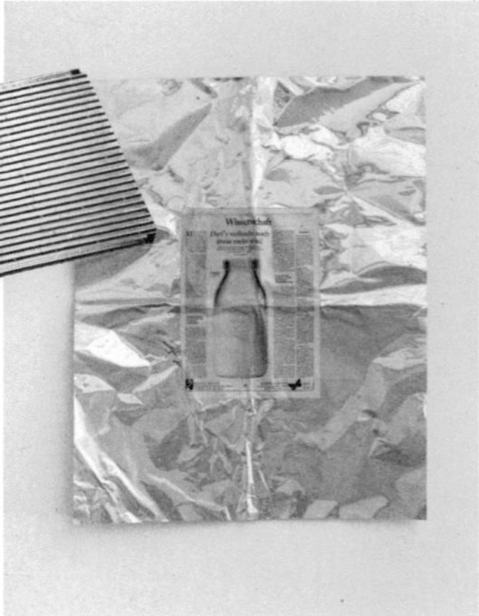

10

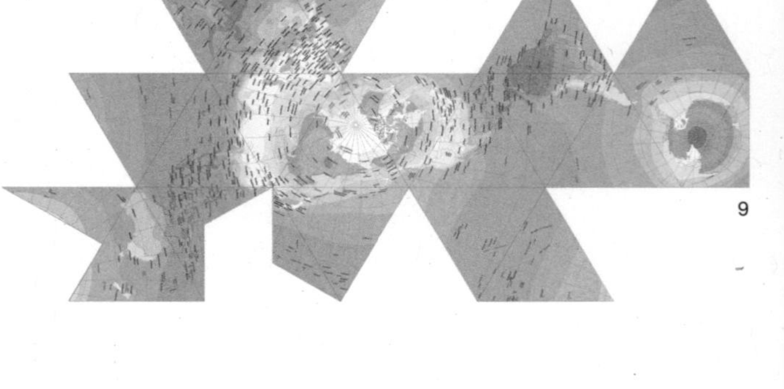

9

JOAN GROSSMAN
19 *Drop City,* 2012
HD-Video, Farbe, Ton, 82 Min.
Courtesy Joan Grossman

RAUMLABORBERLIN
20 *Mappa Mundi,* Berlin 2011
Digitaldruck, 346 × 245 cm
Im Auftrag der Uzin Utz AG, im Rah-
men der Ausstellung *Die Zukunft
unter uns,* Matthias Rick mit Anika
Neubauer, Cécile Oberkampf,
Eduardo Conceição, Jia Gu, Matyas
Cigler, Mikulas Novotony, Nick Green
Courtesy raumlaborberlin

PUBLIKATIONEN:
21 *Atlas der Globalisierung spezial – Klima*
Le Monde diplomatique (Hg.), taz
Verlags- und Vertriebs GmbH, 2008
22 *Atlas der Globalisierung –
Die Welt von morgen*
Le Monde diplomatique (Hg.), taz
Verlags- und Vertriebs GmbH, 2012
23 *Atlas der Globalisierung –
Weniger wird mehr*
Le Monde diplomatique (Hg.), taz
Verlags- und Vertriebs GmbH, 2015
24 Richard Buckminster Fuller
*Bedienungsanleitung für das Raum-
schiff Erde und andere Schriften,*
Rowohlt Taschenbuch Verlag, 1973
[engl. Originalausgabe 1969]
25 Ernst Friedrich Schumacher
*Small is Beautiful. A Study of Eco-
nomics as if People Mattered,* Sphere
Books Ltd., 1978 [Originalausgabe
1973]
26 *Time Magazine*
Vol. 82, Nr. 2, Time Inc., 10. Januar
1964
27 *Whole Earth Catalog*
Stewart Brand (Hg.), Portola
Institute, Inc., März 1970
28 *Whole Earth Catalog*
Stewart Brand (Hg.), Penguin Books,
Juni 1975

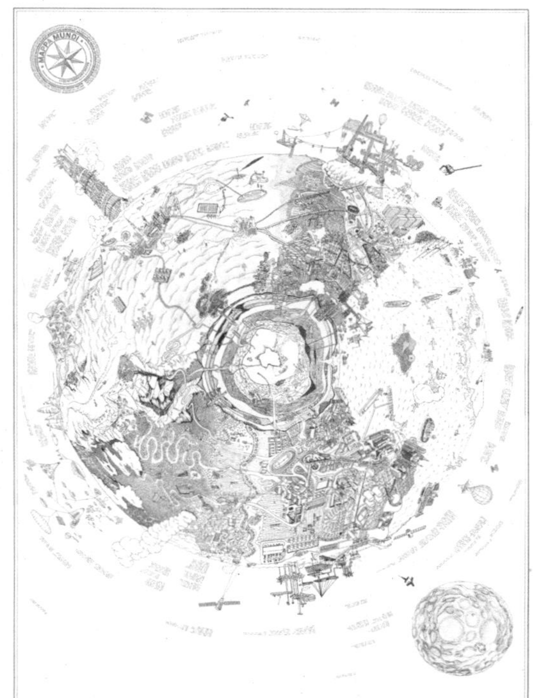

20

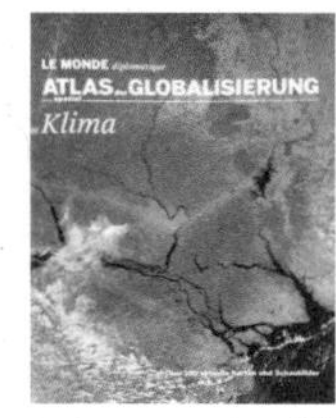

21

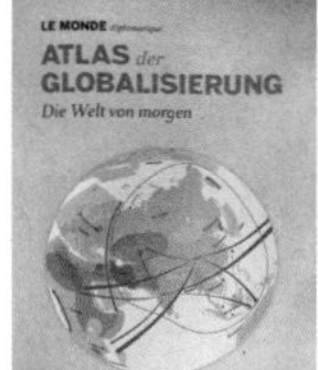

22

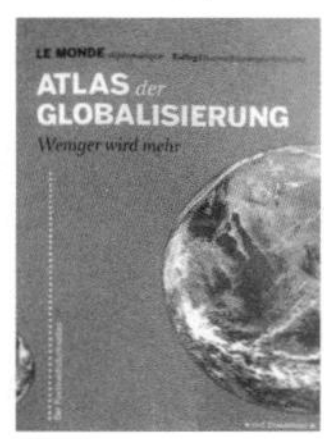

23

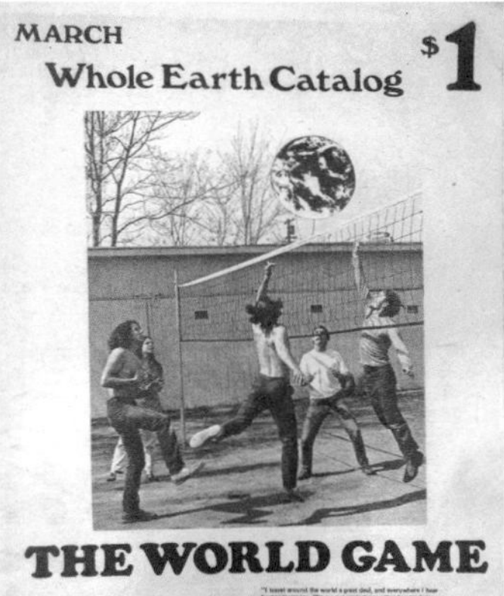

27

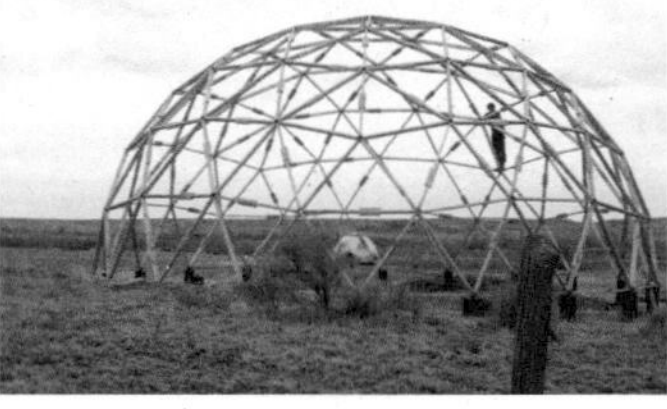

19

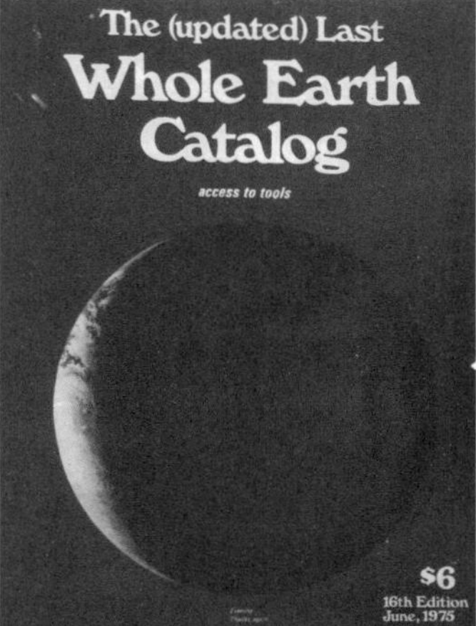

28

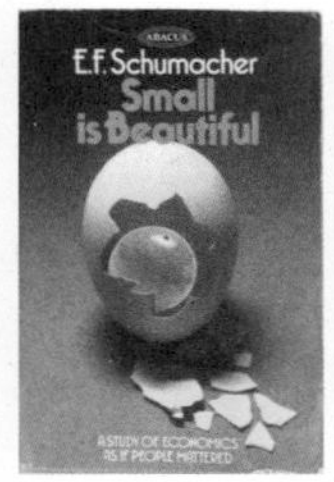

25

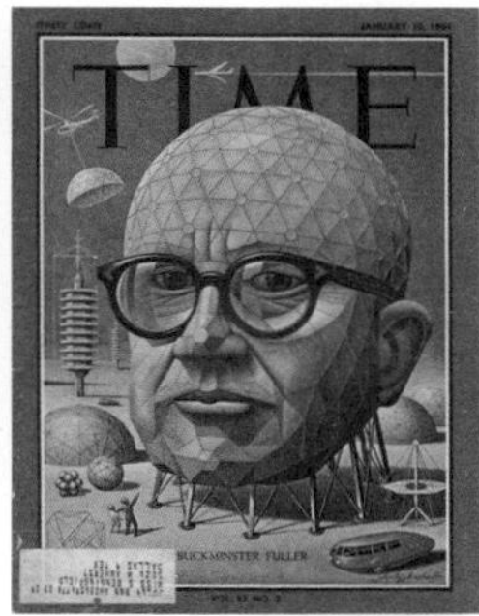

26

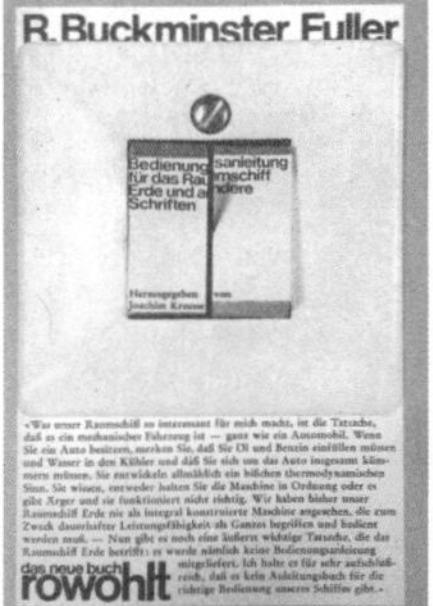

24

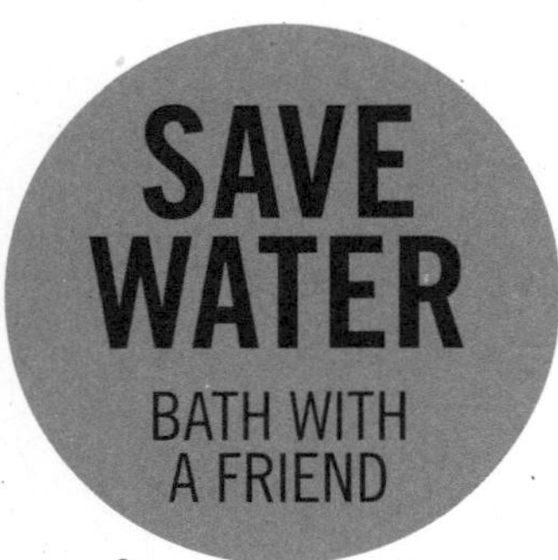

6

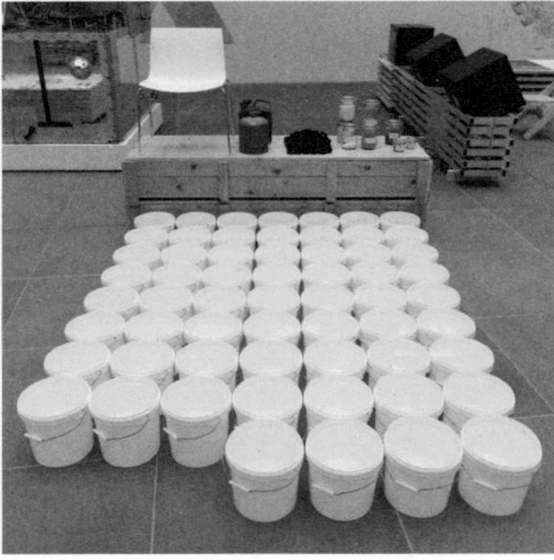

1

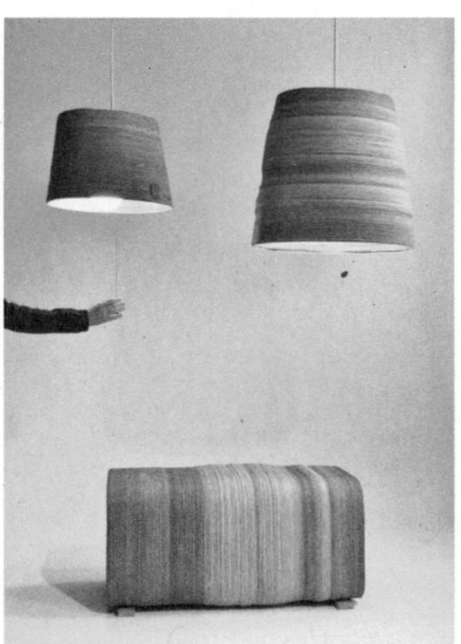

4

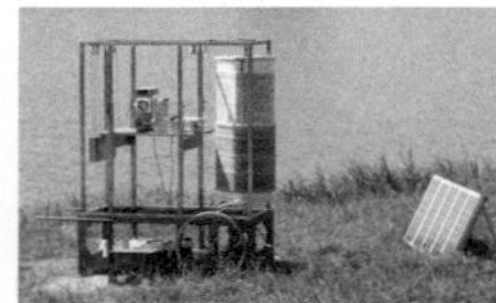

3

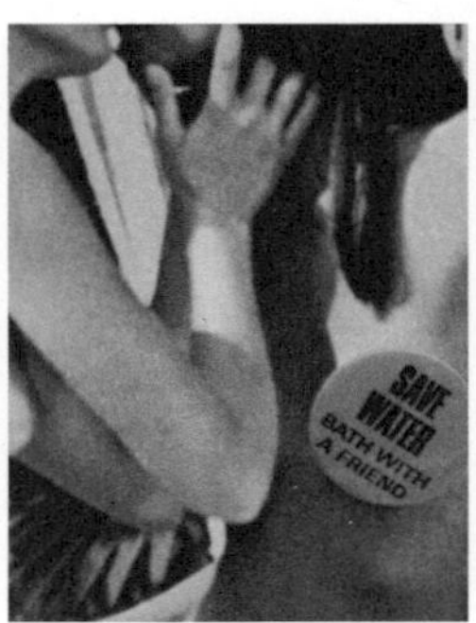

5

**IDRV – INSTITUTE OF DESIGN
RESEARCH VIENNA**

1   *Werkzeuge für die Designrevolution,*
2012
60 Eimer, Wasser, Benzinkanister,
Gaskartusche, Kohle, Gläser
mit Chrom, Nickel, Eisen, Biomasse,
Kalk, Sand, Salz, Stuhl aus
Kunststoff und Metall
Maße variabel (WEtransFORM:
142 × 200 × 305 cm)
Courtesy IDRV – Institute of Design
Research Vienna

TEA MÄKIPÄÄ

2   *10 Commandments for the
21st Century,* 2007
Plakat
100 × 100 cm
Video, Farbe, Ton
16:56 Min.
Gebote auf Glasfassade, im
Treppenhaus und im Ausstellungs-
raum, ausgeführt von Markus Burkard
Schlämmkreide, Pigment
Maße variabel
Courtesy Tea Mäkipää

MISCHER'TRAXLER STUDIO

3   *the idea of a tree,* 2008 – fortlaufend
Maschine „Recorder One", 2008
Solarpanel, Stahl, Holz, elektronische
Komponenten
145 × 65 × 185 cm
Video, Farbe, Ton, 3:59 Min.

4   1 Hocker, Tokio, 1. November 2009
Recycelte Baumwolle, Leim, Harz,
Glasfaser, Eichenfüße
ca. 40 × 40 × 70 cm
2 Lampenschirme, Linz, 8. September
2009 und Naples/Riot, 30. April 2011
Recycelte Baumwolle, Leim, Harz,
Elektronik
ca. 40 × 26 cm, Höhe variabel
Courtesy mischer'traxler studio

ALEJANDRO MOSQUERA OCHOA

5   *Save Water Bath With a Friend,* 2011
2 Poster: Fotografien eines Compu-
termonitors mit einem tumblr Foto
(deepervalley.tumblr.com)
38,5 × 28 cm und 56 × 72,5 cm
6   Buttons: Reinterpretation einer Kam-
pagne der 1970er Jahre
Durchmesser 3,2 cm
Courtesy Alejandro Mosquera Ochoa

10 GEBOTE FÜR DAS 21. JAHRHUNDERT:

1. Fliege nicht.
2. Recycle.
3. Benutze Fahrrad oder öffentliche Verkehrsmittel anstatt des Autos.
4. Meide alle Produkte mit Plastikverpackungen.
5. Vermeide das Heizen und das Benutzen von Klimaanlagen, wenn
   möglich.
6. Meide alle Produkte, die von weither kommen.
7. Kaufe nichts, bei dem du dir nicht wirklich sicher bist, dass du es
   brauchst.
8. Produziere nicht mehr als 2 Kinder.
9. Kultiviere, bebaue oder verbrauche kein unberührtes Wasser oder Land.
10. Mache all diese Schritte für dich und andere günstig
    und leicht zugänglich.

2

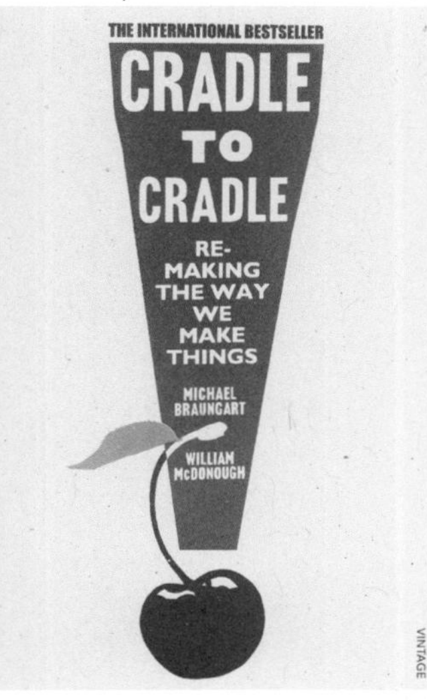

10

RAUMLABORBERLIN

7 *The Generator/Sedia Veneziana*, Venedig, 2010
Beitrag für die 12. Architektur-Biennale, Venedig, *People Meet in Architecture*, Francesco Apuzzo, Frauke Gerstenberg, Jan Liesegang mit Lucia Pasquali, Christian Göthner
2 Stühle
Schalungsholz, Schrauben
65 × 55 × 105 cm
Video, Farbe, kein Ton, 3:39 Min.

8 *Sedia Barca*, Turin, 2012
Im Rahmen der Workshopreihe *Cantiere Barca*, Francesco Apuzzo, Jan Liesegang mit Stefano Ragazzo, kuratiert von a.titolo
2 Stühle
Holz recycelt (Gerüstbohlen), Schrauben
81 × 43 × 43 cm
Courtesy raumlaborberlin

SUPERFLEX

9 *2000 Watt Society Contract,* 2010
Digitaldruck
103 × 156 cm
Courtesy SUPERFLEX

PUBLIKATIONEN:

10 Michael Braungart / William McDonough
Cradle to Cradle. Remaking The Way We Make Things, Vintage, 2009
[Originalausgabe 2002]

11 *Hartz IV Moebel.com. Build More Buy Less. Konstruieren statt konsumieren!*
Van Bo Le-Mentzel (Hg.), Hatje Cantz Verlag, 2012

12 Victor Papanek / James Hennessey
Nomadic Furniture, Pantheon Books, 1973

13 *Werkzeuge für die Designrevolution*
IDRV – Institute of Design Research Vienna (Hg.), niggli Verlag, 2014

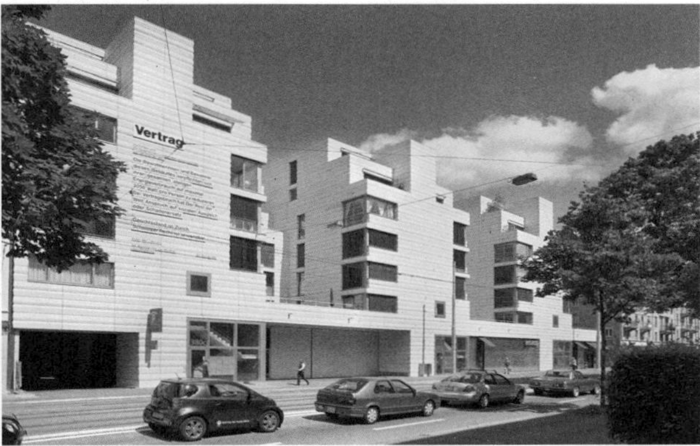

9

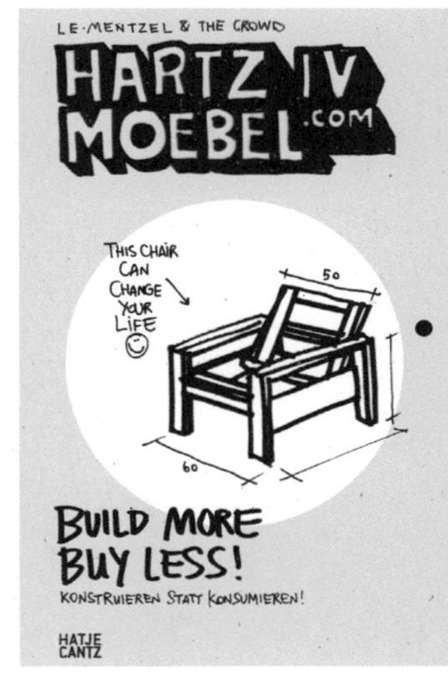

11

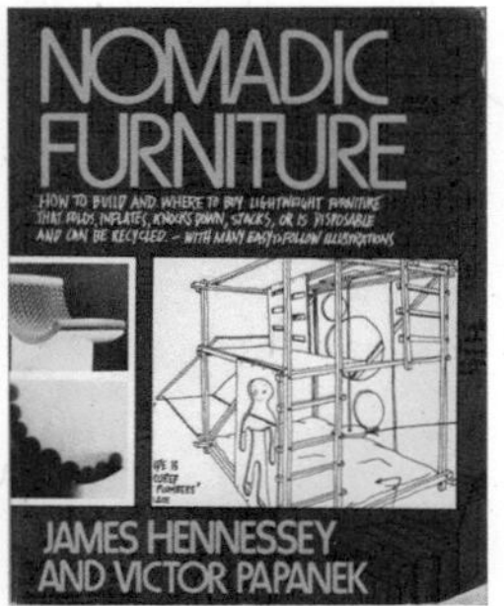

12

13

8

7

C — GESTALTEN FÜR DIE WIRKLICHE WELT

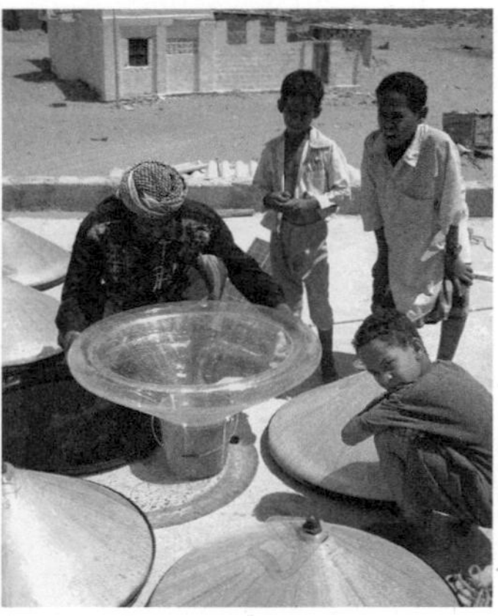

1

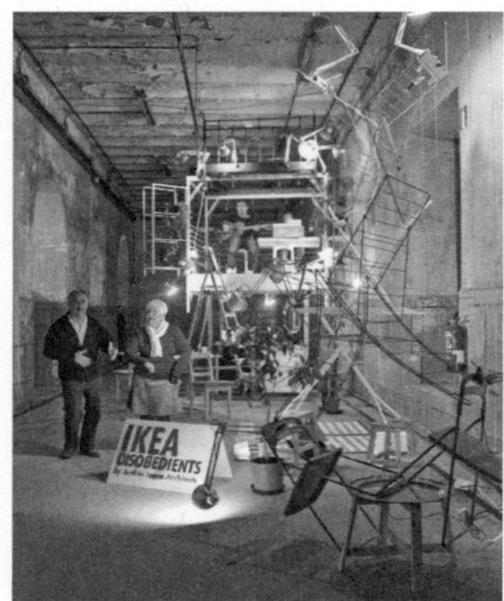

4

STEPHAN AUGUSTIN

1 *Watercone®*, 2002
Polycarbonat
35 cm, Durchmesser 68 cm

2 *Terracooler*, 2010
Terracotta
17 cm, Durchmesser 29 cm
Courtesy Stephan Augustin

VESTERGAARD FRANDSEN

3 *LifeStraw®*, 2005
Kunststoff, Filter
22 cm, Durchmesser 3 cm

ANDRÉS JAQUE / OFFICE FOR POLITICAL INNOVATION

4 *IKEA Disobedients NY*, 2012
Video, Farbe, Ton, 7:22 Min.
IKEA Disobedients Madrid, 2012
Video, Farbe, Ton, 8:53 Min.
Museum of Modern Art, New York.
Architecture & Design Purchase Fund (2012)
Courtesy Andrés Jaque / Office for Political Innovation

KVA KENNEDY & VIOLICH ARCHITECTURE, LTD.

5 *Portable Light Kit with Woven Wixarika Carry Bag*, 2005
Naturmaterlialien mit flexiblen Photovoltaikpaneelen und LED
33 × 35 × 4 cm
Gewebte Wixarika Tasche von Estéla Hernandez, Meisterweberin / Portable Light Kit entworfen vom interdisziplinären Portable Light Team
Courtesy KVA Kennedy & Violich Architecture, LTD.

LITTLE SUN

6 *Little Sun Original*, 2012
Plastikgehäuse, Solarlampe, elektronische Bauteile
3 cm, Durchmesser 12 cm

7 *Little Sun Charge*, 2016
Plastikgehäuse, Solarzellen, LED-Licht, elektronische Bauteile
14 × 14 × 2,4 cm

8 Je 2 Fotos zu *Little Sun Original* und *Little Sun Charge*
15 × 22,5 cm (ohne Abb.)
© Merklit Mersha, Gustavo Huber, Inka Recke, Little Sun

9 2 Kerosinlampen
je 13 cm, Durchmesser 8,5 cm (ohne Abb.)

10 Child's drawing, Zimbabwe, 2015
Buntstift und Filzstift auf Papier
122 × 91 × 1 cm
Courtesy Little Sun

VICTOR PAPANEK / GEORGE SEEGER

11 *Tin Can Radio*, 1962/2016
Finnpappe, Konservendose aus Blech, elektronische Bauteile (In-Ear Mono Kopfhörer, Germanium-Diode, Schaltlitze, Kupferlackdraht), Gummikordel, Klebefolie
18,5 × 20 × 25 cm
Neuinterpretation: Vandasye

JOÃO PINA

12 Beide Werke: Ohne Titel, 2013
Arapiuns River, Pará State, Brazilien
Farbfotografie
30 × 45 cm
Courtesy João Pina

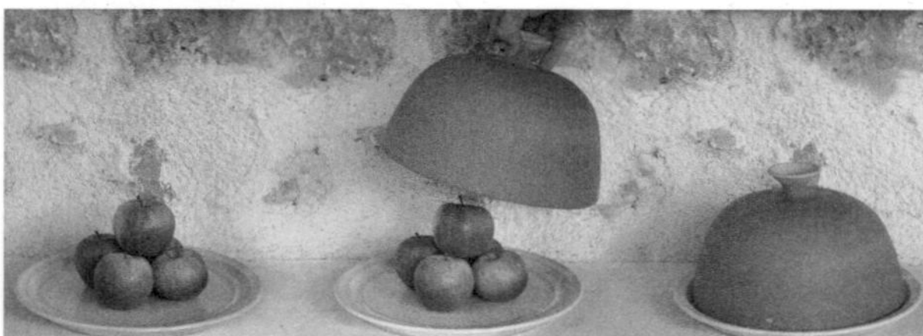

2

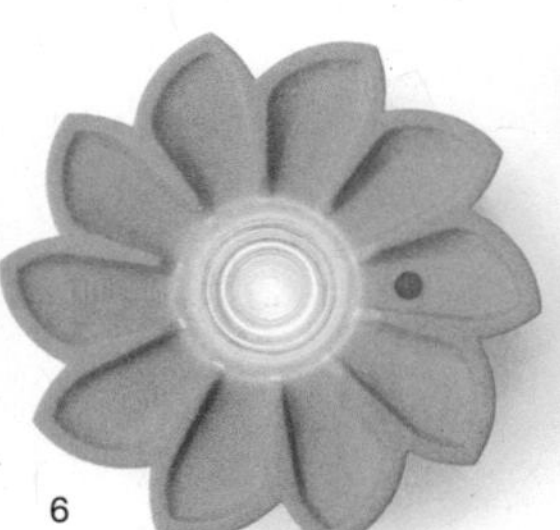

6

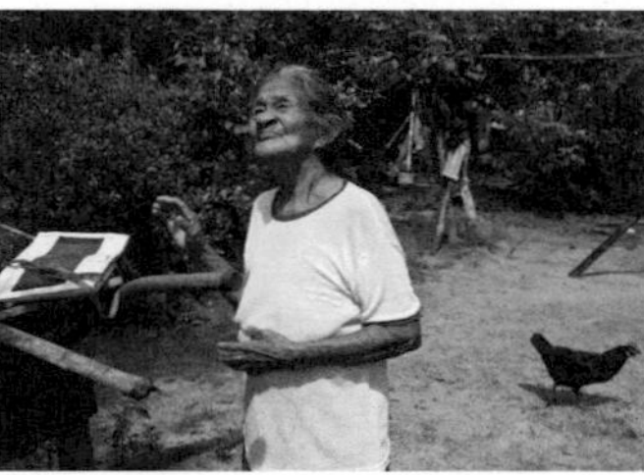

12

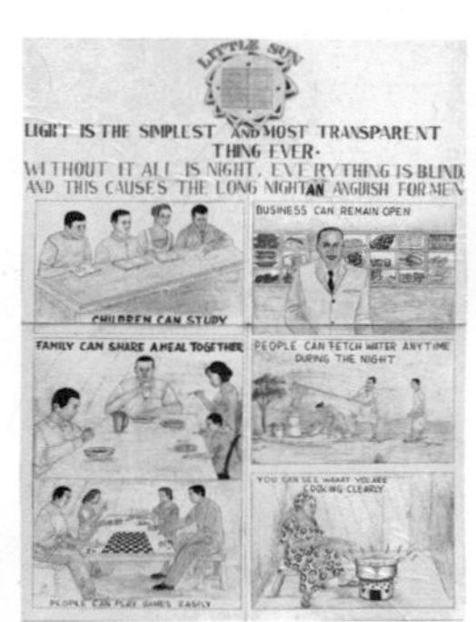

10

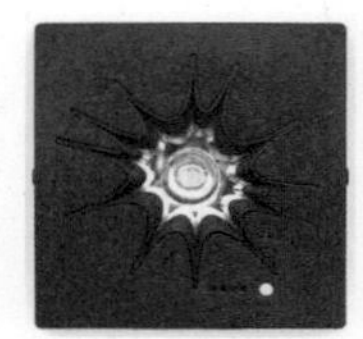

7

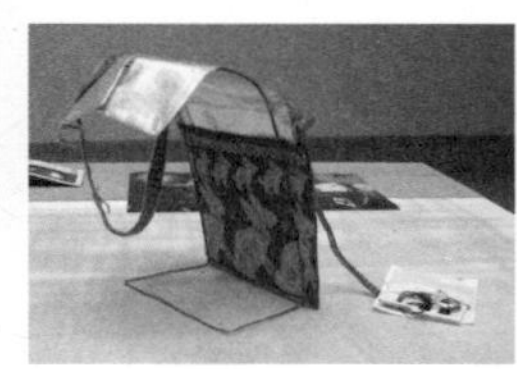

5

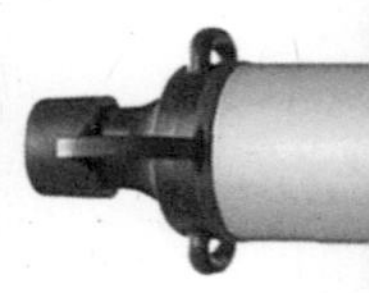

3

PUBLIKATIONEN:

13 *Design for the Other 90%*,
Cooper-Hewitt, National Design
Museum (Hg.), Assouline Publishing,
2007

14 Victor Papanek
*Das Papanek Konzept. Design für eine
Umwelt des Überlebens*, Nymphen-
burger Verlagsbuchhandlung, 1972
[schwed. Originalausgabe 1970]

15 Victor Papanek
Design for the Real World, Thames
and Hudson, 1972 [schwed. Originalausgabe 1970]

16 Victor Papanek
*Design for the Real World. Human
Ecology and Social Change*, Bantam
Books, 1973 [schwed. Originalaus-
gabe 1970]

17 Victor Papanek /
James Hennessey
Nomadic Furniture 2, Pantheon
Books, 1974

18 *Der Spiegel. Welt ohne Wasser.
Die gefährliche Vergeudung unseres
kostbarsten Rohstoffs*
Nr. 33, Spiegel-Verlag Rudolf Augstein, 2015

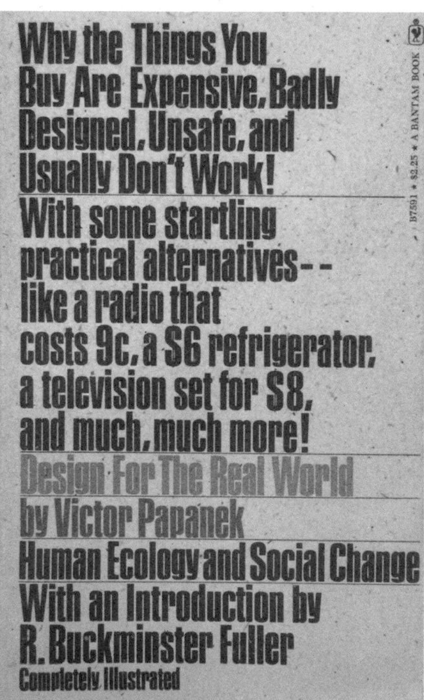

16

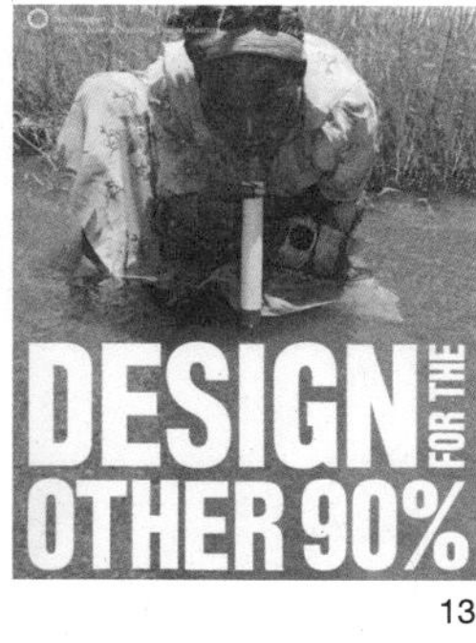

13

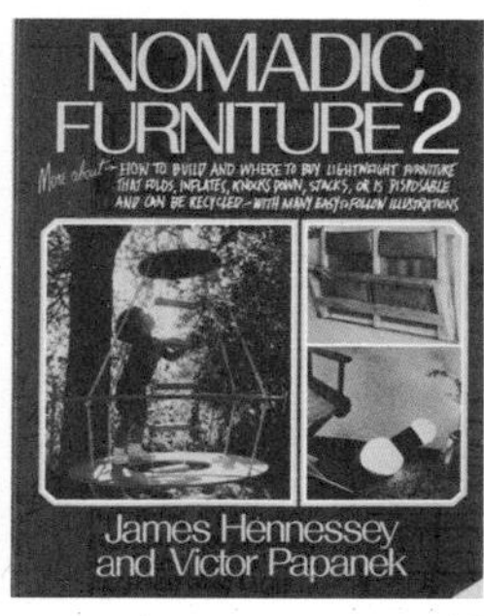

17

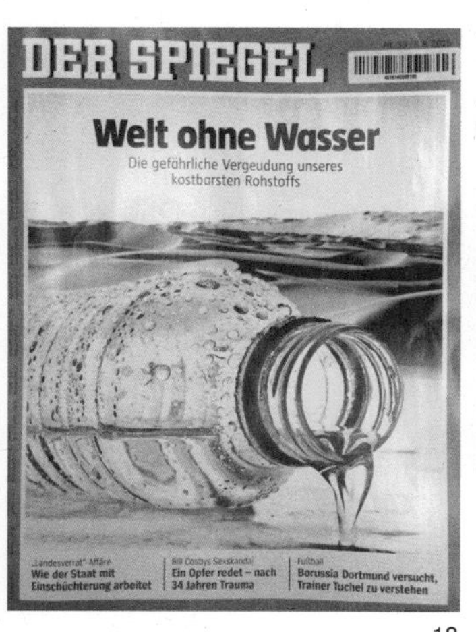

18

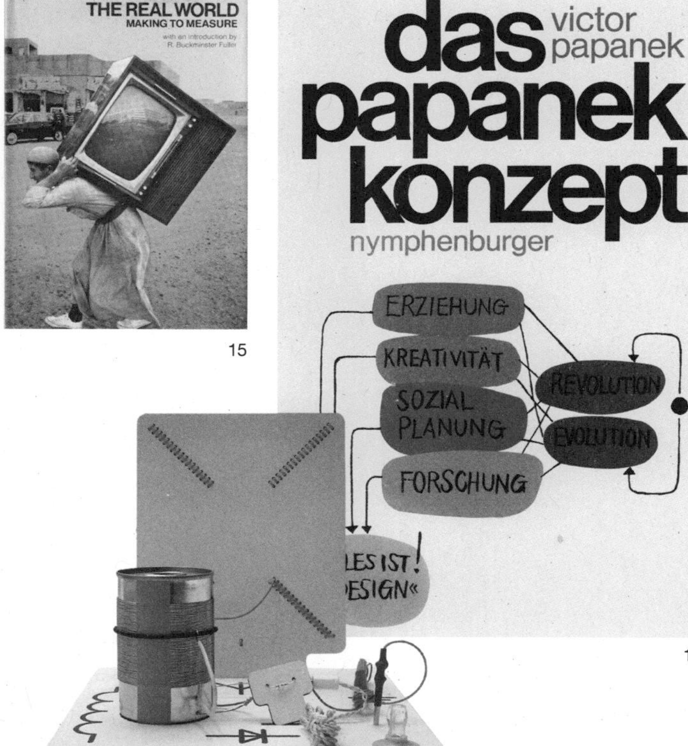

15

14

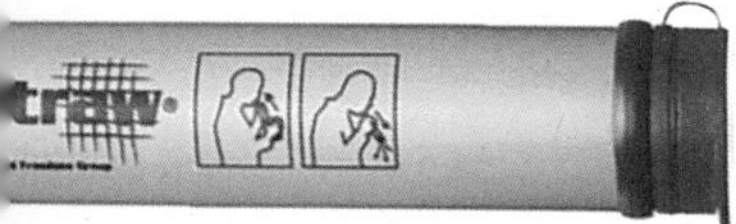

11

D — WALDEN

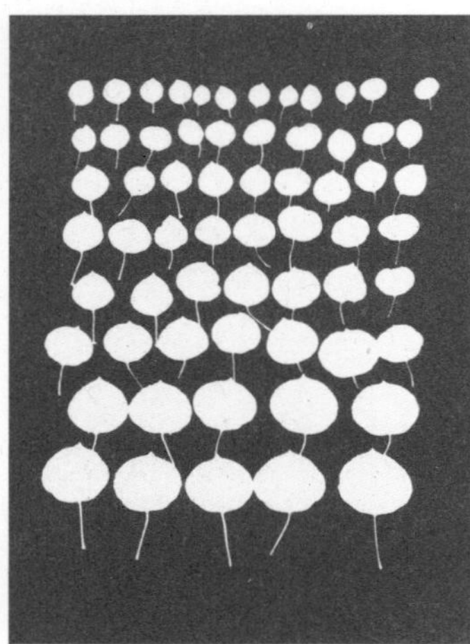

1

MARTIN BECK

1 *Aspen („Man-Made Environment" –
  Ivan Chermayeff for Reyner Banham
  for IDCA)*, 2008
2 *Aspen („Problems, Problems" – Ivan
  Chermayeff for Reyner Banham for
  IDCA)*, 2008
3 *Aspen („Beetle Country" – Ivan
  Chermayeff for Reyner Banham for
  IDCA)*, 2008
4 *Aspen („The Orders of Freedom" –
  Ivan Chermayeff for Reyner Banham
  for IDCA)*, 2008
5 *Aspen („Polarization" – Ivan
  Chermayeff for Reyner Banham for
  IDCA)*, 2008
alle Werke:
Siebdruck
je: 46,4 cm × 34,6 cm
Courtesy Martin Beck und 47 Canal,
New York

STUDIO FORMAFANTASMA,
ANDREA TRIMARCHI
UND SIMONE FARRESIN

6 *Autarchy*, 2010
2 Schüsselsets mit je 3 und 4 Schüs-
seln, 3 kleine Tassen, 1 kegelförmiges
Gefäß, 2 Flaschen, 8 Einmachgläser,
1 Marmortisch, 1 kleiner Tisch,
1 Mühle, 2 Reisigbesen, Mehl,
agrarwirtschaftlicher Müll, Kalkstein,
verschiedene Pigmente
Maße variabel (WEtransFORM:
203 × 200 × 310 cm)
Courtesy Studio Formafantasma

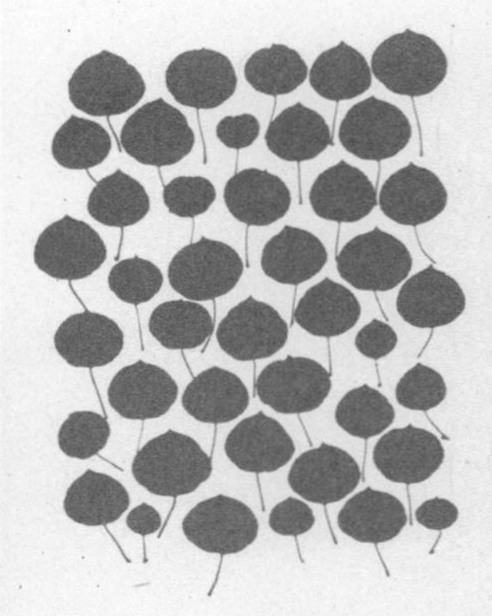

5

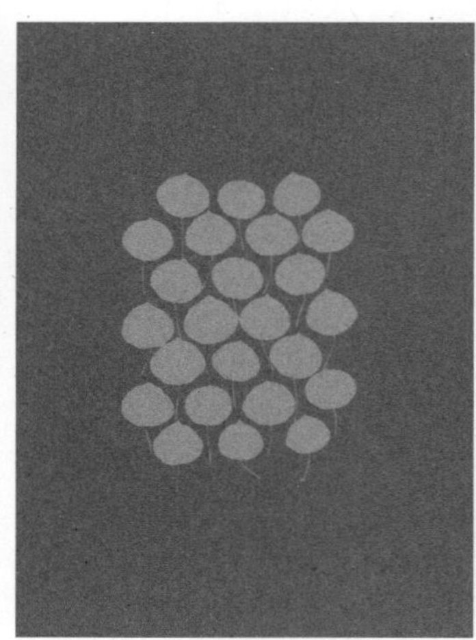

3

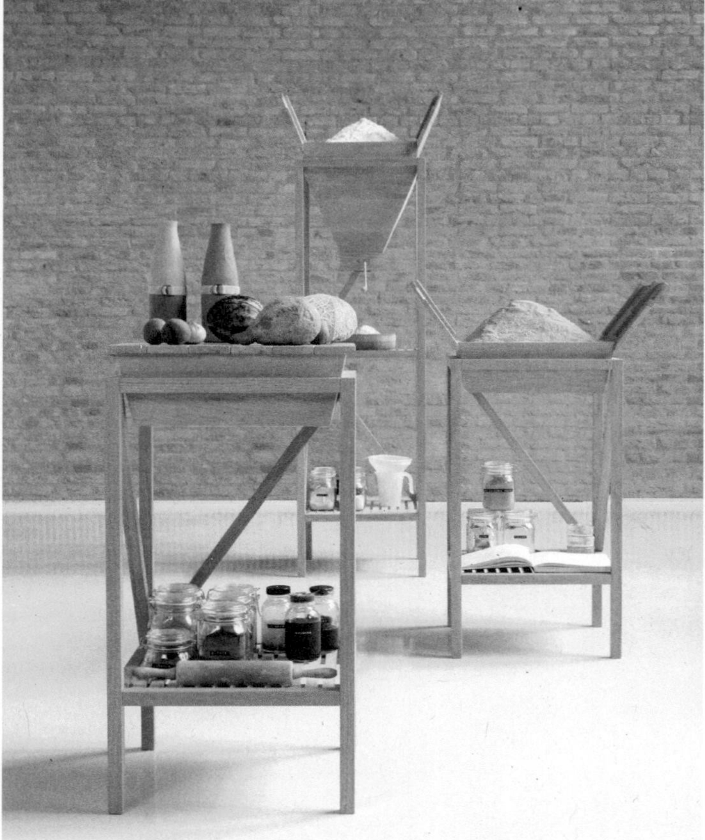

6

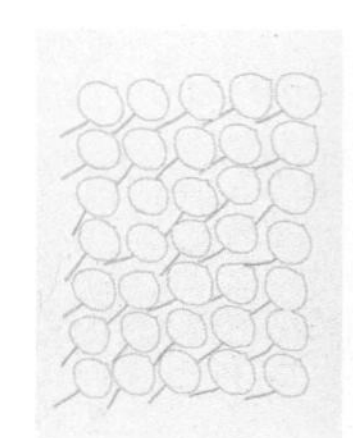

2

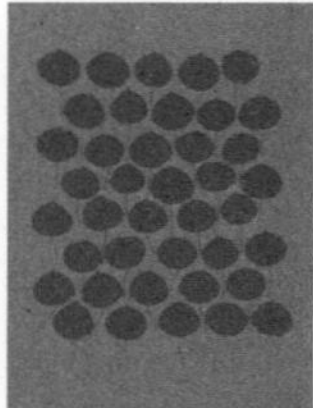

4

MISCHER'TRAXLER STUDIO
7   *knowledge-tools-memory: blanket*,
    2013
    Wolle, Baumwolle, Werkzeuge
    120 × 205 cm
8   *knowledge-tools-memory:*
    sketchbook, 2014
    Metall, Papier, Craftpapier, Werkzeuge
    45 x 30 x 5 cm
9   *ephemerā,* 2014
    Tisch aus Eichenholz, geölt, 60
    kinetische Elemente aus Federstahl,
    Motoren, div. Antriebsmodule
    304 × 94 × 95 cm
    mischer'traxler studio für
    Perrier-Jouët
    Courtesy mischer'traxler studio

PUBLIKATIONEN:
10 *The Aspen Complex*
    Martin Beck (Hg.), Sternberg Press,
    2012
11 *June 14–19, 1970*
    Martin Beck (Hg.), 2013
12 Henry David Thoreau
    Walden, Palm, 1897 [engl. Original-
    ausgabe 1854]
    Bayerische Staatsbibliothek München

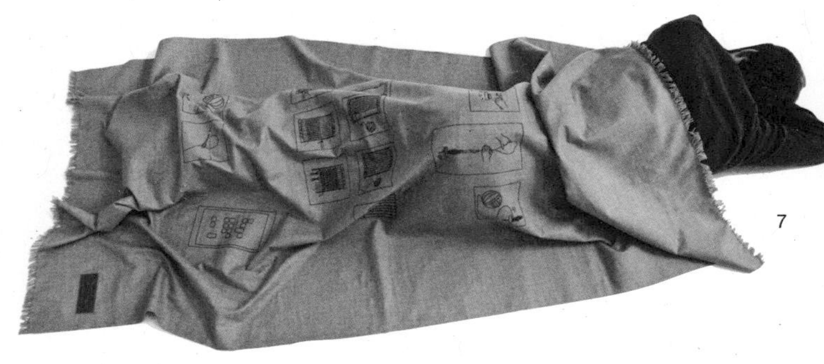

7

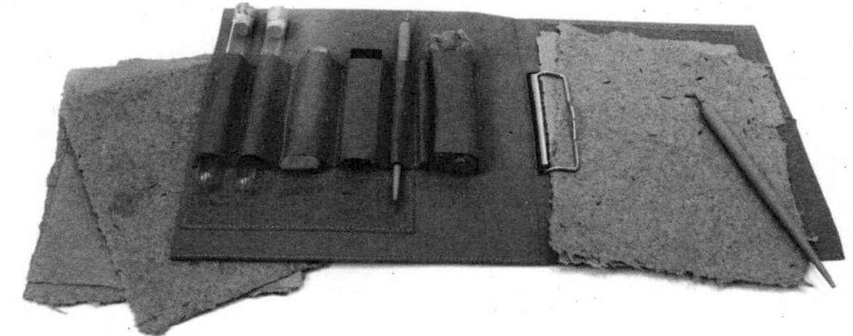

8

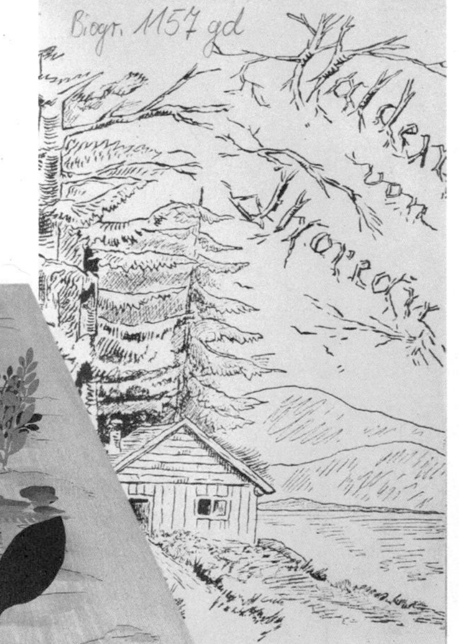

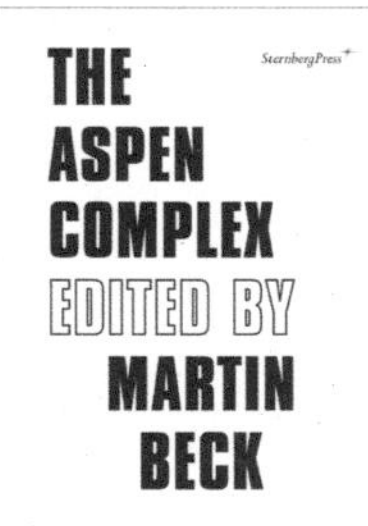

10

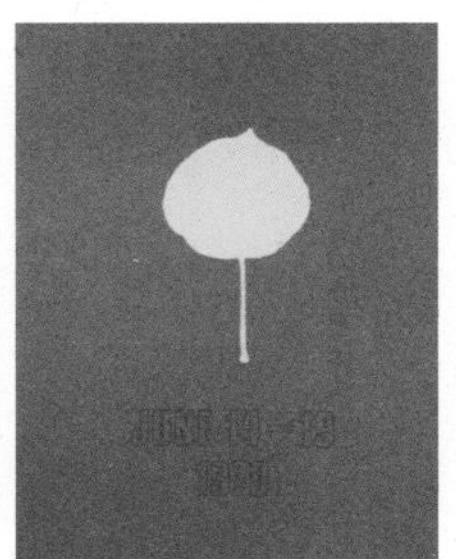

12   11

9

E — WELT ERNÄHREN

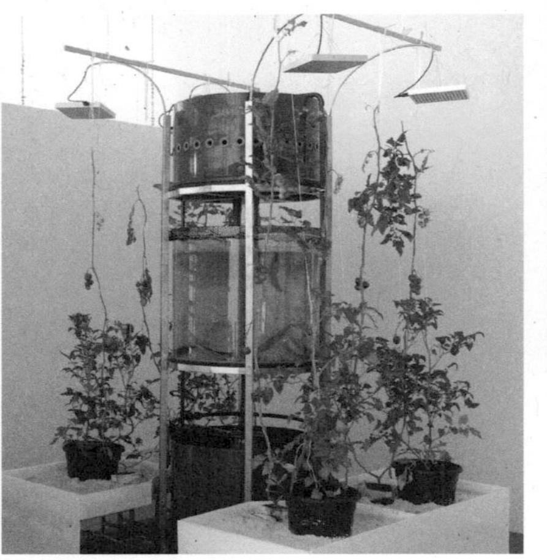

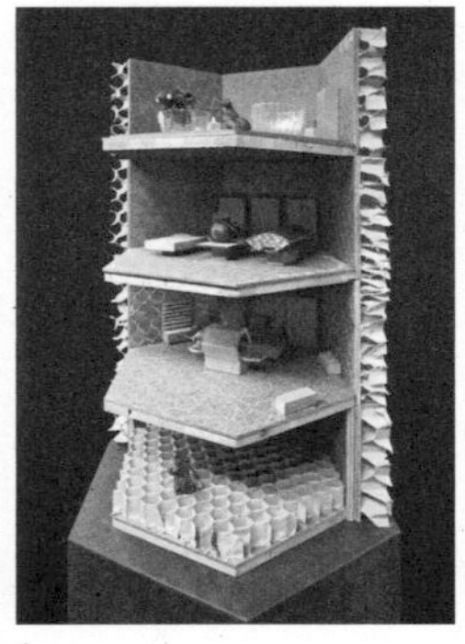

3

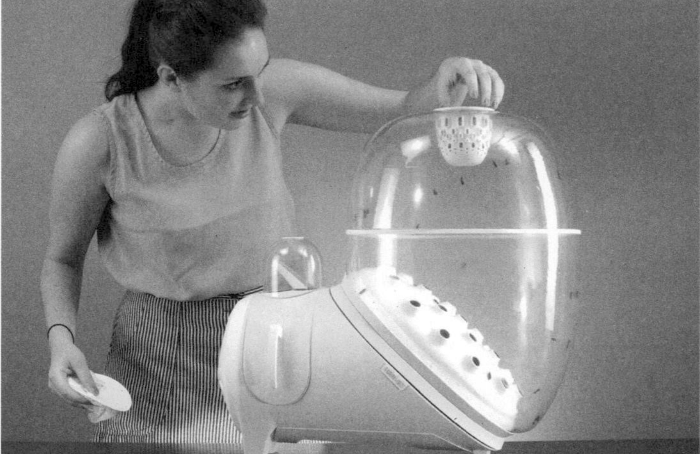

5

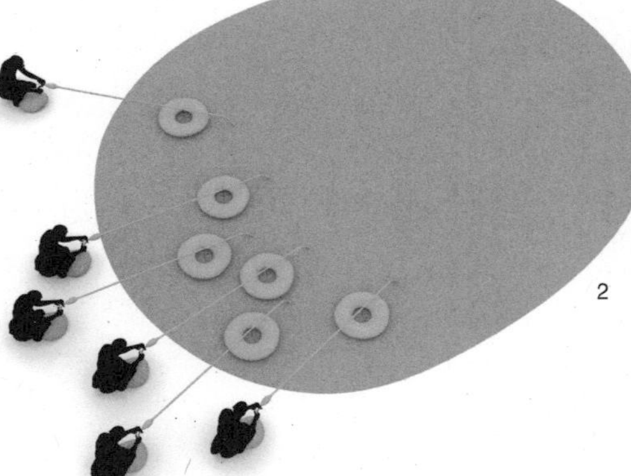

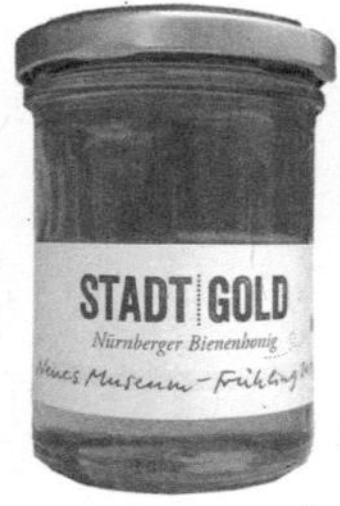

2

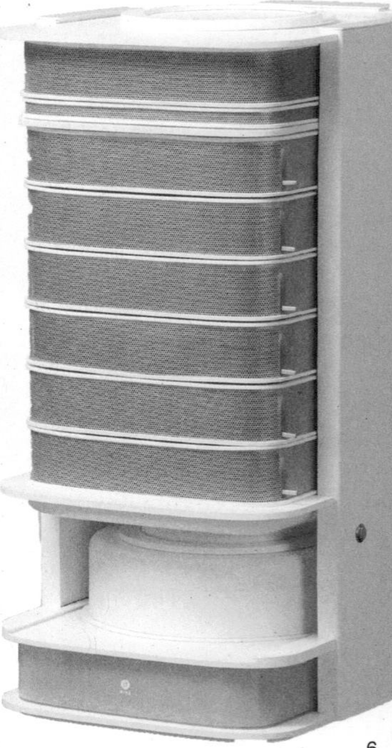

4

6

BÖHLER & ORENDT

1 *Hôpital des Abeilles*, 2015/16
Diverse Materialien
105 × 35 × 45 cm
Courtesy Böhler & Orendt

DUNNE & RABY

2 *Designs for an Overpopulated Planet:
Foragers*, 2009
Video, Farbe, Ton, 2:52 Min.
Courtesy Dunne & Raby

INAPRO PROJEKT

3 Leitung: IGB, Realisierung: PAL Anlagenbau, Design: Wenke Förster
Versuchsanlage für WEtransFORM
Aquaponik-Anlage, Tomatenstauden,
afrikanische Welse (Clarias gariepi-
nus), LED-Lampen
340 × 255 × 200 cm
Courtesy IGB und PAL Anlagenbau

BERND KOBR, STADTIMKER,
NÜRNBERG

4 *Stadt Gold, Nürnberger Bienenhonig*,
Frühjahr / Sommer 2015
Honig von Bienenstöcken auf dem
Dach des Neuen Museums, Nürnberg
6 Gläser
Je 9,5 cm, Durchmesser 7 cm

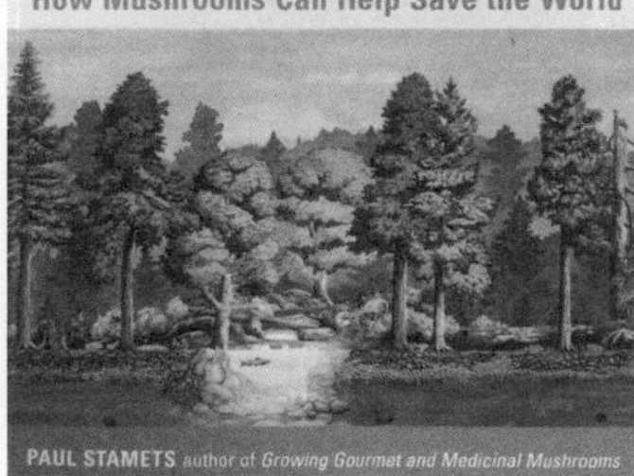

12

LIVIN FARMS (KATHARINA UNGER)
5   *FARM 432*, 2013
ABS, Acryl
50 × 30 × 60 cm
Courtesy LIVIN farms (Katharina
Unger, Julia Kaisinger)

LIVIN FARMS (KATHARINA UNGER,
JULIA KAISINGER)
6   *LIVIN Hive*, 2015/16
ABS, Aluminium
60 × 40 × 30 cm
Courtesy LIVIN farms (Katharina
Unger, Julia Kaisinger)

7   *Bienenstöcke auf dem Dach des
Neuen Museums, Nürnberg*, 2016
Video, Farbe, kein Ton, 1 Min.

ADAM SAYNER & ERIC JONG
(GROCYCLE, UK)
8   *Grow Your Own Delicious Oyster
Mushrooms*, seit 2012
30 × 17 × 14 cm

JOHANNA SCHMEER
9   *Bioplastic Fantastic — Between
Products and Organisms,* 2014
Film, Farbe, Ton, 4 Min.
Courtesy Johanna Schmeer

PUBLIKATIONEN:
10 Hans Hollein
*Design. MAN transFORMS. Konzepte
einer Ausstellung*, Löcker, 1989
11 *MAN transFORMS. An International
Exhibition on Aspects of Design*,
National Museum of Design,
Cooper-Hewitt Museum (Hg.), 1976
12 Paul Stamets
*Mycelium Running. How Mushrooms
Can Help Save the World*, Ten Speed
Press, 2005

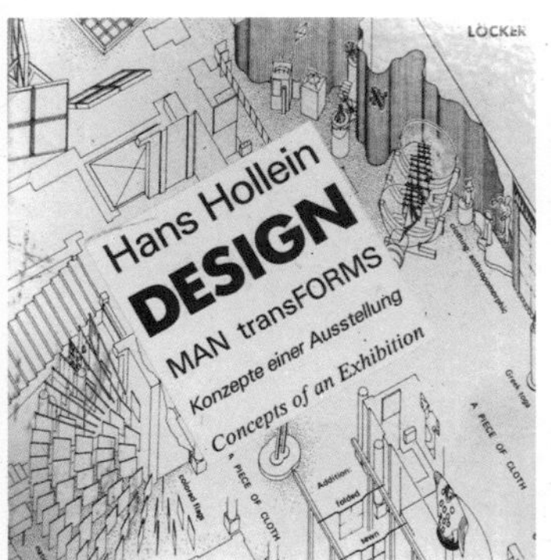
8

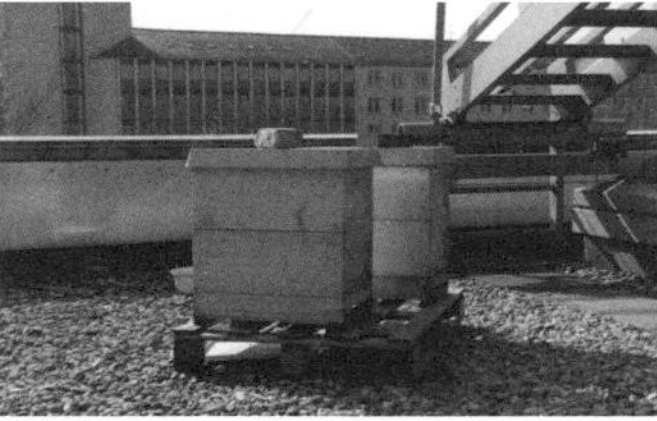
7

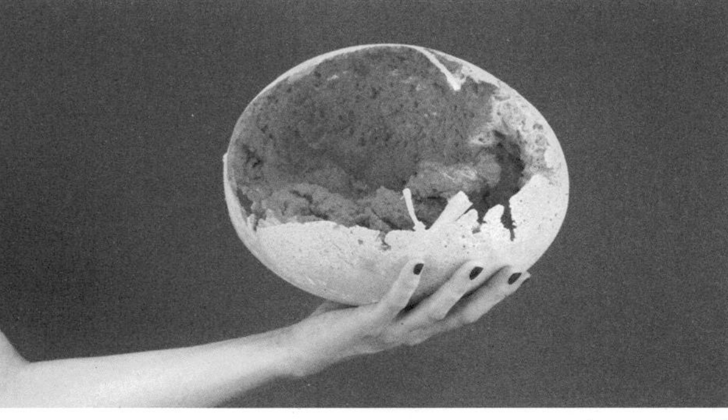
9

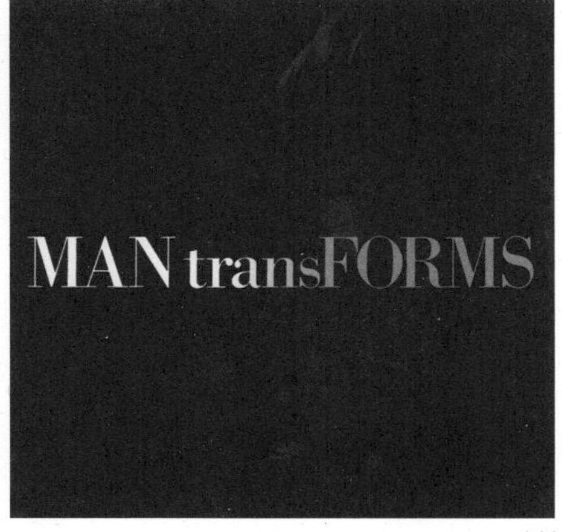

10

11

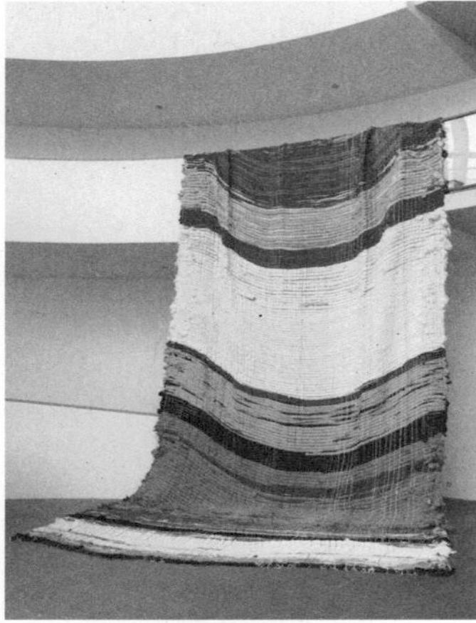

2

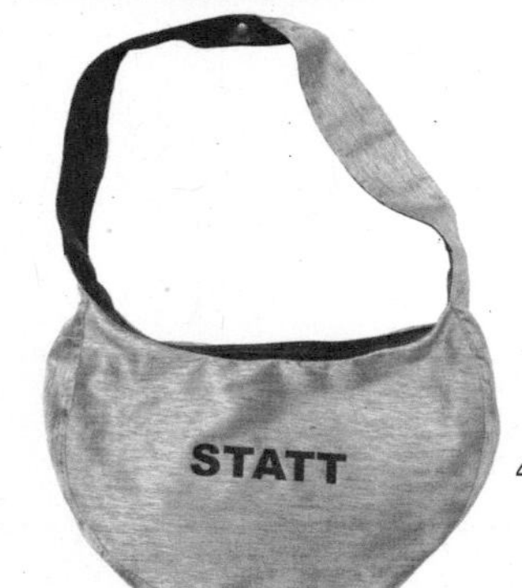

4

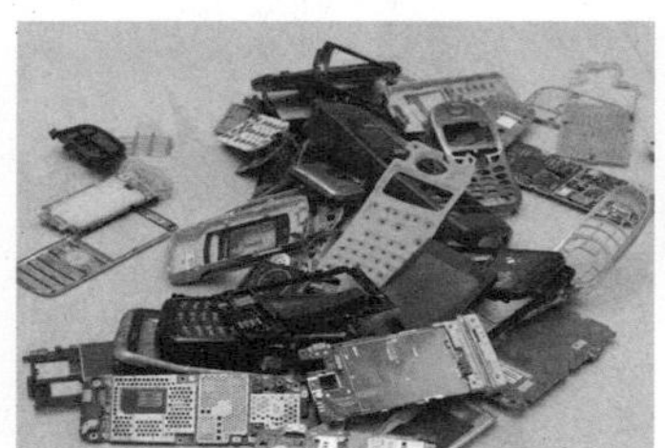

5

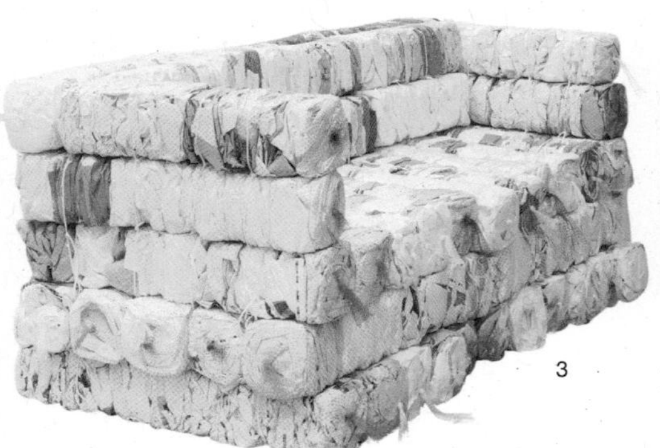

3

ADIDAS X PARLEY FOR THE
OCEANS
1   *Concept Running Shoe*, 2015
    Plastikabfälle und geborgene Netze
    aus dem Meer, recyceltes Polyamid,
    Verwendung der Tailored-Fiber-Place-
    ment-Technologie
    11 × 11 × 30,5 cm
    Courtesy adidas x Parley for the
    Oceans

MICHAEL BEUTLER
2   *Carpet*, 2009/10
    Gerissene Stoffe, Faden, verwebt
    1100 × 520 cm
    Leihgabe der Bundesrepublik
    Deutschland – Sammlung Zeitgenös-
    sische Kunst
3   *Wurstbänke für Nürnberg*, 2016
    Papier, Plastiknetze
    2 Sitzblöcke, 2 Einer-Sessel, 2 Zweier-
    Sessel, 1 Zickzack-Zweier, 1 Dreier
    ca. 60 × 60 × 45 cm – 165 × 75 ×
    75 cm
    Courtesy Michael Beutler

MIRO CRAEMER
4   *#statttasche*, 2016
    100% Synthetik aus recycelten
    PET Flaschen, Lederverschnitt aus
    Nappaleder (Bio) pflanzlich gegerbt,
    naturbelassen
    ca. 70 × 48 × 7 cm
    Courtesy Miro Craemer

5   *Diverse Handyteile*
    50 × 50 cm
    Courtesy eds-r gmbh //
    rücknahmesysteme

MARK DION
6   *Concrete Jungle (The Mammals)*,
    1992
    diverse Materialien
    Maße variabel (WEtransFORM:
    142 × 320 × 360 cm)
    Privatsammlung

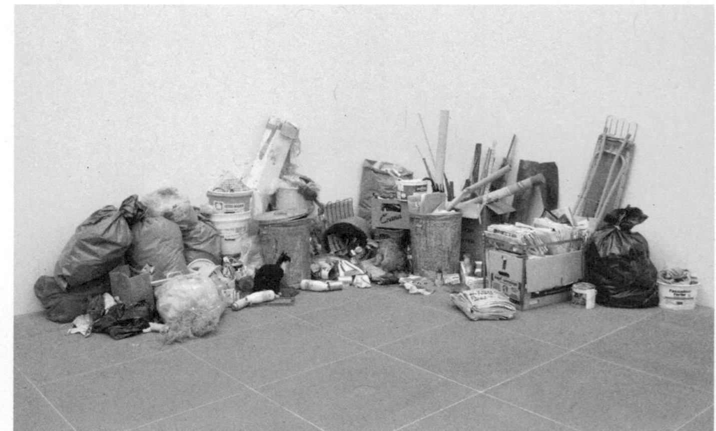

6

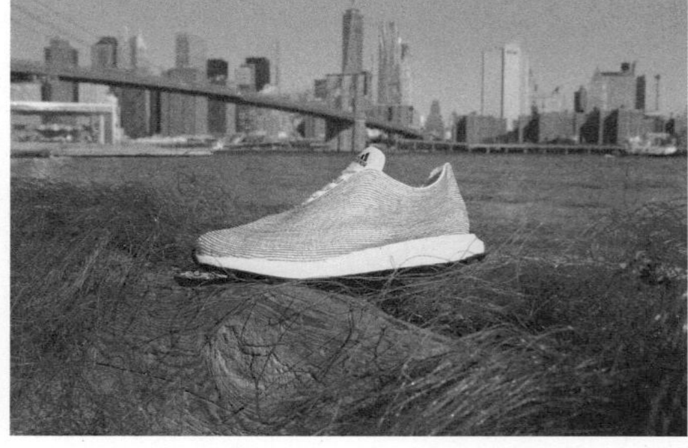

1

FAIRPHONE B.V.
7 *Fairphone 2,* 2016
Diverse Materialien
14 × 7 × 0,12 cm

LANDFILL HARMONIC
8 *The World Sends Us Garbage… We
Send Back Music,* 2012
Video, Farbe, Ton, 3:43 Min.
Courtesy Landfill Harmonic

NICOLÁS GÓMEZ, „D. COLA"
9 Geigenbauer des Recycled Orchestra
of Catuera, Paraguay
Violine, 2011
Metall, Holz, Draht
55 × 18 × 10 cm
Courtesy Recycled Orchestra de
Catuera, Paraguay

GERD ROHLING
10 *Licola,* 1990–2004
Vitrine mit 18 PVC-Objekten
227 × 171 × 75,5 cm

VPZ VERPACKUNGSZENTRUM
GMBH
11 Alginsulat Schaumstoff, Bionetzsä-
cke aus Naturfasern, Holzbesteck,
Holzschliffschalen, Kompostierbare
Netzschläuche aus Buchenholz-Cel-
lulose, Pulpeverpackungen, Schalen
aus Zuckerrohrbagasse, Becher aus
Polylactid, Stärketragetaschen, seit
1982
100 × 100 cm
Courtesy VPZ Verpackungszentrum
GmbH

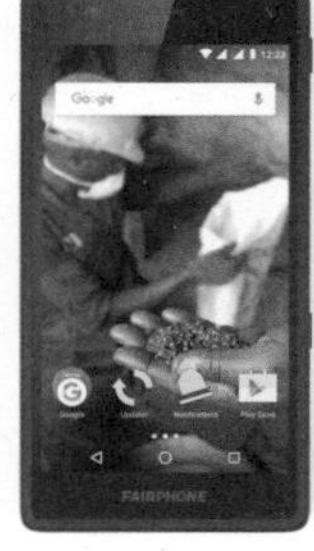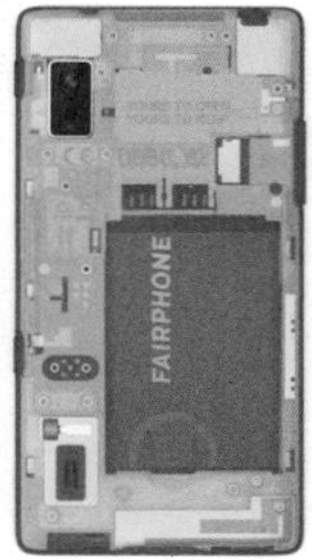

7

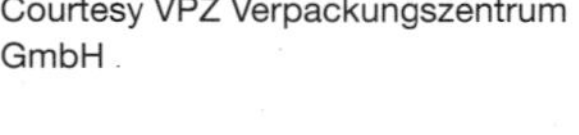

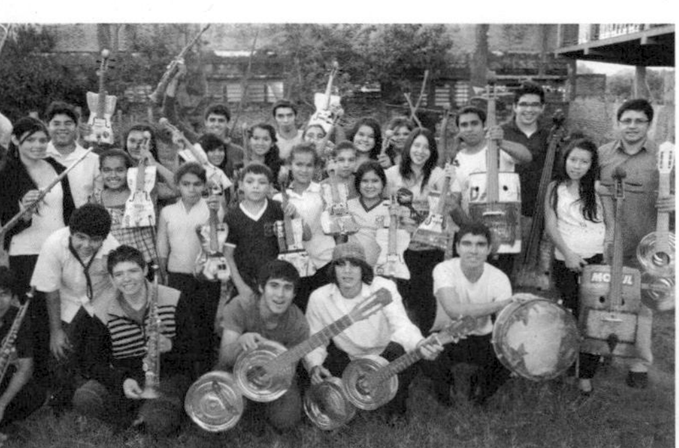

8

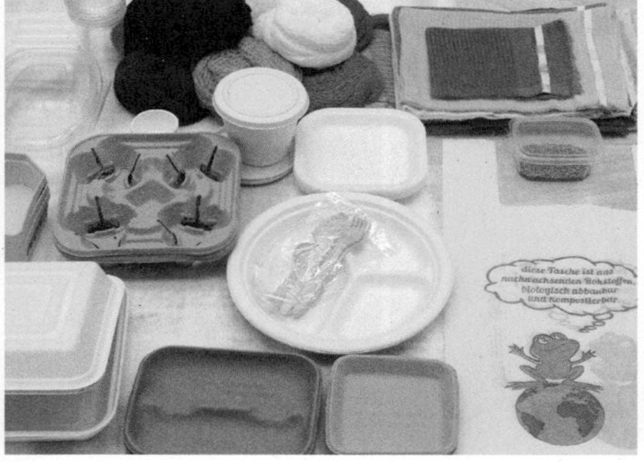

11

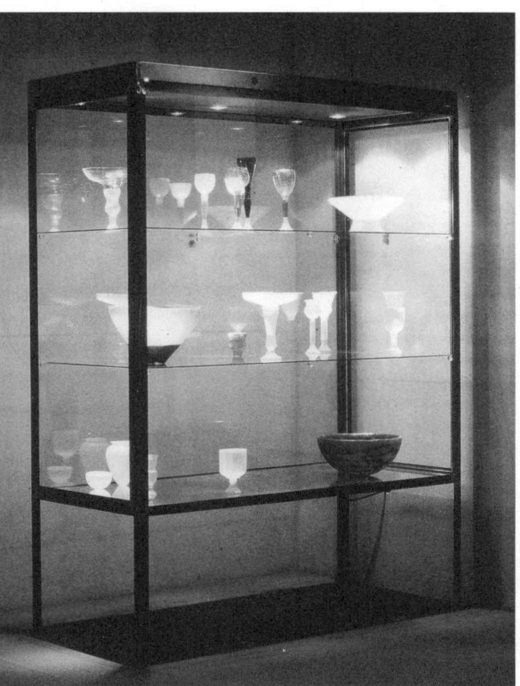

9

10

PUBLIKATIONEN:

12 *Der Spiegel. Müllkippe Mittelmeer*
Nr. 32, Spiegel-Verlag Rudolf Augstein, 1979

13 *Fairphone Urban Mining-Miners Guide*
PDF-Datei, o. J. [Kontext: http://www.
fairphone.com/; URL: http://www.
fairphone.com/fairphone-materials/
urbanminingmanual/, Download vom
27. Juli 2015]

14 Bernd Löbach / Ernst Albrecht Fiedler
Design und Ökologie,
Designbuchverlag, 1995

15 Bernd Löbach-Hinweiser
*Umweltkritische Kunst. Das Museum
für Wegwerfkultur auf Reisen*, Crem-
lingen, 1985 (ohne Abb.)

16 *Umweltkritische Kunst 2. Am Kunst-
markt vorbei in die Gesellschaft*,
Designbuchverlag, 1989 (ohne Abb.)

17 *Radioaktive Fässer in einer Kunstaus-
stellung. Eine Aktion gegen das Vergessen*, Designbuchverlag, 1992
[Originalausgabe 1988] (ohne Abb.)

18 *Museum für Wegwerfkultur. Eine
reisende Sammlung „Umweltkritischer
Kunst" zur Bildung von Umweltbe-
wußtsein*, Designbuchverlag, 1993

19 *10 Jahre Museum für Wegwerfkultur
1983 – 1993*, Designbuchverlag, 1993
(ohne Abb.)
14 – 19: Courtesy Bernd Löbach-
Hinweiser

20 Gerhard Pretting / Werner Boote
*Plastic Planet. Die dunkle Seite der
Kunststoffe*, orange-press, 2010

21 Hans Reimer
Müllplanet Erde, Hoffmann und Cam-
pe Verlag, 1971

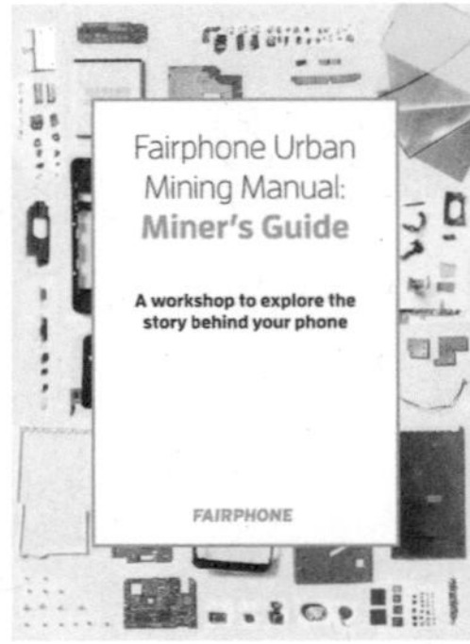

13

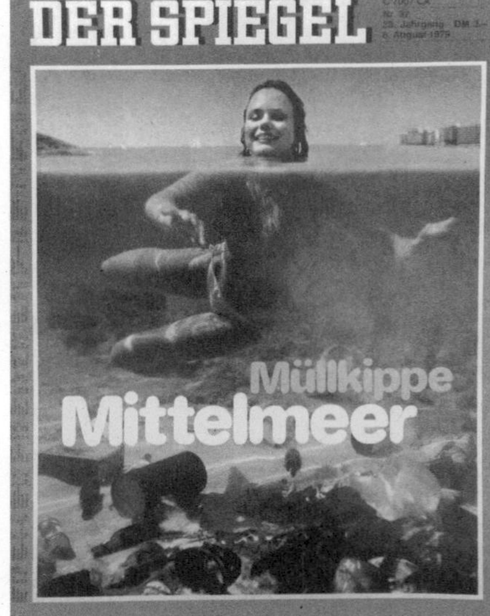

12

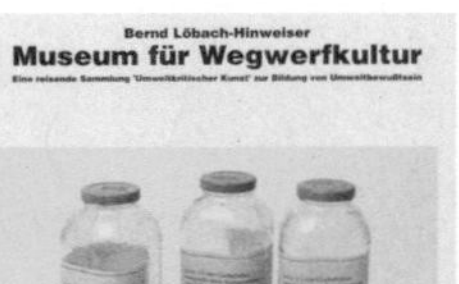

18

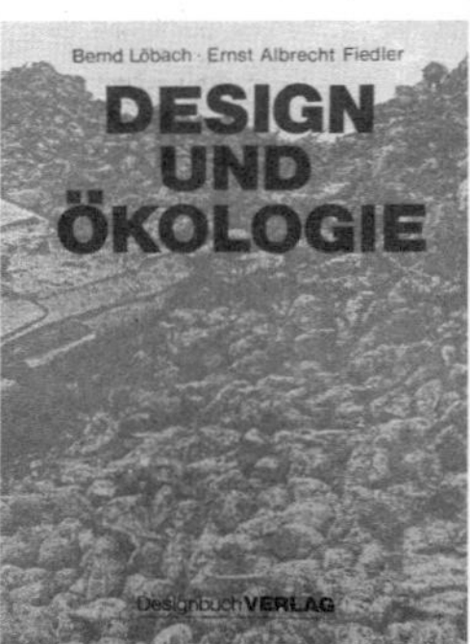

14

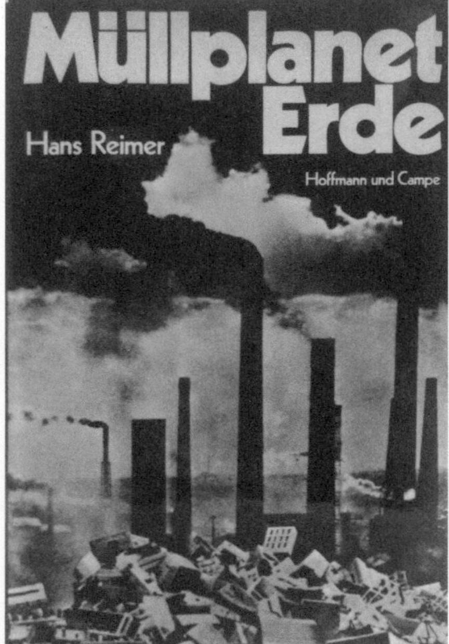

21

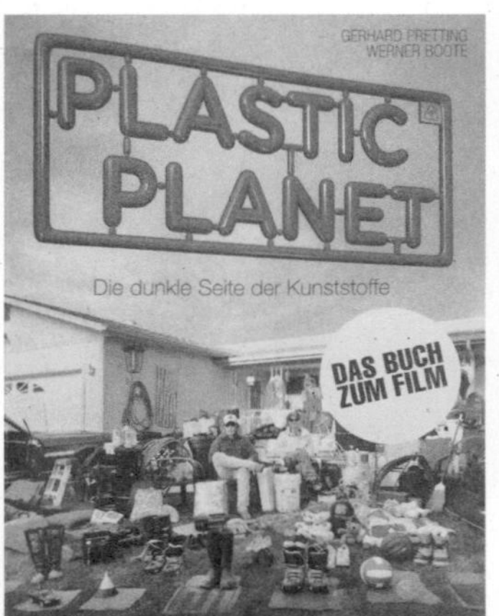

20

G — DIE ERDE WIRD GEPLÜNDERT

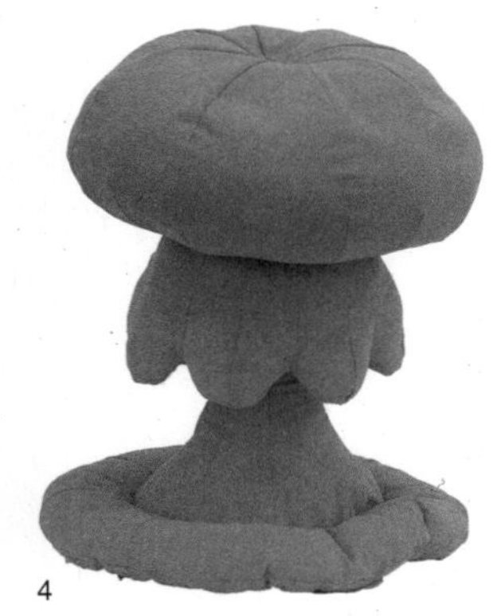

4

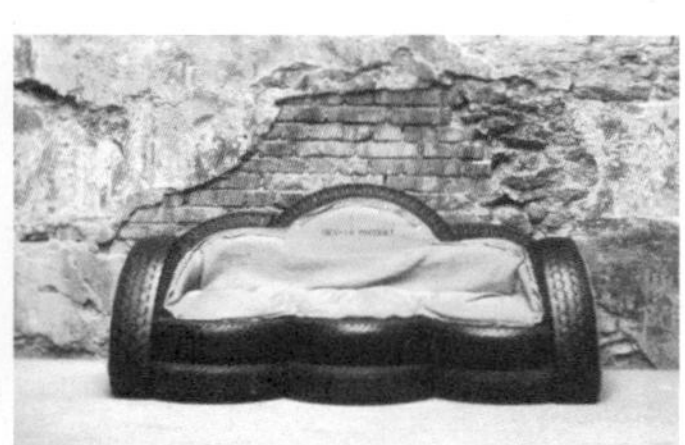

2

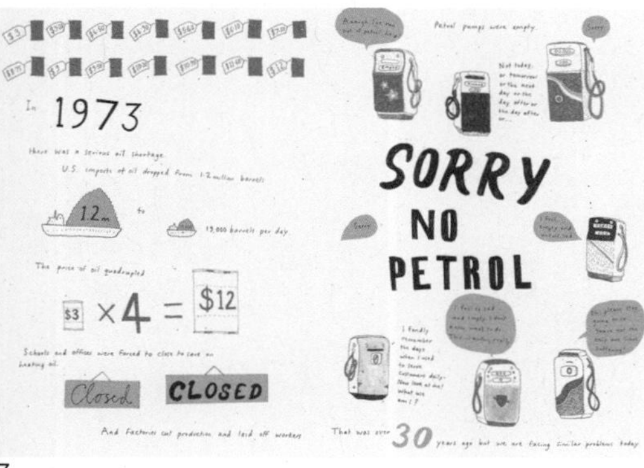

7

BÖHLER & ORENDT

1 *Mehrung – Epitome 1*, 2011–2014
Diverse Materialien
Maße variabel (WEtransFORM: 123 × 41,5 × 250 cm)
Courtesy Sammlung Birner + Wittmann / Böhler & Orendt

DES-IN

2 *Reifensofa* (Unikat), 1974
Gummi, Jute
81 × 185 × 90 cm
Courtesy Die Neue Sammlung – The Design Museum, München

DES-IN

3 *Alternative Produktion*, ca. 1974–1978
30 Dias, Farbe und s/w
Courtesy Des-In, Jochen Gros

DUNNE & RABY / MICHAEL ANASTASSIADES

4 *Designs for Fragile Personalities in Anxious Times: The Huggable Atomic Mushroom*, 2004/05
Reflektierender Stoff, Polyesterfüllmasse
27 × 30 cm
Courtesy Dunne & Raby / Michael Anastassiades

TEA MÄKIPÄÄ UND HALLDÓR ÚLFARSSON

5 *Atlantis*, 2007–2014
Installationsansichten in Wanas, Malmö, Rostock, Budapest
4 C-Prints auf Alu-Dibond
je 60 × 80 cm
Courtesy Tea Mäkipää

HANS NEVÍDAL UND ANDREAS PAWLIK

6 *Real Energy World. Nigerdelta / kartographische Darstellung eines dystopischen* Ortes*, 2014–2016
Leuchtkasten
179,3 × 268 × 15 cm
Video, Farbe, kein Ton, 1:37 Min.
Courtesy Hans Nevídal und Andreas Pawlik

HARRIET RUSSELL

7 *An Endangered Species*, 2007
2 Digitaldrucke auf Büttenpapier
je: 29,7 × 42 cm
Erstveröffentlichung in: *Sorry, Out of Gas*, Giovanna Borasi / Mirko Zardini (Hg.), Canadian Centre for Architecture und Corraini Edizioni, 2007

KLAUS STAECK

8 Auswahl von 11 Postkarten aus *Der Umweltpostkartenkarton*, 1982–2015
14,7 × 10,4 cm

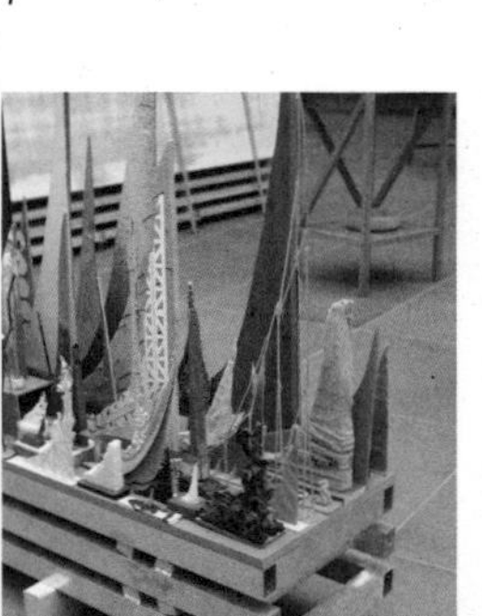

1

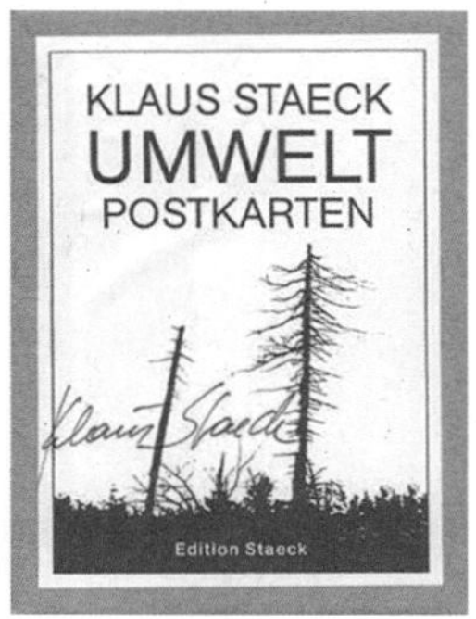

8

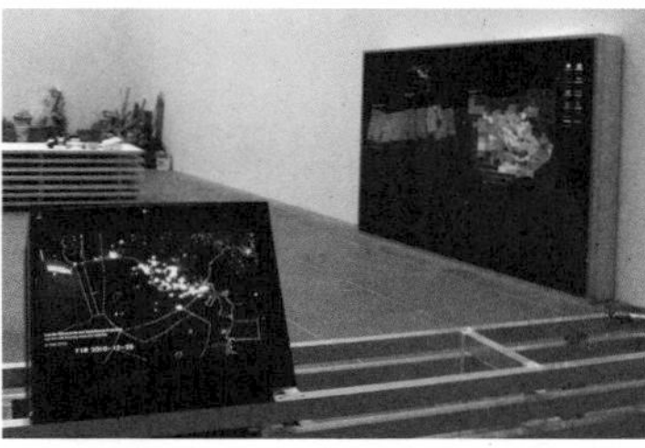

5

6

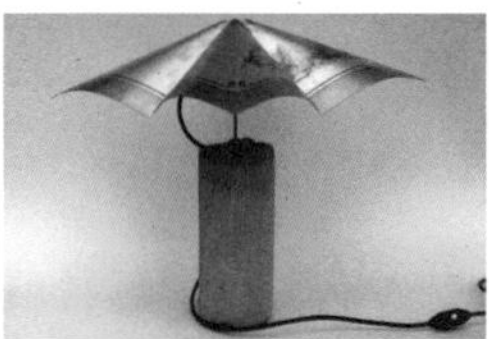

3

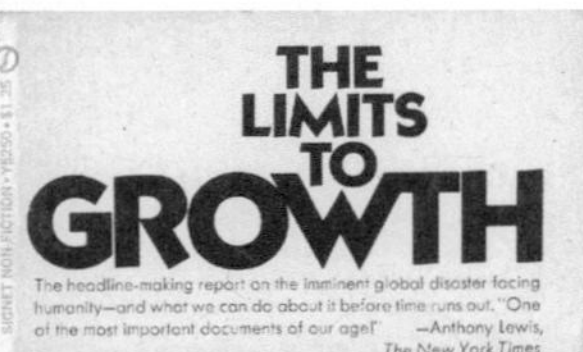

24

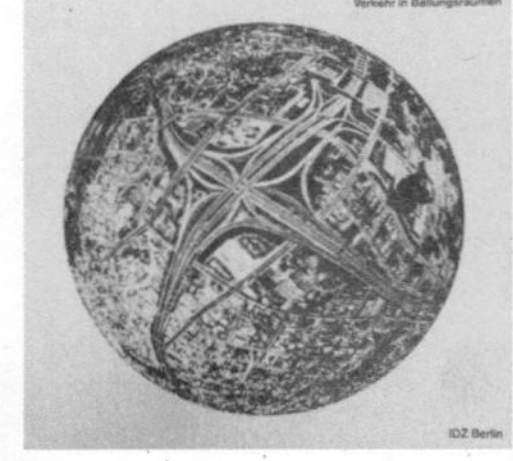

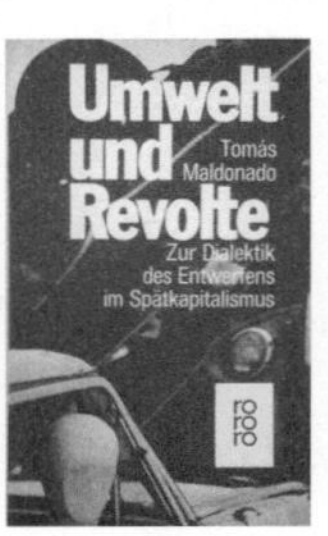

20

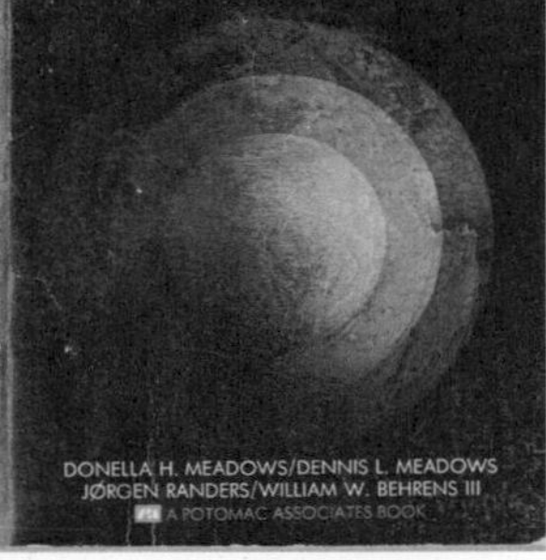

21

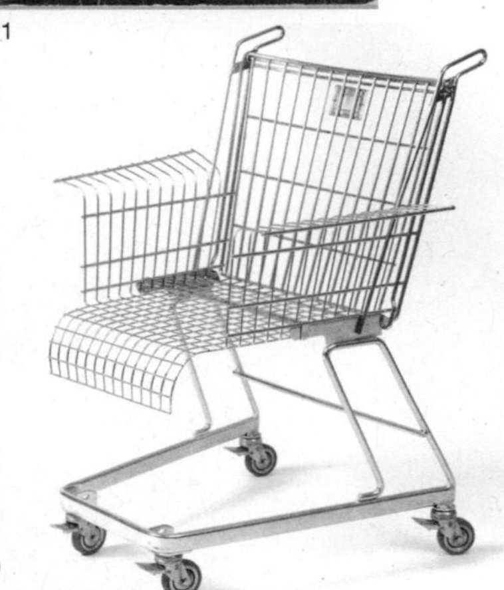

9

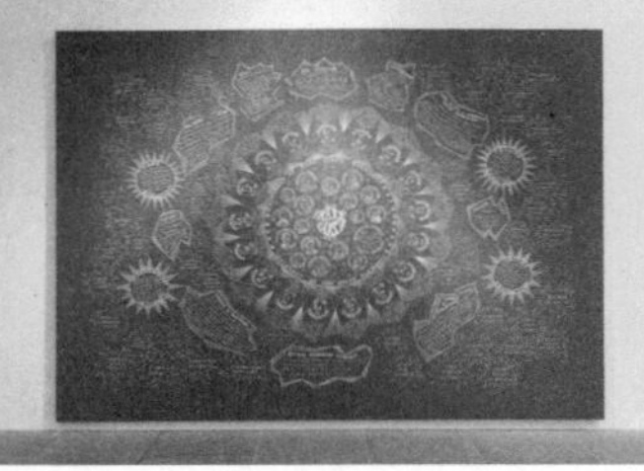

12

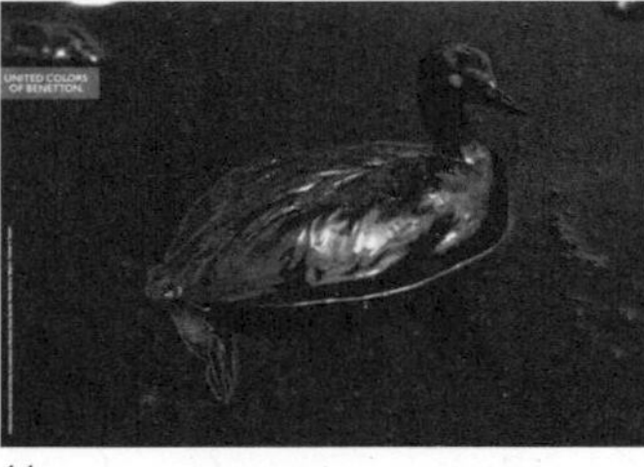

11

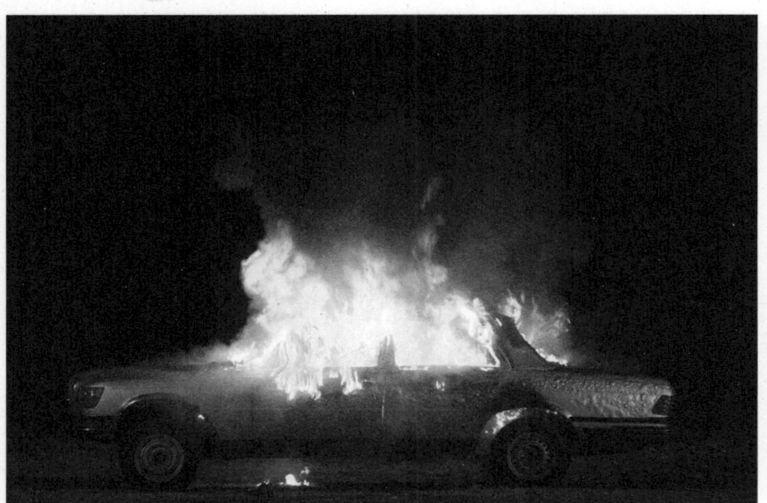

10

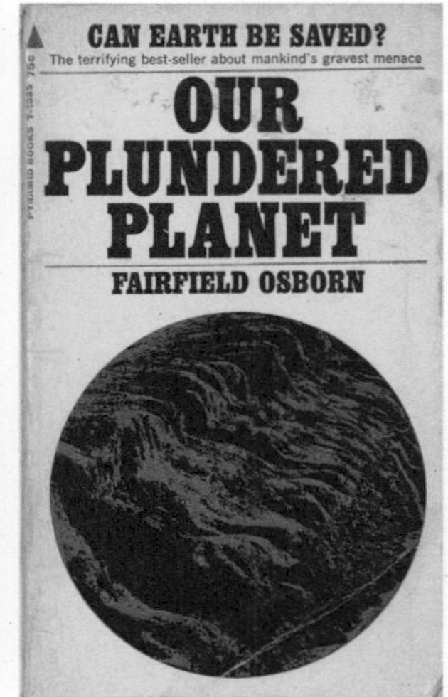

22

STILETTO STUDIOS

9 *Consumer's Rest*, Entwurf 1983
Metall, weiß, verzinkt
102,5 × 74,5 × 66 cm
Courtesy Die Neue Sammlung – The
Design Museum, München

SUPERFLEX

10 *Burning Car*, 2008
Video, Farbe, Ton, 9:30 Min.
Courtesy SUPERFLEX

OLIVIERO TOSCANI

11 Imageposter für Benetton unter
Verwendung eines Fotos von Steve
McCurry, *Bird Dying in an Oil Spill
Off the Coast of Saudi Arabia, March,
1991*, 1992
Siebdruck
175 × 118 cm
Courtesy Museum für Kunst und
Gewerbe Hamburg

SUZANNE TREISTER

12 *Rare Earth Diagram (green)*,
2014/2016
Acryl auf Flies
300 × 400 cm
Commissioned by Thyssen-Borne-
misza Art Contemporary, Vienna, for
the exhibition *RARE EARTH*
Courtesy Annely Juda Fine Art, London and P.P.O.W. New York, ausgeführt von Andreas Oehlert

FREDERIC VESTER

13 ÖKOLOPOLY – *Ein kybernetisches
Umweltspiel*, 1984
Diverse Materialien
27 × 37 × 4 cm

PUBLIKATIONEN:

14 *Der Spiegel. Abmarsch in den Atomstaat? / Radioaktiv!*
Nr. 13, Spiegel-Verlag Rudolf Augstein, 1979

15 *Der Spiegel. Saurer Regen über Deutschland – Der Wald stirbt*
Nr. 47, Spiegel-Verlag Rudolf Augstein, 1981

16 *Der Spiegel. Atomkraft? Das unheimliche Comeback*
Nr. 28, Spiegel-Verlag Rudolf Augstein, 2008

17 „Weltuntergangs-Vision aus dem Computer" in: *Der Spiegel. Vietnam: Die letzte Schlacht*, Nr. 21, Spiegel-Verlag Rudolf Augstein, 1972, S. 126 –129

18 Rachel Carson
Silent Spring, Fawcett Publications, 1964 [Originalausgabe: 1962]

19 Herbert Gruhl
Ein Planet wird geplündert. Die Schreckensbilanz unserer Politik, S. Fischer Verlag, 1975

20 Tomás Maldonado
Umwelt und Revolte. Zur Dialektik des Entwerfens im Spätkapitalismus, Rowohlt Taschenbuch, 1972 [ital. Originalausgabe 1970]

21 Donella H. Meadows / Dennis L. Meadows / Jørgen Randers / William W. Behrens III
The Limits to Growth. A Report for the Club of Rome's Project on the Predicament of Mankind, Potomac Associates, 1972

22 Henry Fairfield Osborn
Our Plundered Planet, Pyramid Books, 1968 [Erstausgabe 1948]

23 Jørgen Randers
2052. Der neue Bericht an den Club of Rome. Eine globale Prognose für die nächsten 40 Jahre, oekom Verlag, 2013 [engl. Originalausgabe 2012]

24 *Verkehr in Ballungsräumen,* Internationales Design Zentrum Berlin (Hg.), 1974

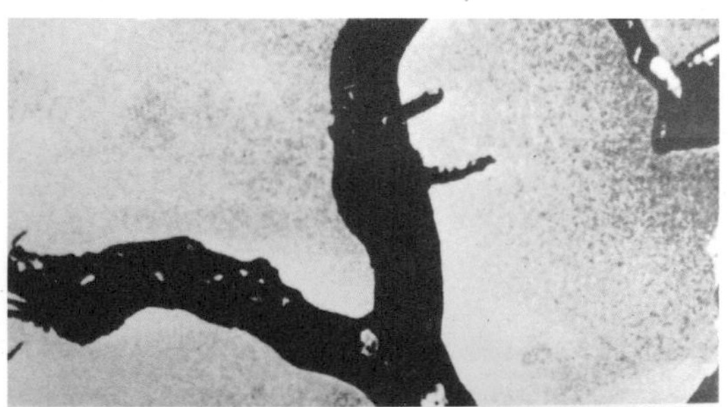

19

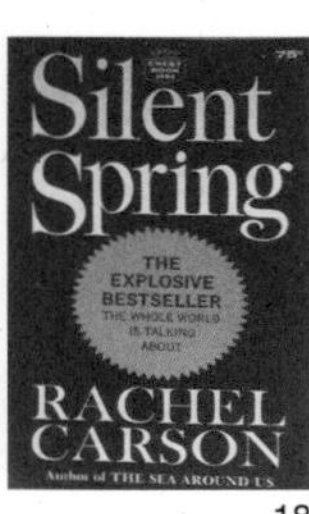

23

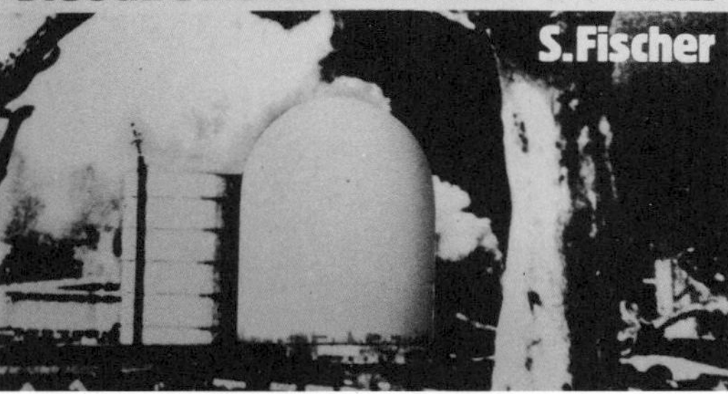

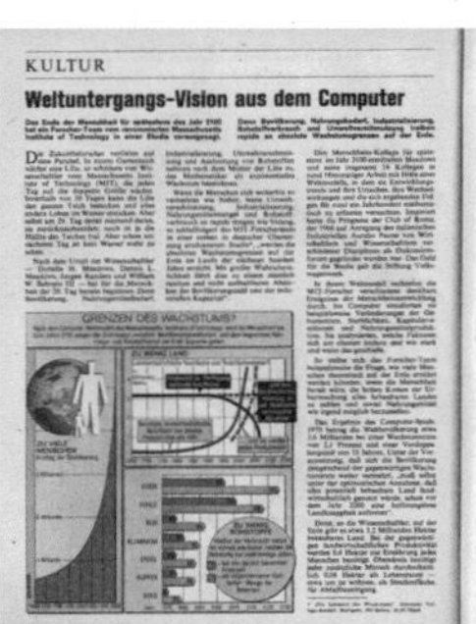
18

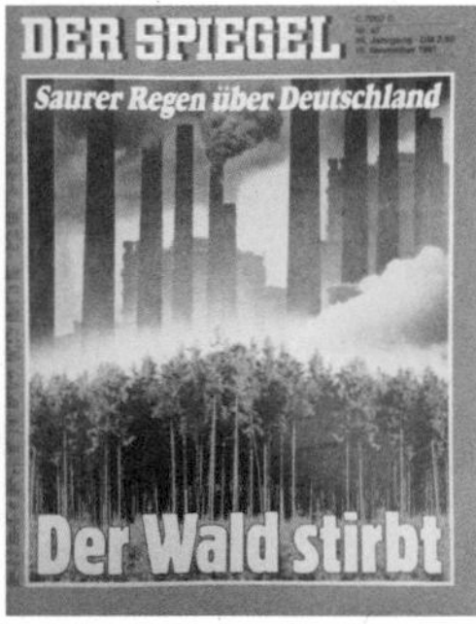
15

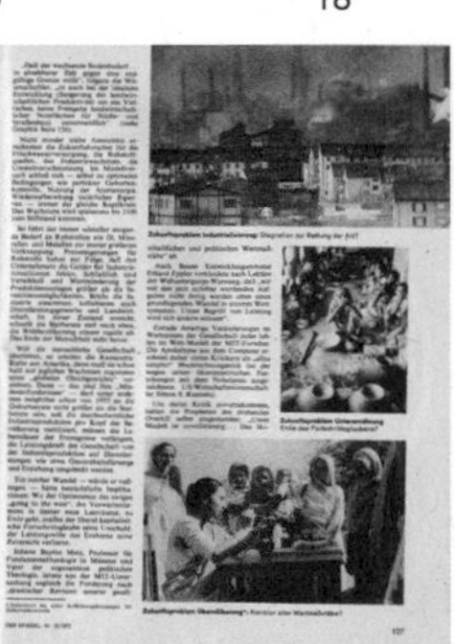
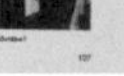
17

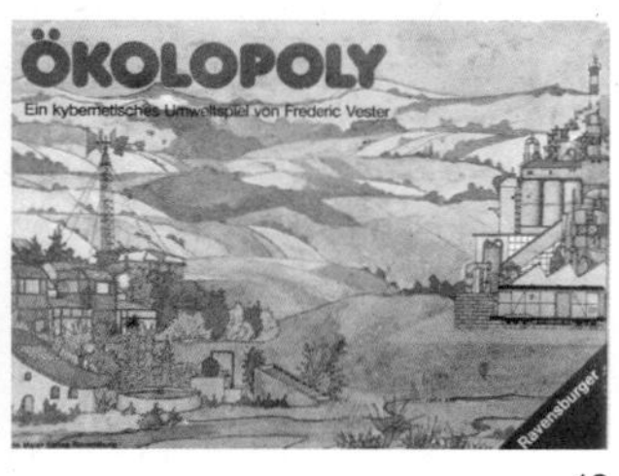
13

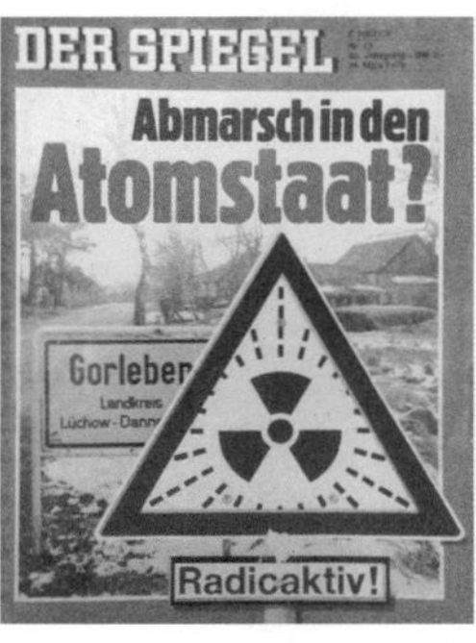
14

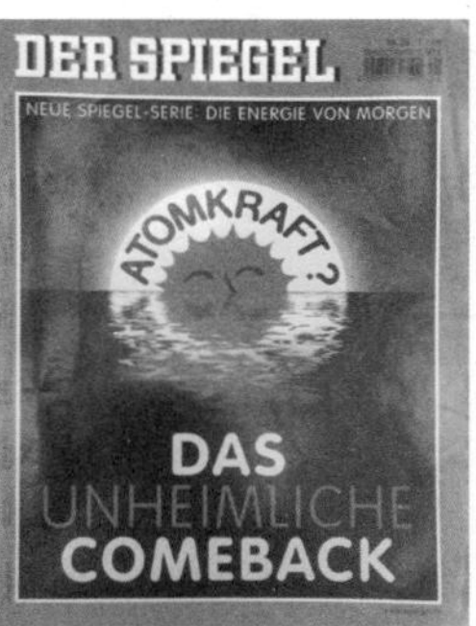
16

ACKNOWLEDGEMENTS

First and foremost, I would like to thank the artists, designers and writers for their contributions to the exhibition, and in particular for their farsighted commitment to these important social issues. The exhibition was devised in the course of many conversations with the curator, design theorist and cultural historian Martina Fineder. I am very glad that we were able to develop this project with her at Neues Museum in Nuremberg, drawing on her academic expertise and benefitting from her well-considered position on ecological values. Last year, we received invaluable support from our volunteer curatorial assistant Franziska Stöhr, whom I would like to thank for her outstanding contribution. The intensive collaboration with raumlaborberlin and the collective's judicious handling of resources, space, material and the exhibits made the exhibition into a memorable experience. Special thanks to Francesco Apuzzo, Jan Liesegang, Pola Buske and the many others who helped with setting up the Temple.

Among the Neues Museum staff, I would like to extend my sincere thanks to Eva Martin and the public relations team, the registrar Susanne Teichmann, Werner Henne and the technical team, Alois Kaufmann and the facility management team, as well as Claudia Marquardt and the many in-house and outside colleagues on the educational team for their intensive accompaniment of this complex project. I am much obliged to our media and cooperation partners for their support, and to all those who have loaned exhibits. Not to forget all those who work behind the scenes, in the museum's administrative offices, on reception and as guards, all of whom make an ongoing contribution to the success of any exhibition. For being such a pleasure to work with on the catalog and for their advice, my sincere thanks to the publisher Verlag für moderne Kunst, graphic designers OFF and Yvonne Zmarsly. Finally I would like to thank all those who have contributed to the success of the festival. Each of them is involved in a project that encourages people to rethink towards more sustainable ways of life and that hopes to make an active contribution in this direction.

Eva Kraus, Director

DANKSAGUNG

Mein großer Dank gilt den Künstlerinnen und Künstlern, Designerinnen und Designern wie auch Autorinnen und Autoren für ihre bedeutenden Beiträge zur Ausstellung wie auch insbesondere für ihr Engagement bei diesen wichtigen gesellschaftlichen Themen. Entstanden ist die Ausstellung in vielen Gesprächen mit der Kuratorin, Designtheoretikerin und Kulturwissenschaftlerin Martina Fineder. Es freut mich sehr, dass wir am Neuen Museum in Nürnberg dieses Projekt mit ihr gemeinsam entwickeln, aus ihrer wissenschaftlichen Expertise schöpfen und von ihrer reflektierten Haltung zu ökologischen Werten profitieren konnten. Eine überaus hilfreiche Unterstützung im letzten Jahr war unsere Volontärin und kuratorische Assistentin, Franziska Stöhr – für ihre hervorragenden Leistungen sei ihr sehr gedankt. Die intensive Zusammenarbeit mit raumlaborberlin und dessen umsichtiger Umgang mit den Ressourcen, dem Raum, dem Material und den Exponaten hat die Ausstellung zu einem bleibenden Erlebnis gemacht. Mein Dank geht insbesondere an Francesco Apuzzo, Jan Liesegang und Pola Buske und ihren vielen Helfern bei der Errichtung des Tempels.

Im Haus danke ich herzlich Eva Martin und dem Team der Öffentlichkeitsarbeit, der Registrarin Susanne Teichmann, Werner Henne mit dem Team der Museumstechnik, Alois Kaufmann und der Haustechnik wie auch Claudia Marquardt und den vielen internen und externen Mitarbeitern in der Museumspädagogik für die intensive Begleitung dieses komplexen Projekts. Den Medien- und Kooperationspartnern ebenso den Leihgebern bin ich für ihre Unterstützung sehr verbunden. Vergessen werden sollen nicht die vielen Beteiligten hinter den Kulissen, die Mitarbeiter in der Verwaltung, an der Kasse und in der Aufsicht, die stets für das Gelingen der Ausstellung beitragen. Für die gute Zusammenarbeit beim Katalog und für die grafische Betreuung sei herzlich gedankt dem Verlag für moderne Kunst, dem Designstudio OFF und Yvonne Zmarsly. Den vielen Beitragenden zum Gelingen des Festivals gilt mein letzter Dank. Jeder Einzelne bringt sich dabei in ein Projekt ein, das zum Umdenken hin zu einem nachhaltigeren Lebensstil animieren will.

Eva Kraus, Direktorin

IMPRESSUM / IMPRINT

Der vorliegende Band erscheint anlässlich
der Ausstellung / The catalog is published on
the occasion of the exhibition

WETRANSFORM – KUNST UND DESIGN
ZU DEN GRENZEN DES WACHSTUMS
18. März –19. Juni / March 18 – June 19, 2016
Neues Museum – Staatliches Museum
für Kunst und Design, Nürnberg / Nuremberg

KATALOG / CATALOG

Martina Fineder, Eva Kraus

REDAKTION / EDITING
Franziska Stöhr

ÜBERSETZUNG / TRANSLATION
Nicholas Grindell

LEKTORAT / COPY EDITING
Martina Buder

KONZEPT UND GESTALTUNG /
CONCEPT AND DESIGN
OFF (Malin Schoenberg, Johannes von Gross,
Markus Lingemann, Gerhard Jordan)

SCHRIFTEN / TYPEFACES
Druk Condensed, Helvetica Neue, Dutch,
Churchward Marianna

GESAMTHERSTELLUNG / PRODUCTION
Druckerei Rüss, Potsdam

AUSSTELLUNG / EXHIBITION

KURATOREN / CURATORS
Martina Fineder, Eva Kraus

KURATORISCHE ASSISTENZ /
CURATORIAL ASSISTANT
Franziska Stöhr

AUSSTELLUNGSGESTALTUNG /
EXHIBITION DESIGN
raumlaborberlin (Francesco Apuzzo,
Jan Liesegang, Pola Buske)

REGISTRAR / REGISTRAR
Susanne Teichmann

AUSSTELLUNGSTECHNIK /
EXHIBITION TECHNICIANS
Werner Henne, Jutta Birle,
Jürgen Schuster

PRESSE UND ÖFFENTLICHKEITSARBEIT /
PRESS AND PR
Eva Martin, Lioba Schroeder, Mario Rau,
Jennifer Kraus

MUSEUMSPÄDAGOGIK /
MUSEUM EDUCATION PROGRAM
Claudia Marquardt, Ulrike Rathjen

RESTAURATORISCHE BETREUUNG /
CONSERVATION
Eva Pridöhl, Nürnberg

Dank an die Leihgeber der Ausstellung /
Special thanks to the lenders who
were so generous to loan the works for the
exhibition.

MITARBEITER / STAFF

NEUES MUSEUM – STAATLICHES MUSEUM
FÜR KUNST UND DESIGN, NÜRNBERG

DIREKTORIN / DIRECTOR
Eva Kraus

SEKRETARIAT – ASSISTENZ
DER DIREKTORIN /
ASSISTANT TO THE DIRECTOR
Andrea Nitzgen

KONSERVATOREN / CURATORS
Thomas Heyden, Melitta Kliege

REGISTRAR / REGISTRAR
Susanne Teichmann

SAMMLUNGSDOKUMENTATION /
DOCUMENTATION AND
COLLECTIONS MANAGEMENT
Birgit Suk

PRESSE UND ÖFFENTLICHKEITSARBEIT /
PRESS AND PR
Eva Martin, Lioba Schroeder, Mario Rau,
Jennifer Kraus

MUSEUMSPÄDAGOGIK /
MUSEUM EDUCATION PROGRAM
Claudia Marquardt, Ulrike Rathjen

AUSSTELLUNGSTECHNIK /
EXHIBITION TECHNICIANS
Werner Henne, Jutta Birle, Jürgen Schuster

VERWALTUNG / ADMINISTRATION
Angela Götz, Lioba Schroeder

KASSE / CASH DESK
Elisabeth Hager, Csilla Wenczel

HAUSTECHNIK / FACILITY MANAGEMENT
Alois Kaufmann, Erich Dietz

WISSENSCHAFTLICHE VOLONTÄRIN /
CURATORIAL ASSISTANT
Franziska Stöhr

FOTOCREDITS / PHOTOCREDITS

S./p. 8-9, 17, 19-20, 24, 30-32, 43, 46-47, 49, 54, 56-57, 59, 66-68, 70-71, 76-77, 80, 82-83, 90-95, 98-99, 104 (Nr./No. 1), 106 (Nr./No. 10) 109 (Nr./No. 9), 110 (Nr./No. 3), 112 (Nr./No. 2, 5), 113 (Nr./No. 10, 11), 116 (Nr./No. 12) Neues Museum (Annette Kradisch); S./p. 10-13, 50 Neues Museum (Franziska Stöhr); S./p. 14 Satellitendaten: European Space Imaging; Bildverarbeitung: Deutsches Zentrum für Luft- und Raumfahrt (DLR); S./p. 15, 86-87, 116 (Nr./No. 11), Courtesy Museum für Kunst und Gewerbe Hamburg, S./p. 111 (Nr./No. 8) Matt Austin; S./p. 16 Courtesy Studio Formafantasma; S./p. 18, 85, 115 (Nr./No. 4) Courtesy Dunne & Raby/Michael Anastassiades, Foto Francis Ware; S./p. 6, 22 Courtesy raumlaborberlin; S./p. 23, 29, 38-39, 52-53, 62-63, 72-73, 78-79, 96 Courtesy Tea Mäkipää, dabei S. 72, 115 (Nr./No. 5) Foto Anders Norrsell, S. 73 Foto Purnu Art Center (Finnland); S./p. 24, 25, 113 (Nr./No. 7) Courtesy Fairphone; S./p. 26, 115 (Nr./No. 2) Des-In (Jochen Gros); S./p. 33 Courtesy Alejandro Mosquera Ochoa; S./p. 34, 102 (Nr./No. 10, 11, 13) Courtesy Tue Greenfort und KÖNIG GALERIE, Foto Roman März; S./p. 35 Satellitendaten: DigitalGlobe provided by European Space Imaging; Bildverarbeitung: Deutsches Zentrum für Luft- und Raumfahrt (DLR); S./p. 36-37 Satellitendaten: European Space Imaging; Bildverarbeitung: Deutsches Zentrum für Luft- und Raumfahrt (DLR); S./p. 40-41 Courtesy Joan Grossman; S./p. 42 The Fuller Projection Map design is a trademark of the Buckminster Fuller Institute. 1938, 1967 & 1992. All rights reserved, www.bfi.org; S./p. 44-45, 84 Courtesy SUPERFLEX; S./p. 48, 106 (Nr./No. 6, Nr./No. 7) Courtesy Little Sun, Foto Studio Olafur Eliasson; S./p. 51 Courtesy Stephan Augustin; S./p. 55 Courtesy Martin Beck und 47 Canal, New York; S./p. 58 Courtesy Dunne & Raby; S./p. 60, 69 Courtesy Johanna Schmeer; S./p. 61 Courtesy Böhler & Orendt; S./p. 64-65 Courtesy LIVIN farms (Katharina Unger, Julia Kaisinger); S./p. 74–75 Erstveröffentlichung in: Sorry, Out of Gas, Giovanna Borasi/Mirko Zardini (Hg.), Canadian Centre for Architecture und Corraini Edizioni, 2007; S./p. 81, 88-89, 112 (Nr./No. 6), 115 (Nr./No. 1) raumlaborberlin (Francesco Apuzzo); S./p. 115 (Nr./No. 6) Hans Nevídal; S./p. 116 (Nr./No. 9) Archiv Die Neue Sammlung (Idris Kolodziej)

Cover: Aquakultur vor den Philippinen (Laguna de Bay), 2009, © Satellitendaten: DigitalGlobe provided by European Space Imaging; Bildverarbeitung: Deutsches Zentrum für Luft- und Raumfahrt (DLR) / Earth Observation Center (EOC)

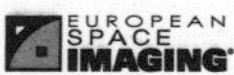 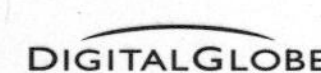 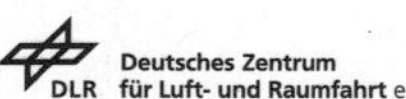

Trotz intensiver Recherchen war es leider nicht in allen Fällen möglich, die Rechteinhaber der Abbildungen ausfindig zu machen. Berechtigte Ansprüche werden selbstverständlich im Rahmen der üblichen Vereinbarungen abgegolten. *Despite thorough research, it was not possible to determine the identities of the copyright holders for all illustrations. Justified claims will be honoured in the customary manner.*

VERTRIEB / DISTRIBUTION

ISBN 978-3-903131-26-2

VfmK Verlag für moderne Kunst GmbH
Salmgasse 4a, A-1030 Wien
Tel. +43-(0)1-535 497 015
hello@vfmk.org, www.vfmk.org

Die Deutsche Nationalbibliothek verzeichnet diese Publikation in der Deutschen Nationalbibliografie; detaillierte bibliografische Daten sind im Internet über www.dnb.dnb.de abrufbar. / Die Deutsche Nationalbibliothek lists this publication in the Deutsche Nationalbibliografie; detailed bibliographic data are available on the Internet at www.dnb.dnb.de

D, A und / and EU: LKG, www.lkg-va.de
CH: AVA, www.ava.ch
UK: Cornerhouse Publications, www.cornerhousepublications.org
USA: D.A.P., www.artbook.com

NEUES MUSEUM – STAATLICHES MUSEUM FÜR KUNST UND DESIGN
Luitpoldstraße 5, D-90402 Nürnberg
Tel.   +49-911-240 20 20
Fax. +49-911-240 20 29
www.nmn.de